# Der Mythos vom Niedergang der Intelligenz

Michael Haller • Martin Niggeschmidt (Hrsg.)

# Der Mythos vom Niedergang der Intelligenz

Von Galton zu Sarrazin:
Die Denkmuster und Denkfehler
der Eugenik

Herausgeber
Michael Haller                           Martin Niggeschmidt

Springer VS
ISBN 978-3-531-18447-0                ISBN 978-3-531-94341-1 (eBook)
DOI 10.1007/978-3-531-94341-1

Die Deutsche Nationalbibliothek verzeichnet diese Publikation in der Deutschen National-
bibliografie; detaillierte bibliografische Daten sind im Internet über http://dnb.d-nb.de
abrufbar.

© Springer Fachmedien Wiesbaden 2012
Das Werk einschließlich aller seiner Teile ist urheberrechtlich geschützt. Jede Verwertung,
die nicht ausdrücklich vom Urheberrechtsgesetz zugelassen ist, bedarf der vorherigen Zustimmung des Verlags. Das gilt insbesondere für Vervielfältigungen, Bearbeitungen, Über-
setzungen, Mikroverfilmungen und die Einspeicherung und Verarbeitung in elektronischen
Systemen.

Die Wiedergabe von Gebrauchsnamen, Handelsnamen, Warenbezeichnungen usw. in diesem
Werk berechtigt auch ohne besondere Kennzeichnung nicht zu der Annahme, dass solche
Namen im Sinne der Warenzeichen- und Markenschutz-Gesetzgebung als frei zu
betrachten wären und daher von jedermann benutzt werden dürften.

Korrektorat: Rebecca Pohle
Einbandabbildung: © Sebastian Kaulitzki, markskyes/Fotolia.com
Einbandentwurf: KünkelLopka Medienentwicklung, Heidelberg

Gedruckt auf säurefreiem und chlorfrei gebleichtem Papier

Springer VS ist eine Marke von Springer DE.
Springer DE ist Teil der Fachverlagsgruppe Springer Science+Business Media
www.springer-vs.de

# Inhalt

Einführung ............................................................. 7

## I  Die Causa Sarrazin oder der Missbrauch der Wissenschaft

*Peter Weingart*
Ist Sarrazin Eugeniker? ................................................ 19

*Claus-Peter Sesín*
Sarrazins dubiose US-Quellen ......................................... 27

*Andreas Kemper*
Sarrazins deutschsprachige Quellen .................................. 49

## II  Der Kontext: Intelligenz, Bildung und Genetik

*Sander L. Gilman*
Sind Juden genetisch anders? ......................................... 71

*Leonie Knebel/Pit Marquardt*
Vom Versuch, die Ungleichwertigkeit von Menschen zu beweisen ........ 87

*Diethard Tautz*
Genetische Unterschiede? Die Irrtümer des Biologismus ............... 127

*Coskun Canan*
Über Bildung, Einwanderung und Religionszugehörigkeit ............... 135

## III  Hintergrund: Der Streit um die „natürliche" Ordnung der Gesellschaft

*Thomas Etzemüller*
Die Angst vor dem Abstieg – Malthus, Burgdörfer, Sarrazin:
eine Ahnenreihe mit immer derselben Botschaft ....................... 157

*Fabian Kessl*
Die Rede von der „neuen Unterschicht"  ................................. 185

*Rainer Geißler*
Die meritokratische Illusion – oder warum Reformen
beim Bildungssystem ansetzen müssen  ................................ 193

Autorenverzeichnis  ..................................................... 211

# Einführung

In der Mediengesellschaft sind gesellschaftliche Diskurse kein Selbstgespräch der Eliten, sondern Transformationsprozesse: Ängste, Wut, Empörung oder Frust werden zunächst in Gruppen oder Teilen der Gesellschaft artikuliert, dann von den sogenannten Leitmedien kontrovers aufgegriffen und als großes Meinungsspektakel inszeniert, ehe sie vom Denkstrom des Mainstream aufgesogen und zur „verbreiteten Meinung" transformiert werden.

## Das mediale Sarrazin-Spektakel

Zu den Kennzeichen solcher Transformationsprozesse gehört, dass der mediale Diskurs weitgehend frei bleibt von Faktenrecherche, Sachverstand und Analyse. Meist treten an die Stelle alter Überzeugungen neue Vorurteile, deren Durchschlagskraft darin besteht, dass sie dem massenhaft verbreiteten Angst- oder Ungerechtigkeitsgefühl Legitimation verleihen: Endlich wird uns öffentlich bestätigt, was wir schon lange empfinden. Unter dem Gedankenschirm der Meinungsführer formt sich das neue Einverständnis darüber, was aus Sicht der Empörten und Verängstigten politisch gut und was schlecht, was sozial gerecht und was ungerecht ist.

Kaum ein Thema hat die Durchschlagskraft medieninszenierter Diskurse so deutlich vor Augen geführt wie die mit dem Schreckensruf „Deutschland schafft sich ab" befeuerte Karriere des Problemthemas „Migration". Noch vor zwei Jahren hätte man diejenigen, die behaupteten, muslimische Migranten seien per se dümmer als die Deutschen, entweder selbst für dumm und/oder für Sympathisanten der rechtsradikalen Szene gehalten. Heute sind solche Denkweisen in der Mitte der Gesellschaft angekommen und dürfen laut beklatscht werden.

Diesen Transformationsprozess in Gang gesetzt hat Thilo Sarrazin am 30. September 2009 mit seinem Interview in *Lettre International* – eine im damaligen Meinungsklima (Gewalt und Lernverweigerung an Hauptschulen in Berlin) treffend platzierte Provokation. Sarrazin charakterisierte türkische und arabische Mitbürger als Sozialschmarotzer und beschwor deren vom Sozialstaat finanzierte Kinderflut („Kopftuchmädchen"). Diese Provokation wurde sogleich von der Politik und den Mainstreammedien aufgegriffen und als große Kontroverse thematisiert. In einer ersten Reaktion hielt selbst die *Bild-Zeitung* am politischen Leitbild der Integration fest und fand Sarrazins Thesen ungehörig (*Bild am 1. Oktober 2009*: Sarrazin „beleidigt die Türken"). Es dauerte nur eine Woche, ehe die *Bild*-Chefredaktion erkannte, dass Sarrazins Migrationskritik weithin geteilt wurde (eine in der ersten Oktoberwoche durchgeführte Emnid-Umfrage ergab, dass angeblich 51 Prozent der repräsentativ Befragten der Meinung waren, dass Sarrazin Recht hat)[1]. Schon in der zweiten Oktoberwoche 2009 schwenkte die *Bild-Zeitung* auf die mutmaßliche Mehrheitsmeinung ihres Lesepublikums ein und stilisierte Sarrazin nun zum mutigen Tabubrecher, dem die Politiker den Mund stopfen wollen, weil er unbequeme Wahrheiten verkünde.

Die Skandalisierung des Migrationsthemas funktionierte deshalb so gut, weil sich verschiedene Gegner der Sarrazin-Thesen nicht an Fakten und Sachverhalte hielten, sondern die politische Tragweite der Provokation – die Denunzierung der „Multikulti"-Idee und die Diskreditierung der Integrationspolitik – fürchteten. Es kam zu törichten Gegenangriffen (Stephan Kramer etwa verglich Sarrazin mit Goebbels und Göring[2]) und einer nebulösen Diskussion in der SPD-Führung, ob man ein Parteiausschlussverfahren einleiten solle, Aktionen, die wiederum Solidaradressen für Sarrazin nach sich zogen (Ralph Giordano, Peter Sloterdijk, Helmut Schmidt). Nach sechs Monaten öffentlicher Debatten konnte sich Sarrazin in der *Süddeutschen Zeitung* über seine Gegner als „Afterwissenschaftler" mokieren[3] und an einer Tagung unwidersprochen verkünden, seine im *Lettre*-Interview genannten Sachverhalte „stimmen alle".

**Das Enttabuisierungsspiel**

Mediale Diskurse folgen nur ausnahmsweise der Kraft des besseren Arguments; oft unterstehen sie einer Art Varieté-Dramaturgie, die anfangs ein Thema tabuisiert (das Karnickel verschwinden lässt), es dann im Gestus der Empörung enttabuisiert (das Karnickel aus dem Zylinder zaubert), um daraus ein neues Tabu zu machen (der Zylinder ist leer und das Karnickel weg). Hier nun war das Karnickel das Konstrukt „angeborene Intelligenz": Sind muslimische Zuwanderer vielleicht doch „minder intelligent" und bleiben wegen ihres religiösen

---

1 vgl. *Bild am Sonntag* vom 11. Oktober 2009
2 Pressekonferenz des Zentralrats der Juden am 9. Oktober 2009
3 in: *Süddeutsche Zeitung* vom 1. März 2010

Glaubens auch noch integrationsunwillig – und sind für Sarrazin so befremdlich, dass ihnen die soziale Absicherung entzogen werden solle? Zur Begeisterung der Medien mischt sich jetzt auch Kanzlerin Angela Merkel ein und nennt Sarrazins Äußerungen „dumm und nicht weiterführend"[4]. Strafanzeigen wegen Volksverhetzung werden erstattet und Sarrazins Entlassung wird öffentlich gefordert. Sogleich kleiden die Medien den Provokateur zur verfolgten Kassandra um. Damit hat, im Frühsommer 2010, die meinungsgesättigte Politisierung der Sarrazinschen Ausgangsprovokation ihren Siedepunkt erreicht.

Als im August 2010 das lange angekündigte Buch „Deutschland schafft sich ab" auf den Markt kommt – die Leitmedien *Spiegel* und *Bild-Zeitung* empfehlen es per Vorabdruck und kultivieren das Image Sarrazins als zwar eigenbrötlerischen, aber messerscharfen Analytiker der Bevölkerungsstatistik – dreht sich die öffentliche Debatte nicht mehr um die Gültigkeit wissenschaftlicher Befunde,

Sarrazin-Vorabdrucke in den Leitmedien

Quellen: Bild-Zeitung 25. 8. 2010 und Spiegel Nr. 34/2010

---

4   In: *Bild am Sonntag* vom 13. Juni 2010

auf die sich Sarrazins Thesen stützen, sondern um Grundsätzliches: Soll oder muss man es hinnehmen, dass „deutsche Tugenden" und der „deutsche Lebensstil" (was auch immer dies sei) wie auch die wirtschaftliche Leistungskraft in einem anschwellenden Meer kulturfremder Dummheit versinken wird?[5]

In Zeiten soziokultureller Umbrüche und gesellschaftlicher Entgrenzungstrends sind es meist Identitätsthemen, die den öffentlichen Diskurs bestimmen und zu Ent- und Neutabuisierungen führen: Was macht den Bestand unserer Gesellschaft aus, welche Leitbilder des Sozialen sind noch verbindlich, wer gehört „zu uns" und wer nicht? Und in wirtschaftlichen Krisenzeiten kommt zum Identitäts-Diskurs noch der politische Streit um die Umverteilung des schrumpfenden Sozialprodukts hinzu, meist festgemacht am Steuer- und am Sozialsystem, das den Empörten und Verängstigten als nicht mehr finanzierbar erscheint. Und wenn das Skandalthema zudem mit dem Befremden spielen kann, fallen beide Themenkreise zusammen: Die Schlagzeilen werden schrill, die öffentlichen Auftritte skandalös und die Fernsehtalks zu Endlosschleifen des Immerselben. Hans-Ulrich Jörges, Mitglied der Chefredaktion des *Stern*, urteilte damals, die Medien hätten „ein Ungeheuer freigesetzt, dessen Tötung sie nun der Politik überlassen".[6]

## Die blinden Flecken der Sarrazin-Debatte

Es ist für Deutschlands Diskurskultur nichts Neues, dass in den großen Konfliktdebatten nicht Tatsachen, sondern Autoritäten für Wahrheit bürgen. Im Falle Sarrazin trat viel Prominenz im Gestus der felsenfesten Überzeugung ins Rampenlicht, auch wenn sie nichts von der Materie verstand. Kein Zufall war auch, dass deutschnationale, mit rechtsextremem Denken sympathisierende Gruppen mit diesem Satz Arnulf Barings hausieren gingen: „In der Sache kann niemand Sarrazin widerlegen".[7] Sinngleich äußerte sich auch die Autoritäts-

---

5 Sarrazin zitiert den Demographen Herwig Birg als Gewährsmann: „Der in Deutschland drohende Kulturabbruch durch Einwanderung bildungsferner Populationen ist (...) ein für Generationen irreversibler Vorgang."
6 Jörges, Hans Ulrich: Ein Ungeheuer wird freigesetzt. In: *Stern* Nr. 37, 9. September 2010.
7 Mit Vortragsreihen, Veranstaltungen und vielfältigen Publikationen machte das „Institut für Staatspolitik" (eine Gründung rechtsextrem und deutschnational eingestellter Publizisten – vgl. Wikipedia-Eintrag) Propaganda für die Sarrazin-Thesen („Die Zeit ist reif für eine Wende", heißt es im Editorial der Hauszeitschrift *Sezession* vom Oktober 2010) und verbreitete diesen als Baring-Zitat präsentierten Satz.

person Helmut Schmidt. Damit schien die Frage, ob Sarrazins Analyse des Migrantenthemas überhaupt zutreffend sei, endgültig erledigt. Tatsächlich investierte kaum noch eine Redaktion Zeit und Kompetenz, um Sarrazins Quellen nachzuspüren und den ideengeschichtlichen Bezügen seiner Argumentation auf den Grund zu gehen. So blieben – trotz einer schier unüberschaubaren Menge von Meinungsbeiträgen – seit dem Sommer 2010 die zentralen Fragen ungeklärt: Was beispielsweise hat es mit dem Vorwurf auf sich, Sarrazin bediene sich eugenischer Argumentationsmuster?[8] Gibt es nachweisbare Bezüge zu Netzwerken und Zitierkartellen, in denen sich Elemente eugenischer Ideologie gehalten haben? Und: Stützt sich die These von der ererbten Intelligenz tatsächlich auf seriöse Forschungen? Wie valide ist Sarrazins Dreisatz, wonach Deutschland unausweichlich dümmer wird, weil die „weniger Intelligenten" mehr Kinder bekommen?

Ein Anfang wäre gewesen, wenn nachfragende oder rezensierende Journalisten in dem von Sarrazin herangezogenen und zustimmend zitierten Buch „Genie und Vererbung" von Francis Galton geblättert hätten. Im Jahr 1869 schrieb der Begründer der Eugenik, in zivilisierten Gesellschaften sei die Fruchtbarkeit der befähigteren Klassen vermindert, während die „Nichtehrgeizigen" am meisten Nachkommenschaft aufzögen: „So verschlechtert sich die Rasse allmählich, wird in jeder folgenden Generation für eine hohe Zivilisation weniger tauglich."[9]

**Exkurs:** Man sollte sich klarmachen, wie klein die von Galton beschriebenen „befähigteren Klassen" (Richter, Literaten, Naturwissenschaftler, Mathematiker) damals in Ländern wie England und Deutschland waren. In Preußen beispielsweise zählten Mitte des 19. Jahrhunderts gerade mal 0,3 Prozent der Erwerbstätigen zum Bildungsbürgertum. Über zwei Drittel der Bevölkerung gehörten zur Unterschicht.[10]

Ein Großteil der heutigen Akademiker dürfte also von jenen kinderreichen, unbedachtsamen und nichtehrgeizigen Bevölkerungsteilen abstammen, denen Galton schlechte Erbanlagen zuschrieb. Kaum jemand – auch Sarrazin nicht – kann sich sicher sein, dass seine Vorfahren von Wissenschaftlern, die sich im 19. Jahrhundert über die Qualität der Bevölkerung

---

8  Siehe dazu: Herrmann, Ulrike: Die Gene sind schuld. In: *Taz*, 29. 8. 2010; Müller-Jung, Joachim: Sarrazins Phantasma ‚Juden-Gen'. In: *Frankfurter Allgemeine Zeitung*, 30. 8. 2010; Gabriel, Sigmar: Anleitung zur Menschenzucht. In: *Die Zeit*, 16. 9. 2010.
9  Galton, Francis: Genie und Vererbung. Leipzig 1919 [urspr. 1869], S. 383.
10  Wehler, Hans-Ulrich: Deutsche Gesellschaftsgeschichte. München 1995. S. 126 und 141.

Gedanken machten, für wertvoll und fortpflanzenwert erachtet worden wären.¹¹

Wären die von Galton beschriebenen Gegenauslese-Mechanismen wirksam, hätten die westlichen Gesellschaften seither einen kontinuierlichen Niedergang hinnehmen müssen. Das Gegenteil ist eingetreten. Die offene, moderne Gesellschaft, in der alle Schichten und Gruppen so viele Kinder bekommen, wie es ihnen passt, hat sich als leistungsfähiges Erfolgsmodell erwiesen. In allen westlichen Ländern ist das Qualifikations- und Bildungsniveau der Bevölkerung stark angestiegen, seit die Dysgenik-These vor mehr als 140 Jahren erstmals formuliert wurde.

Mit seinem Verweis auf den Eugeniker Galton hat Sarrazin eine historisch überkommene Zukunftsprognose wiederbelebt, die sich längst als unzutreffend erwiesen hat. Dass die Medien diesen Hintergrund übersehen und Sarrazins Dreisatz stattdessen als neue, provokante These aufgeblasen haben, gehört zu den Absurditäten der Diskurs-Inszenierung um den Bestseller „Deutschland schafft sich ab".

Die vor allem von der *Frankfurter Allgemeinen* im Laufe des Oktober 2010 publizierten Wissenschaftskritiken – insbesondere die Ressentiment-Analyse des Soziologen Armin Nassehi – trafen den Kern, doch sie erreichten den Medien-Diskurs nicht mehr: Die Meinungen waren gemacht. „The poison that Mr. Sarrazin had released by reinforcing cultural hostility to immigrants with genetic arguments seemed to have taken root in popular prejudices", bilanzierte Jürgen Habermas Ende Oktober in der *New York Times*.¹²

Fairerweise muss angemerkt werden, dass es auch im Journalismus Versuche der Aufklärung gab. Man erinnert sich an das von Bernd Ulrich und Özlem Topçu konfrontativ geführte Interview in der *Zeit*, in welchem Sarrazin schwadroniert: „Wissenschaftlich belegt ist, dass Intelligenz zu 50 bis 80 Prozent vererbbar ist. Damit ist das, was ich sage, eine Folge einfacher logischer Analyse: Wenn die im Durchschnitt weniger Intelligenten eine höhere Fertilität haben, sinkt die Durchschnittsintelligenz der Population." Auf die Nachfrage, woher er wisse, dass Mitglieder der Unterschicht weniger intelligent seien, redet Sarrazin über Ausnahmen („Lebenspech") und schließt mit der Feststellung: „Es geht aber nicht um den Einzelfall, sondern um den statistischen Zusammenhang." Wenige

---

11 Galton beschrieb die Utopie einer Menschenzucht, in der die Bevölkerung „wie Schafe" je nach Begabung in verschiedenen Arealen gehalten wird. Galton 1919, S. 378.
12 Habermas, Jürgen: Leadership and Leitkultur. In: *New York Times*, 28.10.2010.

Absätze später doppelt Sarrazin nach: „Der Beitrag auch der besten Bildung wird durch die angeborene Begabung und den Einfluss der bildungsfernen Herkunft begrenzt. Ich könnte dazu Darwin zitieren." Die Interviewer weisen zwar darauf hin, dass Darwin über die menschliche Vererbung nicht geforscht, sondern nur spekuliert habe; auch wird Sarrazins These, dass Deutschland wegen der angeblich dümmeren, aber kinderreicheren Unterschicht verblöde, mit Daten anderer Wissenschaftler konterkariert. Doch der Eugenik-Hintergrund wird nicht erkannt, die angeblich soliden Quellen werden nicht weiter hinterfragt – Sarrazin geht als Rechthaber durch.[13]

Zu den raren Ausnahmen zu rechnen sind indessen die Buchkritik von Jürg Blech auf *Spiegel*-Online („Die Mär von der vererbten Dummheit")[14] und die Aufsätze des *FAZ*-Mitherausgebers Frank Schirrmacher, der in seiner Buch-Rezension auf markante Widersprüche hinweist. „Ist Intelligenz erblich bedingt oder ebenso sehr von Umwelteinflüssen geprägt? Von der Beantwortung dieser Frage hängt die Hauptthese des Buches ab", konstatiert er und stellt fest, dass Sarrazin mitunter auch behauptet, es seien nur 50 Prozent, was bedeuten würde, dass Bildungsprogramme sehr wohl wirksam sind, um Intelligenz nachhaltig zu fördern. Vor allem aber erkennt Schirrmacher sogleich, dass sich „Sarrazin größtenteils auf die hochkontroversen Arbeiten von Charles Murray und Richard Herrnstein (The Bell Curve) stützt." Zudem unterschlage Sarrazin sämtliche Einwände gegen Murray und Herrnstein, „die bis zum Vorwurf des Betrugs und der Desinformation reichen."[15] Hier blitzt erstmals profunde Quellenkritik auf, hier schreibt ein Journalist, der nicht nur meinungsbetont räsoniert, sondern sich kompetent informiert. Doch der Ball wurde nicht aufgegriffen, nicht weitergespielt, vermutlich nicht, weil Sarrazins gebetsmühlenartig wiederholte Ursachenerklärung – die Migrationspolitik ist schuld, dass unser schönes Deutsch-Sein verloren gehe – den Oberflächendenkern plausibel erscheint und zudem das islamophobe Vorurteil aufs Beste bedient. „Öffentliche Debatten werden immer dann riskant, wenn Korrelationen zu Kausalitäten gemacht werden. Sarrazin behauptet Kausalitäten, und wer so verfährt, muss mehr zur Verfügung stellen als eine Ableitung aus den Korrelationen einer Statistik", konstatierte Schirrmacher eine Woche später und befand: „Nichts verhindert

---

13  *Die Zeit* vom 26.8.2010
14  Der am 30.8.2010 publizierte Aufsatz zeigte auf, dass die von Sarrazin als Kronzeuge bemühte Intelligenzforschung längst widerlegt ist. Doch der Text findet sich erst auf der 4. Webebene (Nachrichten>Wissenschaft> Mensch>Thilo Sarrazin). Quelle: http://www.spiegel.de/wissenschaft/mensch/0,1518,714558,00.html
15  Schirrmacher, Frank: „Ein fataler Irrweg", in: *Frankfurter Allgemeine Sonntagszeitung*, 29.8.2010

die Klugheit mehr als der Biologismus – nicht nur weil er falsch ist, sondern weil er den Menschen das Gefühl gibt, festgelegt zu sein, und weil er anderen die Macht gibt, sie festzulegen."[16]

## Das Konzept dieses Buchs

Es gibt Gründe anzunehmen, dass mit dem Erscheinen der neuen Paperback-Ausgabe des Bestsellers „Deutschland schafft sich ab" zu Beginn des Jahres 2012 die öffentliche Meinungsdebatte von den Mainstreammedien politisch weitergetrieben wird und die mit Sarrazin verbündeten Gruppen – der Entstehung der „Tea Party" in den USA vergleichbar – eine neue politische Moral propagieren werden, getreu der Formel: „In der Sache kann man Sarrazin nicht widerlegen." Dass seine Sache vom Gang der Zivilisationsgeschichte lange schon widerlegt ist, droht erneut übersehen zu werden.

Genau hier setzt dieser Sammelband an. Er soll dazu anregen und dabei helfen, die während zwei Jahren verdrängte Wissenschaftsdiskussion neu zu beleben: Auf welche Quellen bezieht sich Sarrazin, welche gesellschaftspolitischen Ideen und Ziele haben Sarrazins Gewährsleute verfolgt und welche Eugenik-Perspektiven verbinden sich mit ihnen? Und auch: Welche Aussagen können seriöse Geschichts-, Bevölkerungs- und Evolutionsforschungen zum Komplex Intelligenz und Vererbung tatsächlich machen?

Diesem Anliegen folgt die Gliederung des Buches: Im ersten Teil geht es um die genaue Rekonstruktion und Einordnung der von Sarrazin explizit wie implizit benutzten Quellen. Den Auftakt macht der Eugenik-Experte Peter Weingart, der überprüft, ob und inwieweit Sarrazins Argumentation trotz seines Dementis der Auffassung der Eugeniker entspricht. Der Wissenschaftsjournalist Claus-Peter Sesín, ein ausgewiesener Spezialist für Neorassismus-Tendenzen, rekonstruiert minutiös den Hintergrund der von Sarrazin als Gewährsleute angeführten Eugeniker aus der üppigen angelsächsischen Tradition. Andreas Kemper, Soziologe in Münster, befasst sich mit dem wissenschaftlichen Profil der von Sarrazin benutzten deutschen Quellen. Der Autor zeigt, dass auch hier Spreu und Weizen vermischt wurden.

Im zweiten Teil des Buches geht es um die Schlüsselthese der Sarrazin-Debatte: Ist Intelligenz, soweit messbar, mit Bildung untrennbar verbunden – oder doch überwiegend angeboren? Und wenn ja: Kann es tatsächlich so etwas wie

---

16 Schirrmacher, Frank: „Sarrazins drittes Buch", in: *Frankfurter Allgemeine Zeitung*, 01. 09. 2010

ein Intelligenz-Gen geben, welches Sarrazin beim Volk der Juden ausfindig gemacht haben will? Mit dem wissenschaftlichen Kontext dieser Thesen und Theoreme setzen sich vier Beiträge auseinander: Der Judaistik- und Antisemitismusforscher Sander L. Gilman schreibt über das vergiftete Kompliment, die Juden seien überdurchschnittlich intelligent; die Psychologen Leonie Knebel und Pit Marquardt rekonstruieren die Geschichte jener Ungleichheitstheorien, die gesellschaftliche Hierarchien als naturgegebene Ordnung wissenschaftlich zu untermauern suchen. Der Biologe Diethard Tautz, Direktor des Max Planck-Instituts für Evolutionsbiologie, erläutert einige der Irrtümer und Missverständnisse des Biologismus. Der Bildungswissenschaftler Coskun Canan schließlich seziert die Fehldeutungen Sarrazins dort, wo es um das Zusammenspiel von Bildung, Intelligenz und Religionszugehörigkeit geht.

Der dritte Teil des Buches soll den gesellschaftswissenschaftlichen Zusammenhang herstellen, in welchem die aktuelle Sarrazin-Debatte zu verorten ist: Der Historiker Thomas Etzemüller, der sich seit Jahren mit demografischen Katastrophenszenarien befasst, diskutiert den sozialpsychologischen Hintergrund des Sarrazin-Diskurses und die darin zum Ausdruck kommende Angst der Mittelschicht vor ihrem sozialen Abstieg. Bildungswissenschaftler Fabian Kessl stellt den Zusammenhang zur „Stop Welfare"-Bewegung her, die – wie auch Sarrazin – Armut als moralisches Versagen deutet und den „Dummen und Schlechten" keine Unterstützung zukommen lassen will. Der Soziologe und Bildungsforscher Rainer Geißler von der Universität Gießen zeigt auf, dass die kognitiven Ressourcen der Gesellschaft längst nicht ausgeschöpft werden. Das Bildungssystem ist weiter verbesserungsfähig, doch entgegen der Verdummungstheorie ist das gesamtgesellschaftliche Bildungsniveau, mithin auch die Intelligenz, in Deutschland (und den anderen westlichen Nationen) stetig angestiegen.

Wenn es mit diesem kleinen Kompendium gelungen sein sollte, in der sehr rechthaberisch inszenierten Sarrazin-Debatte den einen oder anderen Sachzusammenhang transparent gemacht und im Wissenschaftsdiskurs ein paar solide Argumente zur Geltung gebracht zu haben, dann haben wir dies den Autoren zu verdanken, die dieses Projekt von Anfang an mit Rat und Tat mitgetragen und den Herausgeberwünschen mit Wohlwollen nachgekommen sind. Zu danken haben wir auch der Lektorin des VS-Verlags, Verena Metzger, für ihre entgegenkommende Geduld und ihre Unterstützung bei der Umsetzung dieses Projekts.

Hamburg, im November 2011

Michael Haller     Martin Niggeschmidt

# I Die Causa Sarrazin oder der Missbrauch der Wissenschaft

# Ist Sarrazin Eugeniker?

*Peter Weingart*

Wer über das generative Verhalten der Deutschen schreibt und dabei auf die Erfahrung von Pferdezüchtern verweist, muss sich fragen lassen, woher seine Ideen stammen. Schon zu Beginn der Sarrazin-Debatte im Sommer 2010 fiel das ominöse Wort „Eugenik". Was der Begriff bedeutet und ob es tatsächlich statthaft ist, Sarrazin damit in Verbindung zu bringen: hier die Einschätzung eines Experten.

In der Diskussion um sein Buch „Deutschland schafft sich ab" hat sich Thilo Sarrazin dagegen verwahrt, als Eugeniker bezeichnet zu werden – so in der *Frankfurter Allgemeinen Zeitung* vom 18. September 2010, in Reaktion auf eine entsprechende Äußerung des SPD-Vorsitzenden Sigmar Gabriel. Das ist verwunderlich, denn nicht nur bezieht sich Sarrazin in seinem Buch ausführlich und zustimmend auf den Vater der Eugenik, den englischen Statistiker Francis Galton. Das Hauptargument des Buchs stammt überdies aus der eugenischen Mottenkiste des späten 19. und frühen 20. Jahrhunderts.

Die Eugenik war eine wissenschaftliche und gesundheitspolitische Bewegung, die in dem genannten Zeitraum vor allem die USA und England, die skandinavischen Länder sowie Deutschland erfasste. Unter den Nationalsozialisten wurde eugenisches Gedankengut radikalisiert und rechtfertigte die Euthanasie, das heißt die Ermordung geistig und körperlich Behinderter. Der Grundgedanke der Eugenik (der Begriff bedeutet „gute Geburt" beziehungsweise „gute Abstammung") ist letztlich derselbe, der auch der Tierzucht zugrunde liegt: Durch die Kombination guter erblicher Eigenschaften kann man „Rassen" mit guten Eigenschaften züchten (positive Eugenik), durch die Ausschaltung schlechter kann deren Weitergabe durch Vererbung oder gar ihre Vermehrung verhindert werden (negative Eugenik). Die positive Eugenik legt rassistische Strategien nahe, also den Versuch, für wertvoll erachtete, als „rassisch" wahrgenommene Eigenschaften durch Auslese zu begünstigen: im Fall der Nazis die Eigenschaften der imaginären ‚nordischen Rasse' (blondes Haar, blaue Augen). Die negative Eugenik ist vor allem auf die Verhinderung erblicher Krankheiten gerichtet.

Im Gegensatz zu Eugenik bedeutet Dysgenik die Verbreitung schlechter Eigenschaften beziehungsweise Erbanlagen. Die Eugeniker machten dafür vor allem die moderne medizinische Versorgung verantwortlich, die die natürliche Selektion neutralisiert, indem Krankheiten geheilt werden, die ohne medizinische Versorgung zum Tod vor der Fortpflanzung geführt hätten. Schon Francis Galton befürchtete einen kontinuierlichen Niedergang der Bevölkerungsqualität, weil die am wenigsten befähigten Individuen die meisten Nachkommen hätten.

Die eugenische Bewegung wurde durch eine besondere Konstellation gesellschaftlicher Entwicklungen und eines wissenschaftlichen Deutungsangebots ausgelöst und über mehrere Jahrzehnte hinweg befördert, bis sie aufgrund wissenschaftlicher Erkenntnisse nach dem 2. Weltkrieg als falsch und nach den in ihrem Namen verübten Verbrechen während der NS-Zeit auch als ethisch unvertretbar erkannt wurde. Sie entstand in den westlichen Industrieländern unter dem Eindruck einer rasch wachsenden Arbeiterklasse, die in den großen Städten unter ärmlichen, hygienisch und gesundheitlich unzureichenden Bedingungen lebte und durch Krankheiten und Alkoholismus gekennzeichnet war. Aus der Sicht des wohlhabenden Bürgertums bildete das Industriearbeiterproletariat eine Bedrohung: aus der Landbevölkerung rekrutiert, zeichnete es sich durch eine höhere Kinderzahl aus, schien also schneller zu wachsen als die gebildeten Schichten und schließlich deren Existenz durch Übervölkerung zu gefährden. Diese bedrohlich erscheinende Entwicklung war Anlass für die Einrichtung eines staatlichen Gesundheitswesens und diverse Programme zur Verbesserung der öffentlichen Gesundheit. Die Eugenik versprach in diesem Kontext eine besonders moderne Lösung der anstehenden Probleme. Ausgehend von der Darwinschen Evolutionstheorie und der Anfang des 20. Jahrhunderts gerade wieder entdeckten Mendelschen Vererbungstheorie postulierte sie,

- dass die Menschen aufgrund der modernen zivilisatorischen Bedingungen nicht mehr dem Selektionsdruck früherer Zeiten unterlägen und folglich erbliche Krankheiten weitervererbt würden statt zum frühzeitigen Tod zu führen,
- dass dieser Fehlentwicklung durch staatlich verordnete Maßnahmen wie zum Beispiel ein Fortpflanzungsverbot oder die zwangsweise Sterilisation für Träger von Erbkrankheiten gegengesteuert werden könnte und müsste.

Selbst der Führer der deutschen Arbeiterbewegung, August Bebel, verfiel den Versprechungen der Eugeniker von einem „neuen Menschen". Die entscheidende Frage für die eugenisch orientierten Forscher, Ärzte und Gesundheitspolitiker war, für welche Krankheiten Vererbbarkeit nachweisbar war und welche unter

Eugenik-Schautafel von 1923

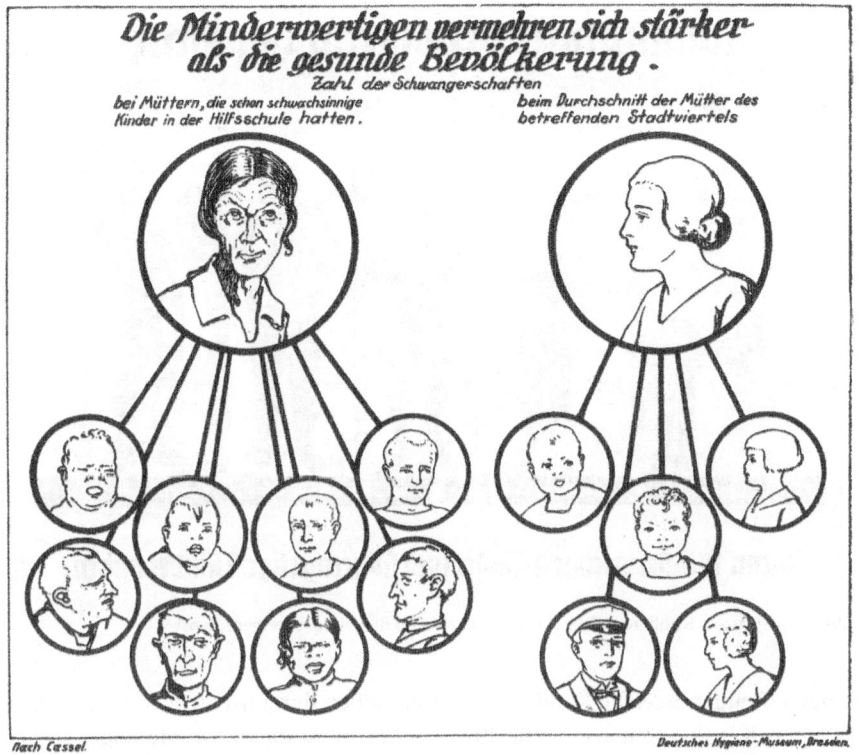

Quelle: Deutsches Hygienisches Museum Dresden, „Vererbung, Rassenhygiene/Lichtbildreihe 38"

diesen Krankheiten so gravierend erschienen, dass sie eine Bedrohung für die Gesamtbevölkerung darstellten und so drastische Eingriffe in die individuelle Selbstbestimmung rechtfertigten. Der Forschungsstand hinsichtlich der Vererbbarkeit von Krankheiten war im Vergleich zu heute rudimentär, das Selbstbewusstsein der Genetiker hingegen umgekehrt proportional zu ihrem Wissen. (Es ist bemerkenswert, dass sich mit der Wissenschaft der Genetik offenbar immer wieder Erwartungen verbinden, die weit über die tatsächlichen Möglichkeiten hinausreichen: James D. Watson versprach mit der Entschlüsselung des menschlichen Genoms die endgültige Entdeckung des „Wesens" des Menschen.)

Angesichts der Schwierigkeit, die Erblichkeit bestimmter Krankheiten zu identifizieren, ermöglichte das eugenische Denkschema eine Vielzahl von Deu-

Schautafel aus der Berliner Ausstellung „Wunder des Lebens" 1935

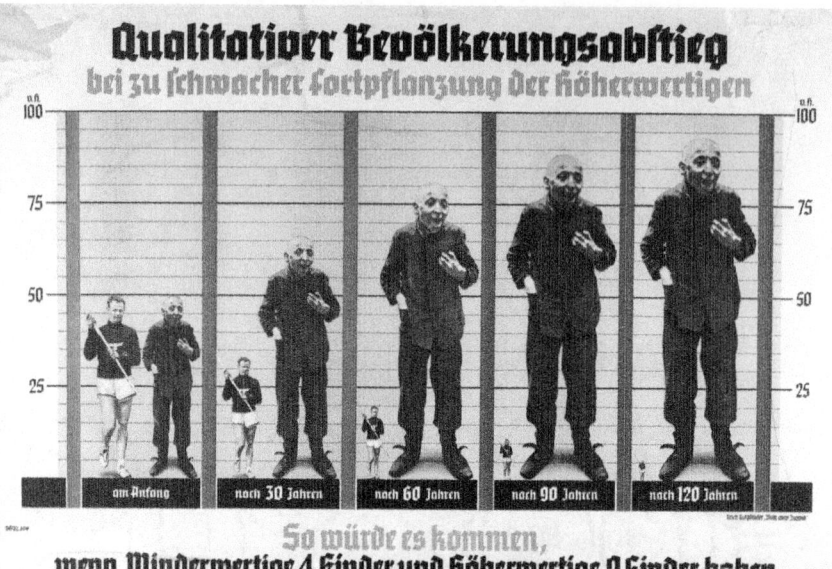

Quelle: Staatsarchiv Bamberg, Tafel des Reichsausschusses für Volksgesundheitsdienst

tungen. Zeitgenössische Kandidaten waren neben den unstrittig erblichen, aber seltenen Krankheiten wie Spina Bifida sehr viel komplexere wie angeborener Schwachsinn, Schizophrenie, und Alkoholismus. Es ist daher nicht überraschend, dass sich die Eugenik für politische Ziele aller Spielarten instrumentalisieren ließ: je rechtslastiger, umso radikaler. Schon während der Weltwirtschaftskrise Ende der 1920er Jahre gewann die Eugenikbewegung wegen der Kosten des Gesundheitssystems an Zustimmung. Während Länder wie Dänemark und Schweden die restriktive medizinische eugenische Praxis zumindest formal auf freiwilliger Basis einführten (und bis in die 1960er Jahre fortsetzten), betrieben die Nationalsozialisten nach 1933 eine weitreichende und zwangsweise negative Eugenik auf der Grundlage des Erbgesundheitsgesetzes. Die eugenische Praxis des NS-Staates richtete sich zunächst weitgehend auf die Zwangssterilisation geistig Behinderter oder erbkranker Patienten. (Von hier aus gibt es eine wenngleich indirekte Verbindung zur Euthanasie, die unter dem Nationalsozialismus unter dem zynischen Etikett „Vernichtung unwerten Lebens" die Ermordung zahlreicher psychisch Kranker gerechtfertigt hat. Die Euthanasie ist jedoch keine eugenische Maßnahme im strengen Sinn, soweit sie sich nicht auf zeugungsfähige Menschen richtet. Sie war gesundheitsökonomisch begründet.) Die genetische Forschung lief ebenfalls ethisch und rechtlich aus dem Ruder. Auf der Suche nach Erbgängen komplexer Eigenschaften nutzten die Genetiker die einmalige Gelegenheit der Rechtlosigkeit zur Durchführung von Experimenten, die unter rechtsstaatlichen Bedingungen undenkbar wären. In letzter Konsequenz ließ der Lagerarzt Josef Mengele Zwillinge verschiedener Altersgruppen im Konzentrationslager Auschwitz töten und schickte deren Augen zur weiteren Untersuchung durch seinen Vorgesetzten Professor Otmar von Verschuer an das Kaiser Wilhelm Institut für Anthropologie, menschliche Erblehre und Eugenik in Berlin.

Welche Beziehung besteht zwischen der Eugenik, wie sie in der ersten Hälfte des 20. Jahrhunderts betrieben wurde und den Thesen Thilo Sarrazins? Sarrazin reproduziert das Argument der Bedrohung einer bestimmten Schicht durch die schnellere Reproduktion einer anderen: In seinem Fall sind es besonders die

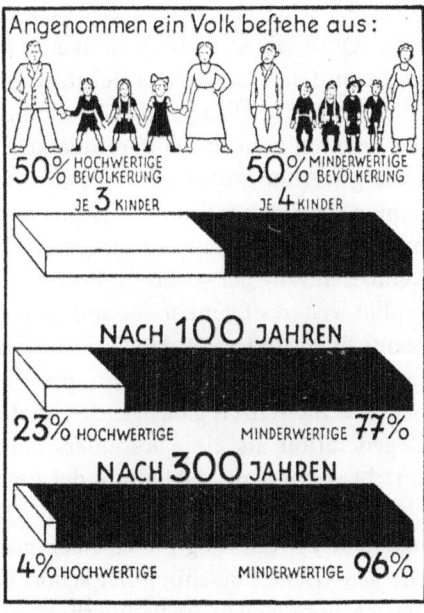

„Hochwertige und minderwertige Bevölkerung im Geburtenkampf" (Schulbuch-Illustration von 1942)

Quelle: Harm, Marie/Wiehle, Hermann: Lebenskunde für Mittelschulen. Sechster Teil, Klasse 6 für Jungen. Halle an der Saale 1942. S. 93

fruchtbaren Immigranten (vor allem Muslime), die von ihnen ausgehende Bedrohung besteht seiner Auffassung nach in ihrer geringeren Intelligenz. Um das Argument der sich allmählich verschlechternden Qualität („Deutschland schafft sich ab") nach Haus zu bringen, unterstellt Sarrazin, dass Intelligenz vererbbar ist. Dabei beruft er sich auf den angeblichen Forschungsstand (50 bis 70 Prozent). Auffallend ist die Häufigkeit, mit der er dies über den gesamten Text hinweg tut (u. a. S. 91, 98, 353 ff). Er erklärt autoritativ, dass es sich dabei um den aktuellen Forschungsstand handele, an dem es „keine seriösen Zweifel" gebe (S. 98). Er zitiert zur Untermauerung seiner eugenischen Argumentation Darwin und Galton, die kaum den aktuellen Forschungsstand darstellen, und beruft sich hinsichtlich der Diskussion um die Vererbbarkeit von Intelligenz einseitig auf das Buch von Murray und Herrnstein „The Bell Curve", geht aber an keiner Stelle auf die höchst kontroverse Diskussion um die Definition und Vererbbarkeit von Intelligenz ein, die seither Bibliotheken füllt. Im Gegensatz zu Krankheiten wie Trisomie 21 oder Spina Bifida ist Intelligenz ein multidimensionaler und kulturell geprägter Begriff (näheres hierzu in den Beiträgen von Diethard Tautz und Leonie Knebel/Pit Marquardt). Intelligenz lässt sich nur indirekt bestimmen, sei es über spezifische Experimente mittels standardisierter Operationen (IQ-Tests), sei es über Indikatoren wie Schulleistungen. Das alles ist aber weit von dem Nachweis entfernt, dass Intelligenz eine genetische Basis habe. Hier stehen im Übrigen die Psychologen den Genetikern gegenüber. Ein Teil der Ersteren verficht die Vererbbarkeit von Intelligenz, weil Intelligenz ihr Forschungsterritorium ist und die Nähe zur Genetik ihnen naturwissenschaftliche Reputation vermittelt (wie beispielsweise Richard J. Herrnstein). Die Vererbbarkeit von Intelligenz wird jedenfalls hoch umstritten bleiben, was sich in der Kennzeichnung der 50-bis-70 Prozent-Marge nur oberflächlich niederschlägt.

Ein weiteres Element der eugenischen Argumentation, das sich auch in Sarrazins Buch findet, ist das Denken in den Kategorien eines fixen „Pools" von Eigenschaften beziehungsweise später dann von Genen. Dieser Pool wurde mit nationalen Grenzen gleichgesetzt, so dass die Gefährdung des Genpools durch Degeneration als eine besonders sinnfällige Bedrohung erschien. Sarrazin spricht von einem „Talentpool der unteren und mittleren Schichten", der sich über Generationen hinweg „entleert" (S. 226). Der Titel des Buches besorgt die nationale Zurechnung dieses Talentpools und damit das Bedrohungsszenario. Die genetische Forschung hat schon in den 1950er Jahren das Denken in genetisch homogenen Pools überholt, und 1983 hat eine Kommission des amerikanischen Präsidenten alle darauf sich beziehenden gesundheitspolitischen Maßnahmen auch als ethisch verwerflich diskreditiert.

Sarrazins Argument hat noch eine zuletzt zu nennende fragwürdige Komponente, die ebenfalls typisch für die eugenische Argumentation ist. Die Bedrohung durch die höhere Fertilität der Immigranten wird nur dann real, wenn angenommen wird, dass die Beziehung zwischen höherer Kinderzahl und geringerer Intelligenz stabil bleibt und sich deshalb das Verhältnis zwischen „Intelligenten" und „Dummen" kontinuierlich zu Ungunsten der Ersteren entwickelt. Wir wissen aber aus unterschiedlichen kulturellen Kontexten, dass das eine falsche Annahme ist. Überall in der Welt hat die Landbevölkerung (historisch) eine höhere Fertilität als die Stadtbevölkerung. Überall in der Welt passt sich die Fertilität von Immigranten bei ihrer Wanderung aus ländlichen Gebieten in urbane Kontexte schon in der ersten Folgegeneration an ihre Umwelt an. Es ist möglich, dass sich dieser Prozess bei einigen Gruppen (zum Beispiel den asiatischen Immigranten in den USA) schneller abspielt als bei anderen (zum Beispiel den türkischen Einwanderern in Deutschland), abhängig davon, wie integriert die Gruppen sind. Aber die Annahme einer konstant bleibenden Fertilitätsrate und folglich der kontinuierlichen Erosion der Intelligenz eines Volkes ist durch die Entwicklung in Einwanderungsländern vielfach empirisch widerlegt. Dass man davon ausgehen müsse, dass „aus demographischen Gründen der Unterschichtanteil an der Bevölkerung kontinuierlich wächst" (S. 91) wird von der Sozialstrukturforschung in Abrede gestellt. Im Gegenteil: In den wohlhabenden Industriegesellschaften gibt es breite Mittelschichten, der Anteil der Alterskohorte, der eine tertiäre Ausbildung erhält, ist ständig gestiegen und liegt in den OECD-Ländern derzeit bei 40 bis 50 Prozent. Der Vorwurf Sarrazins gegen seine Kritiker, sie könnten nicht logisch denken, greift nicht, trotz unermüdlich redundanter Wiederholung im Buch. Auch falsche Modelle können logisch konsistent sein.

Die Antwort auf die Eingangsfrage, ob Sarrazin Eugeniker sei, obwohl er es selbst abstreitet, muss klar bejaht werden. Einerseits ist er ein wiedergeborener Eugeniker, indem er sich noch heute auf die Eugeniker des letzten und vorletzten Jahrhunderts beruft. Außerdem klinkt er sich in die verkappt eugenische Diskussion der Intelligenzforscher und Verhaltensgenetiker ein. Andererseits aber macht er Vorschläge, die sich nicht mit eugenischen Argumenten begründen lassen, von denen keine eugenische Wirkung zu erwarten ist und die vernünftig erscheinen, zum Beispiel ein flächendeckendes Angebot von Ganztagsplätzen in Krippen und Kitas zur Verfügung zu stellen und den Übergang zu Ganztagsschulen zu vollziehen (S. 229). Wenn man sich in der Geschichte der Eugenik etwas auskennt, wie der Autor dieses kurzen Artikels, fragt man sich, wie es möglich ist, dass ein inhaltlich so überholtes und wissenschaftlich unzulängliches Buch einen Verlag finden, von den Medien über alle Maßen gehypt werden, im öffentlichen Diskurs so ernst genommen werden konnte und sich dann auch noch hunderttausendfach verkauft hat.

# Sarrazins dubiose US-Quellen

*Claus-Peter Sesín*

Der Bestseller „Deutschland schafft sich ab" geriet zum Skandal. Einen vergleichbaren Entrüstungssturm rief 16 Jahre zuvor ein Buch namens „The Bell Curve" in den USA hervor, das ähnliche Thesen vertritt und von Sarrazin ausgiebig zitiert wird. Die US-Autoren Charles Murray und Richard J. Herrnstein warnen vor einer Verdummung der Gesellschaft durch überproportionale Vermehrung von Unterschichten und Afro-Amerikanern. Sie agieren im Fahrwasser eines pseudowissenschaftlichen Netzwerks, das die nach den Nazi-Gräueln in Misskredit geratene Eugenik-Bewegung wieder gesellschaftsfähig machen will.

Deutschland soll langfristig seinen heutigen Kultur- und Leistungsstandard verlieren, weil sich sogenannte bildungsferne ethnische Minderheiten, vor allem Muslime, überproportional stark vermehren, während die deutsche Bildungselite viel zu wenig Nachwuchs bekommt: Dies ist Sarrazins Kernaussage in seinen öffentlichen Äußerungen des Jahres 2010. Und weil Intelligenz in hohem Maße erblich sei, erzeuge dieser Trend einen „dysgenischen" Effekt, wie ihn bereits 1883 Sir Francis Galton, der Begründer der Eugenik-Lehre, vorhergesagt hat.

Kurz: Unser Land verblöde. Um dem entgegenzuwirken, müsse die Fertilität der Bildungselite mit monetären Anreizen gesteigert werden, damit sie mehr Nachkommen erzeuge. Gleichzeitig sei die Vermehrung der „Bildungsfernen" – die auch beruflich meist erfolglos und besonders häufig Hartz-IV-Empfänger seien – in geeigneter Weise einzuschränken. Für Letzteres müsse man „falsche Anreize" beseitigen, wie sie das bestehende Sozialsystem bietet. Denn die muslimischen Hartz-IV-Familien, so behauptet Sarrazin, bekämen besonders viele Kinder, weil sie damit ihre Transfer-Bezüge erhöhen. Also solle man deren Bezüge kürzen[1] und ein „Workfare"-System einführen[2], welches Transferempfänger zur Arbeit verpflichtet.

---

1   Sarrazin: Deutschland schafft sich ab, 2010. S. 160.
2   Ebd., S. 182 ff, S. 327 ff.

Erstaunliche Parallelen dazu finden sich in dem 1994 in USA erschienenen Buch „The Bell Curve"[3]. Die Autoren – der neo-konservative Politologe Charles Murray und der Harvard-Psychologe Richard Herrnstein – werteten eine Langzeitstudie an 12 000 US-Teenagern aus, die Intelligenztests einschloss, und untersuchten anhand der Daten, inwieweit Intelligenz und „soziales Wohlverhalten" in unterschiedlichen ethnischen Gruppen statistisch miteinander korrelieren. Zum sozialen Wohl- beziehungsweise Fehlverhalten zählten sie Arbeitslosigkeit, Sozialhilfebezug, Straftaten, Drogensucht, Kriminalität und die Zahl der unehelichen Kinder. Nicht zuletzt dank zahlreicher Statistiktricks[4] kamen Murray und Herrnstein zu dem Ergebnis, dass vor allem der Intelligenzquotient (IQ) bestimme, inwieweit im späteren Leben mit sozialem Wohlverhalten und Erfolg gerechnet werden könne. Und da sie weiterhin – wie Sarrazin[5] – die These vertreten, Intelligenz werde „in hohem Maße vererbt"[6], sei somit letztlich die genetische Ausstattung für den Berufserfolg entscheidend. Das Gleiche hatte Herrnstein bereits 1973 in seinem Buch „IQ in the meritocracy"[7] behauptet: In der Meritokratie – den Begriff verwendet auch Sarrazin[8] – stehe jeder genau dort, wo er gemäß seines „ererbten IQ" hingehört.

Am wichtigsten aber sind die sozialpolitischen Empfehlungen am Ende von „The Bell Curve": Murray und Herrnstein forderten, die Sozialhilfe in den USA zu streichen, um die überwiegend „genetisch bedingt" dumme Unterschicht – und die umfasse in den USA vor allem Schwarze, die angeblich durchschnittlich nur einen IQ von 85 erreichen – nicht nutzlos zu alimentieren. Als Lösung schwebte den beiden Autoren die „High-Tech-Version eines Indianer-Reservats für eine zahlenmäßig beträchtliche Minderheit unserer Bevölkerung"[9] vor. „The Bell Curve" wurde massiv und sehr erfolgreich beworben. Es avancierte zur „Bibel" der amerikanischen Ethno-Rechten. Das Buch wirkte mit am geistigen Klima, das die Clinton-Administration 1996 dazu bewog, die Sozialhilfe in den USA fast komplett abzuschaffen – eine Maßnahme, die Sarrazin ausdrücklich

---

3   Herrnstein, Richard J./Murray, Charles: The Bell Curve. Intelligence and Class Structure in American Life. New York 1994.
4   Einen guten Überblick über die Statistiktricks der Bell-Curve-Autoren gibt Gould, Stephen Jay: Curveball. In: The New Yorker, 28.11.1994. URL: http://www.dartmouth.edu/~chance/course/topics/curveball.html
5   Sarrazin 2010, S. 92 ff.
6   Herrnstein/Murray 1994, S. 23.
7   Herrnstein, Richard J: IQ in the Meritocracy. Boston, 1973.
8   Sarrazin 2010, S. 174.
9   Herrnstein/Murray 1994, S. 526.

begrüßt. Denn dadurch habe man laut Sarrazin „die einfache Möglichkeit unterbunden, durch Kinder an Welfare-Zahlungen zu kommen".[10]

Die Übereinstimmungen in den beiden Büchern sind kein Zufall. Sarrazin hat „The Bell Curve" häufig und an einer Stelle gleich drei Mal nacheinander[11] als Quelle zitiert. Zudem verweist er auf viele weitere Quellen und Autoren, die auch Murray und Herrnstein in ihrem Buch anführen. All dies deutet darauf hin, dass Sarrazin sich stark an der US-Vorlage orientiert hat. Man könnte sein Buch daher cum grano salis als eine Art zweiten Aufguss von „The Bell Curve" bezeichnen. Der wesentliche Unterschied besteht darin, dass sich Sarrazin statt auf Afroamerikaner vor allem auf Muslime als Problemgruppe einschießt und als Belege für seine Thesen überwiegend deutsche Statistikdaten anführt.

Unter diesen Prämissen ist es aufschlussreich, die Quellen von „The Bell Curve" eines kritischen Blickes zu würdigen. Murray und Herrnstein haben für ihr Buch keine eigenen Studien durchgeführt, sondern bereits vorhandenes Material, das überwiegend von Sozialwissenschaftlern stammt, neu ausgewertet. Daher basiert die Glaubwürdigkeit ihres Buches nicht zuletzt auf jenen Originalquellen. Die aus dem wissenschaftlichen Mainstream herangezogenen Studien können als verlässlich gelten, ebenso das verwendete Datenmaterial von US-Behörden. Schon weit fragwürdiger sind die Schlüsse, die Murray und Herrnstein aus dem Material ziehen – darunter die Behauptung sehr hoher Intelligenzvererbung und dass sich Intelligenz durch gezielte Förderung kaum steigern lasse. Dementsprechend äußern sich die beiden Autoren auch wohlwollend zu eugenischen Maßnahmen, ohne diese explizit zu empfehlen. Klartext in Sachen Eugenik findet man in den dubioseren Quellen von „The Bell Curve" – etwa in der rassistischen Wissenschaftsfachzeitschrift „Mankind Quarterly". Zu den Gründervätern dieses erstmals 1961 von der „International Association for the Advancement of Ethnology and Eugenics" (IAAEE) in Edinburgh herausgegebenen Fachmagazins zählte der Mediziner Otmar Freiherr von Verschuer, der zur Nazi-Zeit ein Mentor von KZ-Arzt Adolf Mengele war.[12]

„The Bell Curve" verweist auf insgesamt fünf Fachartikel aus „Mankind Quarterly"[13] und zählt in der Bibliographie 17 Forscher auf, die dort publizieren –

---

10  Sarrazin 2010, S. 386.
11  Sarrazin 2010, Fußnoten zu Kapitel 3, Nr. 61, 78, 79, 84, 86, 87, 88.
12  Lane, Charles: The Tainted Sources of The Bell Curve. In: The New York Review of Books, 1.12.1995 URL: http://www.nybooks.com/articles/archives/1994/dec/01/the-tainted-sources-of-the-bell-curve/
13  Herrnstein/Murray 1994, S. 775, 807 und 828.

darunter aktuelle oder frühere Redakteure des Blattes.[14] Richard Pearson, ab 1978 Chefredakteur von „Mankind Quarterly", hatte 1958 die Northern League gegründet, die sich der „Freundschaft und Solidarität aller teutonischen Nationen" annahm. 1966/67 schrieb Pearson unter dem Pseudonym Stephan Langton Holocaust-leugnende Artikel gegen den „Krematorien-Schwindel".[15] Aus der Anti-Communist League wurde Pearson 1980 entlassen, weil er politisch als zu rechts galt. 1979 kaufte Pearsons „Institute for the Study of Man" die Zeitschrift „Mankind Quarterly", die seitdem in USA herausgegeben wird. In der Folgezeit erhielt Pearsons Institut großzügige Fördermittel vom Pioneer Fund.[16]

Der Pioneer Fund[17] ist eine 1937 vom Textil-Magnaten und Nazi-Anhänger Wickliffe Draper gegründete gemeinnützige Stiftung, die sich gemäß ihrer Gründungs-Charta mit „Rassenverbesserung, speziell in USA" befasst und unter anderem Pläne zur „Repatriierung der Schwarzen nach Afrika" förderte.[18] Die in der vornehmen Third Avenue in New York residierende Stiftung unterstützt Wissenschaftler, die wegen der Verbreitung rassistischen, eugenischen oder sonstwie gegen „poltical correctness" verstoßenden Gedankenguts keine staatlichen Fördermittel mehr erhalten.[19] Ziel des Pioneer Funds ist, seinen Zöglingen zu ermöglichen, auch weiterhin Forschung zu betreiben und ihre Thesen möglichst breit zu kommunizieren. Auch „Mankind Quarterly"-Mitherausgeber Richard Lynn, dessen Werke im Literaturverzeichnis von „The Bell Curve" mehr als eine Seite einnehmen[20], wurde massiv vom Pioneer Fund gefördert. Seit 2002 sitzt er in dessen Vorstand.

Den vom Pioneer Fund alimentierten Wissenschaftlern ist gemein, dass sie sich überwiegend wechselseitig zitieren und fast ausschließlich rassistisch-eugenische Studien betreiben. Ihre Ergebnisse publizieren sie häufig in tendenziösen

---

14 Lane 1994.
15 Mehler, Barry: Race Science and the Pioneer Fund, Institute for the Study of Academic Racism. 1998. URL: http://www.ferris.edu/ISAR/Institut/pioneer/search.htm – US-Historiker Barry Mehler ist auf akademischen Rassismus spezialisiert und hat mehrere Bücher zu diesem Thema geschrieben.
16 Lane 1994
17 URL: http://www.pioneerfund.org/ Der rassistische Pioneer Fund operiert als gemeinnützige Stiftung und hat nichts gemein mit dem vom Namen her ähnlichen, 1920 in Boston gegründeten privatwirtschaftlichen Vermögensverwalter Pioneer Funds, URL: http://us.pioneerinvestments.com/
18 Lane 1994.
19 Eine Aufstellung der vom Pioneer Fund geförderten „akademischen Rassisten" liefert: Miller, Adam: The Pioneer Fund: Bankrolling the Professors of Hate. In: The Journal of Blacks in Higher Education, Nr. 6/1994–1995), S. 58–61.
20 Herrnstein/Murray 1994, S. 833.

Fachblättern wie „Mankind Quarterly". So entsteht ein Netzwerk von Forschern, das strategisch darauf ausgerichtet ist, Thesen von der Ungleichwertigkeit unterschiedlicher Populationen mehr Reputation zu verleihen. Da die von Pioneer Geförderten pro forma die für wissenschaftliche Arbeitsweise üblichen Formalkriterien (Forscher publiziert in Fachjournal) einhalten, laborieren sie in einer pseudowissenschaftlichen Grauzone – mit dem durchaus erwünschten Nebeneffekt, dass ihre Studien teils auch von ihnen wohlgesonnenen Mainstream-Forschern zitiert und als „seriös" behandelt werden. Damit setzen sie das Konzept des Pioneer Funds um, rassistische Thesen über den Umweg scheinbar objektiver Wissenschaft in die Gesellschaft zu tragen und damit möglichst effektiv die Politik zu beeinflussen – so, wie es die Bell-Curve-Autoren mit ihrer „Stop Welfare"-Kampagne (Stoppt die Sozialhilfe) erfolgreich vormachten.

Wer Geld vom Pioneer Fund annimmt, muss kein wissenschaftlicher Scharlatan sein. In der Tat stammen viele Geförderte aus dem etablierten Wissenschaftsbetrieb, gerieten aber später durch rassistische, eugenische oder sonstwie missliebige Äußerungen und Publikationen ins Abseits. Versuche der Universitäten, diese Forscher später wegen ihrer unerwünschten und politisch inkorrekten Tendenzen zu entlassen, scheitern oft an deren Beamtenstatus (in USA: tenure).[21] Außerdem berufen sich die Pioneer-Fund-Forscher gern auf die „Freiheit der Wissenschaft". Der US-Psychologe und Wissenschaftshistoriker William H. Tucker, dessen Buch „The Funding of Scientific Racism" die Geschichte der Draper-Familie, des Pioneer Funds und der Eugenik-Bewegung detailliert beschreibt, ist sich jedoch sicher, dass der Pioneer Fund seine Förderung „sehr schnell wieder einstellt", wenn ein Zahlungsempfänger nicht im Sinne der Stiftung agiert – und agitiert.[22]

In der Zeit der Gründung des Pioneer Funds im Jahre 1937 stand Eugenik in den USA noch hoch im Kurs. Francis Galton, der geistige Vater der Eugenik, hatte Ende des 19. Jahrhunderts die These aufgestellt, dass Minderintelligente besonders viele Kinder hätten und dies zu einem Absinken der Durchschnittsintelligenz der Bevölkerung führe. Solche „dysgenischen Effekte" befürchten Galton-Anhänger bis heute: Sarrazin schreibt in der Einleitung seines Buches, „… dass wir als Volk an durchschnittlicher Intelligenz verlieren, wenn die intelli-

---

21 Vor-Ort-Interviews mit vom Pioneer Fund geförderten Forschern – darunter Robert Gordon, Michael Levin und J. Philippe Rushton – im Rahmen der USA-Recherche zum Artikel: Sesín, Claus-Peter. Sind Weiße klüger als Schwarze? GEO Heft 8/1996, S. 46–56. URL zur Nur-Text-Version: http://www.sesin.de/images/Rassismus.html
22 Tucker, William H.: The Funding of Scientific Racism. Wickliffe Draper and the Pioneer Fund. Urbana und Chicago, 2002, S. 202.

genteren Frauen weniger oder gar keine Kinder zur Welt bringen".[23] Galtons düstere Prophezeiungen führten dazu, dass Anfang des 20. Jahrhunderts in mehr als der Hälfte aller US-Bundesstaaten Gesetze zur Zwangssterilisation von Geisteskranken erlassen wurden. Nach Schätzung des US-Bundesrichters Gerhard Gesell kamen in der Blütezeit der Eugenik-Ära jährlich 100 000 bis 150 000 Amerikaner unter das Sterilisationsmesser.[24]

Vorlage für die meisten dieser Sterilisations-Gesetze war das 1922 von dem Eugeniker Larry M. Laughlin formulierte „Model Eugenic Sterilisation Law". Elf Jahre später floss der Text – ins Deutsche übersetzt – nur wenig verändert in Hitlers „Gesetz zur Verhinderung erbkranken Nachwuchses" ein, aufgrund dessen über 400 000 Deutsche zwangsweise sterilisiert wurden[25]. Für seine Verdienste „als erfolgreicher Pionier praktischer Eugenik" erhielt Laughlin, der mit deutschen Forschern regen Austausch pflegte, 1936 die Ehrendoktorwürde der Universität Heidelberg.[26] Grund genug für Pioneer-Fund-Gründer Wickliffe Draper, Laughlin 1937 als Co-Organisator der rassistischen Stiftung zu verpflichten. Noch im selben Jahr bot Laughlin 3 000 Biologie-Lehrern amerikanischer High-Schools für den Unterricht eine überarbeitete Version des Nazi-Propagandafilms „Erbkrank" an.[27]

Was den Eugenikern anfangs fehlte, war eine wissenschaftliche Methode, Schwachsinnige ausfindig zu machen. 1905 kam ihnen – unfreiwillig – der Franzose Alfred Binet zu Hilfe: Er entwickelte den weltweit ersten IQ-Test, allerdings um damit Leistungsschwächen von Schülern zu erkennen und diese gezielt zu kompensieren.[28] Seit 1917 führt auch die US-Armee routinemäßig IQ-Tests durch. Schwarze Rekruten schnitten dabei im Mittel regelmäßig schlechter ab als weiße. Rassisten erkannten schnell das diskriminierende Potenzial der IQ-Tests.

Nach dem Zweiten Weltkrieg und dem Nazi-Holocaust samt Massenmorden an psychisch Kranken und geistig Behinderten geriet die Eugenik-Bewegung in Misskredit. Doch als Schwarze in USA Bürgerrechte erhielten – 1954 wurde die Rassentrennung in den Schulen per Gesetz aufgehoben – erlebte sie in rechten Kreisen, darunter dem Ku-Klux-Klan, eine klammheimliche Wiederaufer-

---

23 Sarrazin 2010, S. 9.
24 Lombardo, Paul O. (Herausgeber): A Century of Eugenics in America. From the Indiana Experiment to the Human Genome Era. Indiana University Press. Bloomington, 2011. S. 180.
25 Kühl, Stefan: The Nazi Connection. Eugenics, American Racism, and German National Socialism. New York 1994, S. 39 und 102.
26 ebd., S. 87f.
27 ebd., S. 48–50, und Tucker, S. 3.
28 Duster, Troy: Backdoor to Eugenics. New York 1990, S. 12.

stehung. Jahrelang versuchten Bürgerrechtsgegner, mit juristischen Mitteln eine Revision zu erzwingen, doch ohne Erfolg. Anfang der 1960er Jahre begriffen sie, so der US-Historiker Idus A. Newby, „dass sie Wissenschaft für ihre Zwecke nutzen könnten. Sie sollte dort weiterhelfen, wo gesetzliche Mittel versagten."[29] Auf den neuen Trend sattelte auch der Pioneer Fund auf. Draper stellte Projekte zur Förderung der Repatriierung Schwarzer nach Afrika ein und konzentrierte sich nunmehr darauf, Forscher zu unterstützen, die publikumswirksam auf die eugenischen „Gefahren" der Rassenmischung hinwiesen.[30] Auch der erste, bis 1978 tätige Chefredakteur von „Mankind Quarterly", Robert Gayre, arbeitete gezielt darauf hin, die alte Eugenik-Tradition aus den 1920-Jahren trotz der Nazi-Gräuel (pseudo-)wissenschaftlich wieder aufleben zu lassen.[31]

Das Paradebeispiel eines Pioneer-Fund-Geförderten ist William Shockley. Der 1956 mit dem Nobelpreis ausgezeichnete US-Physiker hatte den Transistor erfunden und damit den Weg zu tragbaren Radios bis zu heutigen Smartphones bereitet. 1970 indes schockte der vom Pioneer Fund mit 189 000 Dollar geförderte Physiker[32] die Weltöffentlichkeit mit seinem „Bonus Sterilisation Plan". Diesem zufolge sollten „Intellektuell Minderwertige" für die freiwillige Sterilisation einen finanziellen Anreiz erhalten – und zwar für jeden Punkt, den sie unter dem bei Intelligenz-Tests (IQ-Tests) normalerweise erreichten Durchschnittswert von 100 liegen, 1 000 Dollar. Dies würde sich, glaubte Shockley, bald auszahlen: „Ein Schwachsinniger mit einem IQ von 70, der womöglich zwanzig Kinder bekommt, kostet den Steuerzahler 250 000 Dollar."[33] In einem Zeitschriften-Interview outete sich Shockley zugleich als Rassist: „Die hohe Armuts- und Kriminalitätsrate der Schwarzen haben Rasse zu einem Anliegen für mich gemacht."[34] Der streitbare Physiker drang mit seinen kruden Thesen bis in die höchsten Sphären des US-Wissenschaftsbetriebs vor: 1967 präsentierte er auf dem Jahrestreffen der National Academy of Sciences einen provokativen Forschungsantrag: „In welchem Ausmaß sind die Slums unserer Städte das Ergebnis schlechter Erbanlagen? Nimmt die genetische Qualität der Bevölkerung durch unterschiedliche Geburtenraten in verschiedenen sozialen Gruppen ab?"[35] Die eugenischen Parallelen zu Sarrazins Buch sind frappierend.

---

29  Hirsch, Jerry: To Unfrock the Charlatans. In: SAGE Race Relations Abstracts 6, Mai 1989, S. 2.
30  Tucker 2002, S. 38 ff.
31  Lane 1994.
32  Mehler 1998.
33  Kühl 1994, S. 7.
34  Hirsch 1989, S. 5.
35  ebd., S. 7.

Die National Academy of Sciences ließ Shockleys Antrag durch führende Genetiker prüfen, die ihm zu Recht wissenschaftliche Kompetenz im Fach Genetik absprachen. Ihr Urteil war vernichtend: „Es gibt keine wissenschaftliche Basis für die Behauptung, Schwarze und Weiße hätten unterschiedliche Erbanlagen. Bei komplexen intellektuellen und emotionalen Verhaltensmerkmalen ist es extrem schwierig, Umwelt- und Erb-Einflüsse auseinanderzuhalten." Denn dabei sei „nicht sicher, was überhaupt gemessen wird. Keine gängige Methode liefert aussagefähige Ergebnisse."[36] Bis heute ist weitgehend ungeklärt, inwieweit komplexes menschliches Verhalten überhaupt vererbt wird. „Es ist mit wissenschaftlichen Mitteln unmöglich, die relative Rolle von Erbe und Umwelt zu bestimmen, vor allem auch bei der menschlichen Intelligenz", kommentierte der US-Genetiker Jerry Hirsch."[37]

Doch Shockley ließ nicht locker und suchte systematisch nach Gleichgesinnten. Sein stärkster Partner wurde der kalifornische Psychologe Arthur Jensen, der über 1,1 Millionen Dollar vom Pioneer Fund erhalten hat. Jensen wies in einer 123 Seiten umfassenden Studie[38], die sich gegen das zur Förderung von Schulkindern aus armen Verhältnissen gegründete „Head Start"-Programm richtete, auf die bereits seit 1917 bekannte Tatsache hin, dass amerikanische Schwarze bei IQ-Tests der Armee im Schnitt nur 85 IQ-Punkte erreichen – 15 Punkte weniger als Weiße.[39] Neu und überraschend indes war Jensens Forderung, deshalb die Ende 1964 in USA im Zuge der „Great-Society"-Gesetzgebung eingeführte Sozialhilfe[40] abzuschaffen – was man als eine Form von „sanfter Eugenik" interpretieren kann.[41] Jensen war zugleich einer der ersten, die dies mit hoher IQ-Vererbung begründeten. Daher seien alle Versuche, Intelligenzdefizite mit Förderprogrammen zu kompensieren, zum Scheitern verurteilt. Er lieferte damit die Steilvorlage für Herrnsteins und Murrays späteres Buch „The Bell Curve".

---

36  ebd., S. 8 und 15.
37  ebd., S. 32. Die gleiche These vertritt – mit Blick auf „The Bell Curve" – Purves, Dale: Race plus IQ doesn't equal Science. In: Nature, Bd. 374, S. 10, 2.3.1995.
38  Jensen, Arthur: How much can we boost I.Q. and scholastic achievement? In: Harvard Educational Review, Bd. 33, 1969. S. 1–123.
39  Cavalli-Sforza, Luigi Luca, und Cavalli-Sforza, Francesco: The Great Human Diasporas. The History of Diversity and Evolution. New York 1995. S. 221 ff.
40  Erste Sozialhilfeprogramme gab es in USA bereits in der Großen Depression der 1930er Jahre.
41  Der vom Pioneer-Fund stark geförderte Soziologe Robert Gordon forderte nicht nur einen Sozialhilfe-Stopp, sondern darüber hinaus, dass schwarzen Sozialhilfeempfängerinnen zwangsweise Langzeit-Empfängnisverhütungsmittel wie „Norplant" implantiert werden (siehe Quelle und Link in Anmerkung 22). Dies unterstreicht die eugenische Stoßrichtung der Sozialhilfestopp-Forderung.

Jensens Studie gipfelt in der unheilvollen Frage: „Führt die jetzige Sozialhilfe-Politik – ohne eugenische Vorkehrungen – zur genetischen Versklavung eines großen Teils unserer Bevölkerung?"[42]

Shockley und Jensen begründeten damit einen neuen Trend zum (pseudo-)wissenschaftlichen Rassismus – der auch dadurch nicht aufgehalten werden konnte[43], dass Jensens Berechnungen 1975 als Betrug aufflogen: Genetiker Jerry Hirsch hatte erschreckende Ungereimtheiten gefunden – darunter etliche nicht belegbare oder verfälschte Zitate, Daten und Formeln anderer Forscher.[44] Jensen hatte sich beim Abschätzen der IQ-Vererbung auf die üblichen Zwillings-Studien gestützt. Dabei werden Paare eineiiger, bei der Geburt getrennter Zwillinge mit anderen, gemeinsam aufgewachsenen verglichen. Psychologen streiten dabei aber oft über die statistische Auswertung der Daten – mit der Folge, dass ältere Studien häufig „re-analysiert" werden. Mehr hatte auch Jensen nicht getan: Für seine Studie wertete er vier vorhandene Zwillings-Studien mit eigens von ihm neu entwickelten Vererbungsformeln erneut aus und kam auf das – bis heute immer wieder in der Forschung zitierte – Rekordergebnis von 80-prozentiger IQ-Vererbung.[45] 1977 wies Atam Vetta vom englischen Oxford Polytechnikum, der in Jensens Studie ebenfalls grobe Unstimmigkeiten ausfindig gemacht hatte, nach, dass die von Jensen ermittelte IQ-Vererbung zuvor als Schätzgröße in die Berechnungen einfloss. Jensen errechnete also das, was er als Ergebnis haben wollte.[46]

Zwillings-Studien zur IQ-Vererbung umweht seit jeher ein Ruch von Betrug. Auch die des seinerzeit bedeutendsten englischen Psychologen Sir Cyril Burt – ob seiner Pionierarbeit auf diesem Gebiet 1946 zum Ritter geschlagen – erwiesen sich als Fälschungen[47]: Obwohl Burt in zwei Jahrzehnten die Zahl seiner auf IQ getesteten Zwillingspaare von anfangs 15 auf später 53 erhöht hatte, blieben zwei Korrelationskoeffizienten, die als Maß für die IQ-Ähnlichkeit der Paare dienen, stets bis zur dritten Stelle nach dem Komma gleich. Statistisch ist dies völlig unwahrscheinlich.

Bereits 1972 wies der US-Psychologe Leon Kamin nach, dass Burt – ebenso wie später Jensen – von seinen hohen, extreme IQ-Vererbung suggerierenden

---

42 Hirsch 1989, S. 19.
43 Duster 1994, S. 22 ff.
44 Hirsch, Jerry: Jensenism: The Bankruptcy of „Science" Without Scholarship. Educational Theory Bd. 25, 1975, S. 10 ff.
45 Hirsch 1989, S. 11.
46 Hirsch 1989, S. 22 und 35 ff.
47 Gillie, Oliver. Crucial data was faked by eminent psychologist. In: *Sunday Times*, 24.10.76.

Wunschergebnissen her „rückwärts" zu den Messdaten gearbeitet hatte[48] – ein vorsätzlicher und erfolgreicher Versuch, die britische „Sozial- und Schulpolitik zu beeinflussen".[49] Burt ging es vor allem um die Rechtfertigung bestehender Herrschaftsverhältnisse: Kinder unterer Schichten bezeichnete er als „Slum-Affen" mit „kuh-ähnlichem Intellekt"[50]. Burt hatte zudem zwei Mitarbeiterinnen erfunden: Über 30 Jahre lang fungierten die beiden Damen als Co-Autorinnen seiner Studien, um deren Glaubwürdigkeit zu erhöhen, und schrieben öfters in auffallend Burt-ähnlichem Stil lobende Rezensionen seiner Bücher.[51] Später fand ein Biograph, dass mindestens 20 Autoren einer von Burt gegründeten und redaktionell betreuten Fachzeitschrift nichts anderes waren als Kopfgeburten des großen Psychologen.[52]

Trotz erdrückender Beweislast versuchte Jensen 1977, Burts Ansehen zu retten: „Die Anschuldigungen sind reine Hirngespinste einer Handvoll ideologisch eindeutig festgelegter Psychologen, deren Rückzugsgefechte gegen die Vererbungslehre ins Maßlose ausgeartet" seien, schrieb Jensen in der *Neuen Anthropologie*.[53] Er gehörte zum wissenschaftlichen Beirat dieser Zeitschrift, die von einer der zentralen Figuren der deutschen Neo-Nazi-Szene, dem 2009 verstorbenen Jürgen Rieger, herausgegeben wurde.[54] In ähnlicher Weise wie Jensen verteidigt auch der deutsche Psychologe Detlef Rost in seinem von Sarrazin häufig als aktuelle Quelle zur Intelligenzforschung zitierten Buch „Intelligenz. Fakten und Mythen"[55] die vermeintlichen Verdienste Burts: „Die zahlreichen relevanten Beiträge von Sir Cyril Burt", schreibt Rost, „werden heute – leider – kaum mehr zur Kenntnis genommen", obwohl die Vorwürfe „wenig belegt" und „sachlich falsch" seien. Es handele sich dabei nur um „Ungenauigkeiten, Tippfehler und Schlampigkeiten", die nicht mehr nachprüfbar seien, weil Burts Unterlagen „auf Veranlassung eines marxistischen Psychologen" nach seinem Tod verbrannt

---

48 Kamin, Leon: The Science and Politics of I.Q. Potomac, 1974, S. 135 ff.
49 ebd., und ein zweiter Artikel in der Sunday Times vom 7.11.76. Siehe auch Cavalli-Sforza 1995, S. 222.
50 *Psychologie heute,* Heft 4/1977.
51 ebd.
52 Einen Überblick über die Burt-Affäre liefert Plucker, Jonathan:. The Cyril Burt Affair. Human Intelligence (Webseite der Indiana University). URL: http://www.indiana.edu/~intell/burtaffair.shtml
53 Psychologie heute, Heft 6/1976. Billig, Michael: Die rassistische Internationale. Frankfurt 1981, S. 124.
54 Billig, S. 118 ff.
55 Detlef Rost: Intelligenz. Fakten und Mythen. Basel 2009.

wurden.⁵⁶ Auffallend an Rosts Buch ist weiterhin, dass er zahlreiche Pioneer-Fund-Forscher, selbst solche aus dessen Vorstand, in einer Weise zitiert, als handele es sich um seriöse Mainstream-Forscher.

In den 1980er Jahren förderte der Pioneer-Fund schwerpunktmäßig Zwillingsforscher⁵⁷, vor allem Thomas Bouchard von der University of Minnesota, der mindestens 1,2 Millionen Dollar erhalten hat. Getrennte eineiige Zwillinge, die Bouchard im Rahmen seiner „Minnesota Twin Study" untersucht hatte, wiesen angeblich ähnliche IQ-Korrelationen auf, wie sie früher Cyril Burt ermittelt hatte. Doch Bouchard weigert sich standhaft, seine Daten für Re-Analysen herauszugeben – Burt-Enttarner Kamin wartete jahrelang vergebens. Der kanadische Genetiker Douglas Wahlsten fand in Bouchards Studien „zahlreiche methodische Fehler, die die Erblichkeit künstlich nach oben treiben".⁵⁸ In den Medien hingegen zeigt sich Bouchard – wie viele Pioneer-Fund-Forscher – sehr sendungsbewusst. Begierig stürzen sich Presse und Fernsehen auf die bisweilen banalen Sensationsgeschichten seiner über 100 Zwillings-Paare – die etwa Frauen gleichen Namens heirateten, ihren Katzen, Hunden und Kindern gleiche oder ähnliche Namen gaben oder dieselbe Zahl von Fingerringen trugen. Kritiker wie Kamin halten dies für „Show Business"⁵⁹ – offenbar inszeniert in der Absicht, die Idee allmächtiger Gene ins öffentliche Bewusstsein zu tragen.

Etliche methodische Fehler und virtuose Statistik-Verdrehungen trüben auch die Analysen in „The Bell Curve". Murray und Herrnstein verschweigen die Schwäche⁶⁰ ihrer im Anhang über 27 Seiten ausgebreiteten angeblich „signifikanten" Korrelationen: Im Mittel gibt es nur bei mageren acht Prozent der von ihnen Untersuchten einen Zusammenhang zwischen IQ und „sozia-

---

56 ebd., S. 78. 1997 überprüfte William H. Tucker die Vorwürfe gegen Burt erneut. Er kam zu dem Schluss: „A comparison of his twin sample with that from other well documented studies, however, leaves little doubt that he committed fraud." Tucker, William H.: Re-reconsidering Burt: beyond a reasonable doubt. In: Journal of the History of the Behavioral Sciences, Heft 33/1997, S. 145–162.
57 Mehler 1998.
58 E-Mail-Korrespondenz mit Douglas Wahlsten
59 Interview mit Kamin in Boston im Rahmen der Recherche zu Sesín 1996.
60 Aus Gould (1994): „In general, they [Herrnstein/Murray] find a higher correlation with IQ than with socioeconomic status; for example, people with low IQ are more likely to drop out of high school than people whose parents have low socioeconomic status. But such analyses must engage two issues – the form and the strength of the relationship ... Indeed, almost all their relationships are weak: very little of the variation in social factors is explained by either independent variable ... In short, their own data indicate that IQ is not a major factor in determining variation in nearly all the social behaviors they study."

lem Wohlverhalten".[61] Zudem übernahmen sie – trotz der erheblichen Datenfälschungen – Jensens Ergebnis einer 80-prozentigen IQ-Erblichkeit. Jensen wird nicht weniger als 24 Mal zitiert.[62] Kritische Rezensenten wie der US-Wissenschaftshistoriker Barry Mehler bewerteten „The Bell Curve" schlicht als „Forschungs-Müll".[63] Die *New York Times* nannte das Buch „ein schlüpfriges Stück Rassenpornographie, das sich als seriöse Wissenschaft maskiert".[64] Der heutige US-Präsident Barack Obama sagte 1994 in einem Interview, die Debatte sei keineswegs neu: „Racial suprematists" hätten immer wieder IQ-Tests benutzt, um ihre Theorien zu stützen. Murray verfolge „eine politische Agenda, speziell die Abschaffung der Quotenregelung an Universitäten und die Abschaffung der Sozialhilfe", so Obama.[65] Dennoch avancierte „The Bell Curve" – wie Sarrazins Buch – zum Bestseller. Das Erfolgsrezept verriet Murray unfreiwillig in einem Werbebrief an einen potenziellen Verleger: „Es gibt eine große Zahl wohlmeinender Weißer, die Angst haben, heimliche Rassisten zu sein. Dieses Buch wird ihnen sagen, dass sie es nicht sind."[66]

Der britische Psychologe Richard Lynn, einer der Direktoren des Pioneer Funds, veröffentlichte 2008 das Buch „The Global Bell Curve"[67]. Darin versucht er – wie Murray und Herrnstein 1994 –, rassistisch basierte IQ- und Sozial-Hierarchien nun weltweit in verschiedenen Nationen aufzuzeigen (eine Rangliste der Pisa-Punktwerte von Migrantenkindern unterschiedlicher Herkunft findet sich auch bei Sarrazin[68]). Mit derlei Länder- und Ethnienvergleichen verbrachte Lynn einen Großteil seines Wissenschaftler-Lebens – mit teils geradezu grotesken Ergebnissen: 1991 will Lynn bei der Re-Analyse von elf in Afrika durchgeführten IQ-Studien herausgefunden haben, dass der Durchschnitts-IQ der dortigen Bevölkerung bei nur 70 liegt – an der Schwachsinnsgrenze. Lynn ignorierte dabei, dass Ken Owen, der Autor der seiner Ansicht nach „besten" dieser Studien, ausdrücklich darauf hingewiesen hatte, dass mangelnde Englischkenntnisse der Probanden teilweise zu „praktisch unbrauchbaren" Ergebnissen geführt hätten. Zum Kulturwissen zählten die in einer ländlichen Zulu-Region durchgeführ-

---

61 Sesín 1996, S. 42; Stephen Jay Gould 1994; Graves, Joseph L.: The Pseudoscience of Psychometry and The Bell Curve. In: Journal of Negro Education, Bd. 64, Heft 3/1995.
62 Herrnstein/Murray, S. 800 f.
63 Mehler, zitiert in: Grand Rapids Press, 17.1.95.
64 Herbert, Robert: In America; Throwing a Curve. In: *New York Times*, 26.10.1994.
65 Interview mit Barack Obama in National Public Radio am 28.10.1994. URL (Textversion): http://www.gnxp.com/blog/2008/09/barack-obama-on-bell-curve.php
66 Sesín 1996, S. 50 f.
67 Lynn, Richard: The Global Bell Curve: Race, IQ, and Inequality Worldwide. Augusta, 2008.
68 Sarrazin 2010, S. 368

ten IQ-Tests Vertrautheit mit elektrischen Haushaltsgeräten, Mikroskopen und „westlichen Damen-Artikeln". Bei einer weiteren IQ-Studie aus dem Jahr 1992 wies der Leiter die Probanden mit Gesten an, weil er deren Landessprache nicht beherrschte.[69] 2010 ermittelte Lynn in einer IQ-Untersuchung von Afrikanern aus Ländern südlich der Sahara sogar nur noch einen mittleren IQ von 68.[70]

Trotz dieser Fragwürdigkeiten und Mängel wird Lynn, der auch Murray und Herrnstein wissenschaftlich beraten hatte, von Sarrazin mehrfach[71] als seriöse Quelle zitiert. Sarrazin schreibt unter Berufung auf Lynn: „Der Umstand, dass bei unterschiedlicher Fruchtbarkeit von Bevölkerungsgruppen unterschiedlicher Intelligenz eugenische oder dysgenische Effekte auftreten können, wird daher nicht mehr grundsätzlich bestritten."[72]

Sehr überzeugend hat der neuseeländische Psychologe James R. Flynn diese IQ-Farce entlarvt. Er fand 1987 heraus, dass der Durchschnitts-IQ in 14 Industrienationen seit Beginn der Tests kontinuierlich angestiegen ist – im Mittel um etwa drei IQ-Punkte pro Jahrzehnt. Um diesen Anstieg auszugleichen, müssen IQ-Tests regelmäßig neu „geeicht" werden. Nur mit solcher „Standardisierung" bleibt der Durchschnitts-IQ stets konstant bei 100. Die Generationen unserer Großeltern und Urgroßeltern wären nach heutigen Maßstäben also zum großen Teil schwachsinnig gewesen.[73]

Das passt nicht ins Weltbild der Galton-Epigonen, die an der Idee einer sukzessiven Abnahme der Bevölkerungsintelligenz durch dysgenische Effekte festhalten. Der ausgebliebene Niedergang ist erklärungsbedürftig, weshalb Richard Lynn dem Phänomen in seinem Buch „Dysgenics" ein ganzes Kapitel widmet. Lynn unterscheidet zwischen „phänotypischer" (gemessener) Intelligenz und „genotypischer" (durch die Qualität der Gene bedingter) Intelligenz.[74] Bessere Umweltbedingungen hätten zu einem Anstieg der phänotypischen Intelligenz

---

69 Interview mit Leon Kamin in Boston im Mai 1995 im Rahmen der USA-Recherche zu Sesín 1996.
70 Lynn, Richard, und Meisenberg, Gerhard: The average IQ of sub-Saharan Africans: Comments on Wicherts, Dolan, and van der Maas. In: Intelligence, Bd. 38, Heft 1/Januar/Februar 2010, S. 21–29. Im Abstract der Studie schreiben die Autoren: „The four data sets can be averaged to give an IQ of 68 as the best reading of the IQ in sub-Saharan Africa." URL: http://www.sciencedirect.com/science/article/pii/S0160289609001275
71 Sarrazin 2010, S. 213, S. 93 (Anmerkung 65), S. 100 (Anmerkung 89).
72 Sarrazin 2010, S. 93.
73 Flynn, James R.: Race, IQ, and grandparents. In: New Scientist, 5.4.1984; und Sesín 1996, S. 53.
74 Lynn, Richard: Dysgenics – Genetic Deterioration in Modern Populations. Westport/Conneticut 1996, S. 110 f.

geführt. Die Qualität der Gene sinke indessen im Verborgenen, behauptet Lynn. Dies lässt sich freilich weder beweisen noch widerlegen.

Flynn hat eine andere Erklärung: „Der Zugewinn an IQ-Punkten ist kein Zugewinn an dem, was die meisten Menschen unter Intelligenz verstehen. Er zeigt uns vielmehr die Kluft zwischen unseren Gedanken und denen unserer Vorfahren."[75] Und: „IQ-Tests messen nicht die Intelligenz, sie korrelieren eher schwach mit ihr." Diese Hypothese erkläre die Ergebnisse am besten.[76]

Wer sich mit Intelligenz-Erblichkeit befasst, begibt sich auf gleich zwei Großbaustellen. Zum einen ist unter Psychologen bis heute umstritten, was genau unter Intelligenz zu verstehen sei. Rost schreibt: „Versuche, Intelligenz kurz und knapp verbal-global zu definieren, schillern in allen nur erdenklichen Farben und Schattierungen", es gebe „noch keine allgemeine Definition, welche die ungeteilte Zustimmung einer größeren Zahl der an der Intelligenzforschung beteiligten Psychologen" findet.[77] Hinzu kommen Konzepte wie „Emotionale Intelligenz", die in populärwissenschaftlichen Büchern und Zeitschriften verbreitet werden und das „Begriffs-Chaos" (Rost) auf die Spitze treiben. Wie aber will man die genetischen Grundlagen einer mentalen Eigenschaft herausfinden, wenn man diese schon a priori nicht klar definieren kann?

Die zweite Großbaustelle ist der Fakt, dass bis heute kein Genetiker Gene für Intelligenz gefunden hat. Angaben zur Intelligenzvererbung stammen fast ausschließlich von Psychologen, die mit fragwürdigen Modellen (Zwillingsstudien) und fragwürdigen statistischen Methoden (bis hin zu politisch motivierten Datenfälschungen) nicht minder fragwürdige IQ-Testergebnisse auswerten – und dies oft mit Pioneer-Fund-Geldern. Im Fach Genetik weisen die meisten Psychologen hingegen eine ähnliche „Bildungsferne" auf wie der ehemalige Bundesbanker. Man kann sich sogar des Eindrucks nicht erwehren, als würde Sarrazin seinen unbestrittenen Ruf als Finanzexperte in die Waagschale werfen, um eugenischen Theorien mehr Kredenz zu verleihen – wie einst Nobelpreisträger Shockley.

Sarrazins laienhafte Genetik-Kenntnisse offenbaren sich nicht zuletzt in den von ihm wiederholt – als Beleg für die Intelligenzvererbung – angeführten Mendelschen Gesetzen. Er schreibt: „Für einen großen Teil dieser [Unterschichts-]Kinder ist der Misserfolg mit ihrer Geburt bereits besiegelt. Sie erben

---

75 Flynn, James R.: „Abstieg in die Dummheit". Interview in: Die Zeit, 27. 2. 2008.
76 Flynn, James R.: Massive IQ gains in 14 Nations: What IQ tests really measure. In: Psychological Bulletin, 101/1987. S. 171–191. Zitiert nach: http://www.indiana.edu/~intell/flynneffect.shtml
77 Rost, S. 1.

gemäß den Mendelschen Gesetzen die intellektuelle Ausstattung ihrer Eltern."[78] Mendel entdeckte 1865 bei Kreuzungsexperimenten von Pflanzen im Brünner Klostergarten aber lediglich die statistische Häufigkeit bei der Vererbung sehr einfacher (auf ein einzelnes Gen zurückgehender) Anlagen, darunter Blütenfarben. Intelligenztests wurden erst 52 Jahre später erstmals durchgeführt und der genetische Code erst 1965 komplett dechiffriert. Bei der Erbkomponente der Intelligenz (sofern Genetiker sie überhaupt je zu lokalisieren vermögen) dürfte es sich im Gegensatz zu Mendels Blütenfarben zudem um eine multifaktorielle Anlage handeln, die auf das Zusammenwirken einer Vielzahl von Genen zurückgeht. All diese Gene beeinflussen sich dabei nicht nur wechselseitig, sondern unterliegen auch noch Umwelteinflüssen. In einer solch komplizierten Gemengelage helfen Begrifflichkeiten aus dem Mendelschen Baukasten wie dominante oder rezessive Vererbung einzelner Merkmale nicht weiter (Näheres hierzu findet sich im Beitrag von Diethard Tautz). Die Lage ist ähnlich aussichtslos wie die eines Automechanikers, der mit einem Schraubenschlüssel in der Hand eine computergesteuerte Benzineinspritzanlage reparieren will. Was nicht impliziert, dass Schraubenschlüssel – und die Mendelschen Gesetze – generell nutzlos wären.

Besonders heikel wird es, wenn Psychologen Bevölkerungsgruppen und ganze Ethnien – etwa hinsichtlich unterschiedlicher IQ-Ergebnisse – „genetisch" miteinander zu vergleichen suchen. Für viele Pioneer-Fund-Forscher, allen voran Richard Lynn, ist der IQ-Vergleich von Bevölkerungsgruppen, gepaart mit diskriminierenden genetischen Werturteilen, gleichsam das tägliche Brot. Aus Sicht von Populationsgenetikern ist eine solche Vorgehensweise jedoch nicht haltbar. Wer IQ-Ergebnisse (oder damit gleichgesetzte Pisa-Testergebnisse) unterschiedlicher Ethnien vergleicht, kann daher – aus Sicht der modernen Genetik – notwendigerweise nur umwelt- und kulturbedingte Unterschiede nachweisen. Etwaige Rückschlüsse auf die Gene sind wegen der weitgehend identischen „genetischen Ausstattung" aller Ethnien und Populationen fehl am Platze.

Ungeachtet dessen gibt sich Sarrazin – auch in Interviews – gern als Mann der Fakten, der seine Aussagen mit harten empirischen Zahlen belegen zu können glaubt. Doch schon bei seinem eigenen Zahlenmaterial verwickelt er sich in Widersprüche. Ein Beispiel: Unter Berufung auf seine „Bell-Curve"-Gewährsmänner behauptet er einen starken Zusammenhang zwischen Schulabschluss und späterem Berufs- und Lebenserfolg. Dies werde deutlich, wenn man die je nach Herkunftsland unterschiedlichen Abiturienten-Quoten von Migranten-

---

78 Sarrazin 2010, S. 175.

Kindern der zweiten Generation mit der jeweiligen Hartz-IV-Bedürftigkeit dieser Gruppen in Beziehung setzt: „Bei den Migranten aus dem Fernen Osten", schreibt Sarrazin, erwerben „in der zweiten Generation bis zu 63 Prozent" die Hochschulreife. Am unteren Ende stehe die „türkischstämmige Bevölkerung" mit nur „14 Prozent".[79] Wenn nun Sarrazins Thesen zuträfen, müsste man erwarten, dass die „intelligenten" Migranten aus dem Fernen Osten sehr viel seltener Hartz-IV-bedürftig werden als Türken. Sarrazin weist ausdrücklich darauf hin, dass „die Bildungserfolge der verschiedenen Gruppen ... wesentlich deren Erfolg auf dem Arbeitsmarkt" bestimmen und darüber entscheiden, „ob man seinen Unterhalt selbst bestreiten kann oder auf staatliche Transferleistungen angewiesen ist". Doch in seiner Auflistung der „von Transferleistungen" Lebenden nennt Sarrazin „13 Prozent der Migranten aus dem Fernen Osten" und „16 Prozent der aus der Türkei stammenden Migranten".[80] Das sind fast identische Werte, die belegen, dass die fast vier Mal höhere Abiturientenquote bei den Kindern asiatischer Herkunft offenbar keine nennenswerten Job- und Integrationsvorteile gebracht hat.

Behauptungen, dass Asiaten besonders intelligent und leistungsfähig seien, finden sich nicht nur bei Sarrazin, sondern auch in „The Bell Curve" sowie in den Studien der meisten Pioneer-Fund-Forscher. Prototypisch belegt dies der Psychologe J. Philippe Rushton von der kanadischen University of Western Ontario, der seit 2002 Präsident des Pioneer Funds ist. In seinem 1995 erschienenen Buch „Race, Evolution and Behavior" sowie in zahlreichen weiteren Publikationen vertritt Rushton die Kernthese, die Menschheit bestehe aus drei Grundrassen – Schwarzen, Weißen und Asiaten –, deren Durchschnitts-IQ in dieser Reihenfolge zunehme; wobei Schwarze nicht nur besonders dumm, aggressiv und kriminell, sondern auch am meisten auf Sex ausgerichtet seien. Als Begründung für die „Sexversessenheit" der Schwarzen führt Rushton deren Fortpflanzungsstrategie an: Im heißen Klima Afrikas würden sie ungeheure Mengen an Nachwuchs in die Welt setzen, von denen ein Großteil sterbe; folglich gehe es ihnen mehr um Geschlechtsverkehr als um Aufzucht.[81] Weiße und Asiaten hingegen müssten sich im widrigen nordischen Klima auf wenige Kinder beschränken und versuchen, diese mit großer Fürsorge und weitreichender Vorausplanung durch die kalten Winter zu bringen. Rushton nennt dies: evolutionären Druck zu höherer Intelligenz. Deshalb hätten „Schwarze auch die

---

79 Ebd., S. 62.
80 Ebd., S. 63.
81 Interview mit Rushton in Boston im Rahmen der Recherchen zu Sesín 1996.

kleinsten Hirne und die größten Penisse". Im Buch „Sex, Evolution, and Behavior" hat Rushton als Beleg sogar eine Sexualhormon-Glockenkurve und eine Tabelle zu „rassischen Unterschieden" bei Penislängen veröffentlicht.[82]

1999 versandte der Pioneer Fund eine gekürzte Ausgabe dieses Buches an zehntausende amerikanische Anthropologen, Psychologen und Soziologen,[83] offenbar in der Hoffnung, Rushtons Unfug Breitenwirkung zu verleihen. US-Psychologe Tucker wertet die Aktion als „Lobby-Kampagne"[84] für rassistische Thesen – eine Strategie, die der medienbewusste Pioneer Fund bereits kurz nach seiner Gründung mit der Verbreitung des ultrarassistischen Buches „White America" von Ernest S. Cox verfolgte, das unter anderem an sämtliche Mitglieder des US-Kongresses versandt wurde.[85]

Bereits in den 1990er Jahren hat Rushton in Einkaufszentren Weiße, Asiaten und Schwarze nach deren Sex-Gewohnheiten befragt. In Daten des Kinsey-Reports aus den vierziger Jahren suchte er Belege für seine Theorien über Penisgrößen. Des Weiteren berechnete er anhand der Helmgrößen von 6325 US-Rekruten das Gehirnvolumen von Schwarzen, Weißen und Asiaten. Auf den Einwand, dass Frauen bei gleicher Intelligenz ein im Schnitt um hundert Kubikzentimeter kleineres Gehirn haben, fiel ihm nur dieses Argument ein: „Wahrscheinlich sind bei Frauen die Neuronen dichter gepackt."[86] Trotz seiner krausen Theorien avancierte Rushton zum „Fellow" der renommierten John Simon Guggenheim Foundation sowie der Psychological Associations in Kanada, England und den USA.

Hinter dem in „The Bell Curve" und in Pioneer-Fund-Zirkeln kolportierten Bild des „superintelligenten Asiaten" vermutet Margaret Chon, Amerikanerin asiatischer Abstammung, Rechtfertigungsinteressen.[87] Denn wenn weiße Forscher „eine ‚übermenschliche' und ‚gute' [asiatische] Minderheit ausfindig ma-

---

82  Rushton, J. Phillippe: Race, Evolution, and Behavior. A life history in perspective. New Brunswick 1995. Die Tabelle 8.2 „Racial Differences in Erectile Penis Size" auf S. 168 schlüsselt die Penislänge und den Penisumfang für eine von Rushton untersuchte Stichprobe von Thailändern, Weißen (USA) und Schwarzen (USA) auf. Die Grafik 13.1 „Sex Hormone Model for Coordinating Development Across Body, Brain, and Behavioral Traits" zeigt eine Glockenkurve für Sexualhormone.
83  Tucker 2002, S. 197.
84  ebd., S. 201.
85  ebd., S. 200.
86  Interview mit Rushton in Boston im Rahmen der Recherchen zu Sesín 1996.
87  Chon, Margaret: The Truth about Asian Americans. In: Jacoby, Russell, und Glauberman, Naomi (Hrsg.): The Bell Curve Debate: History, Documents, Opinions. New York 1995, S. 238–240. Online-Version URL: http://www.electricprint.com/edu4/classes/readings/intell-race.htm

chen, beweisen sie damit gleichsam, keine rassistischen Interessen zu verfolgen." Unter dieser Prämisse erscheint es dann auch statthaft, dass sie – was ihr eigentliches Anliegen ist – parallel dazu eine „untermenschliche" und „schlechte" Minorität in Gestalt der Schwarzen identifizieren.

Nach heutigem Stand der Forschung ist die Unterteilung der Menschen in „Rassen" – das A und O der Pioneer-Fund-Forschung – hinfällig. Ein Team um den Genetiker Luigi Luca Cavalli-Sforza von der kalifornischen Stanford University hat in 14-jähriger Kleinarbeit die wissenschaftliche Literatur über Blutanalysen an weltweit 3400 Orten ausgewertet und die globalen „Verwandtschaftsbeziehungen" der Bevölkerungen anhand einer Vielzahl unterschiedlicher Marker (wie: Blutgruppe, Antikörper und Antigene) rekonstruiert. Um zu verhindern, dass Migrationen in jüngerer Zeit das Bild verfälschten, wurden ausschließlich Daten indigener Bevölkerungsgruppen berücksichtigt, die bereits vor 500 Jahren an ihrem gegenwärtigen Aufenthaltsort ansässig waren. 1994 dann legten Cavalli-Sforza und Kollegen den ersten „genetischen Weltatlas"[88] vor: Die größten Gen-Unterschiede fanden sie zwischen Schwarzafrikanern und australischen Aborigines, die in früherer Zeit wegen ihrer dunklen Hautfarbe als verwandte Rassen galten.[89]

Gemäß Cavalli-Sforza sind sich Bevölkerungsgruppen genetisch im Schnitt „viel ähnlicher als zwei Individuen, auch innerhalb einer Gruppe". Zwei beliebige, nicht miteinander verwandte Menschen unterscheiden sich in etwa zwei von tausend Genen; und nur sechs Prozent von dieser „Varianz" – unterm Strich also nur 0,12 Promille – ist ethnisch bedingt. Deshalb kann für einen Empfänger von Transplantations-Organen ein Organspender anderer Hautfarbe besser geeignet sein als einer der eigenen.

Wer die Menschheit aufgrund einzelner genetischer Merkmale in Rassen aufzuteilen versucht, würde sich schnell in Widersprüche verwickeln: Das Gen für die (monogene) Krankheit Sichelzell-Anämie etwa teilen sich Schwarze aus den Tropengebieten Afrikas mit Südindern. Deutsche und die pechschwarzen südafrikanischen Xhosa haben es nicht. Das der Verdauung von Milchzucker dienende Enzym Lactase findet sich unter Erwachsenen nur in Bevölkerungen, die schon seit Jahrtausenden Tiermilch trinken: bei den meisten Europäern, Arabern und Nordindern; viel seltener haben es Schwarzafrikaner, Südinder, Ostasiaten und Indianer. Differenziert man nach der Form der Fingerabdrücke,

---

88 Cavalli-Sforza, Luigi Luca; Menozzi, Paolo; Piazza, Alberto: The History and Geography of Human Genes. Princeton 1994.
89 Sesín 1996, S. 56.

gehörten die meisten Europäer und Schwarzafrikaner in eine Rasse. Ebenso „unscharf" ist das klassische Kriterium Hautfarbe: Alle Menschen auf der Welt – Weiße inbegriffen – haben im Prinzip ausreichend Pigmente, um die Haut völlig schwarz zu färben. Unterschiedlich ist im Wesentlichen die genetisch gesteuerte Aktivierung des Enzyms Tyrosinase, das in einem komplizierten Prozess diese Farbstoffe erzeugt. Albinos fehlt – wegen eines Erbdefekts – die Tyrosinase völlig. Sind sie deshalb eine eigene Rasse? Cavalli-Sforza ist überzeugt: „Hautfarbe reicht nicht tiefer als die Haut selbst."[90]

Offensichtlich haben sich die Pioneer-Fund-Forscher bei ihren Rassenstudien wissenschaftlich gleichsam ins 19. Jahrhundert verirrt. Doch alle wissenschaftliche Erkenntnis ist dem Philosophen Karl Popper zufolge vorläufig. Zudem ist sie oft ideologisch geprägt. Nur wenige Jahre bevor Francis Galton seine auf dem Rassenbegriff basierende Eugenik-Theorie formulierte, kam der US-Arzt Samuel Cartwright in einer Auftragsstudie „über die Krankheiten und physischen Besonderheiten der Neger-Rasse" zu dem Ergebnis: „Gehirn und Nervensystem der Neger liegen im Schatten ihrer allumfassenden Dunkelheit. Sogar ihr Blut ist schwärzer." Ursache sei „eine gestörte Belüftung des Blutes in den Lungen".[91]

Was also hat Sarrazin so sehr an Galtons Theorien fasziniert? Vermutlich ist es die bei Volkswirtschaftlern verbreitete Vorliebe für „extrapolierende Trendgeraden-Verlängerung", mit der in Statistikzahlen erkennbare Trends teils weit in die Zukunft fortgeschrieben werden. Galtons „Extrapolation" bestand darin, einen allmählichen Niedergang der Gesellschaft durch dysgenische Trends zu unterstellen – ein Effekt, der seitdem erwiesenermaßen nicht eingetreten ist.

Solche Denk-Konzepte liefern auch die Basis für „Deutschland schafft sich ab" – und könnten sich dort als ähnlich unrealistisch erweisen. Volkswirt Sarrazin schreibt, Deutschland werde „beim gegenwärtigen demographischen Trend in hundert Jahren noch 25 Millionen, in 200 Jahren noch 8 Millionen und in 300 Jahren nur noch 3 Millionen Einwohner haben"[92]. Diese tendenziell mechanische Modellprognose übersieht, dass viele der Gründe, die heute gegen Kinder sprechen, zum Beispiel Platzmangel sowie knapper und teurer Wohnraum, hinfällig werden, wenn sich die Bevölkerungsdichte infolge rückläufiger Geburten

---

90  ebd.
91  Cartwright, Samuel A.: Report on the Diseases and Physical Peculiarities of the Negro Race. In: New Orleans Medical and Surgical Journal 7, Mai 1851.
92  Sarrazin 2010, S. 18.

lichtet. Daraus kann, zusammen mit weiteren Einflussfaktoren, eine nachhaltige Veränderung des Reproduktionsverhaltens resultieren.

Volkswirtschaftler entwickeln oft Modelle „von außergewöhnlicher mathematischer Eleganz", sagt Martin Binder, wissenschaftlicher Referent am Max-Planck-Institut für Ökonomik, sie verlören dafür aber oft den Bezug zur Realität. Daraus resultiere „faktische Irrelevanz oder im schlimmsten Fall sogar laufend falsche Politikempfehlungen".[93] Solche rigorosen mathematischen Modelle hatten unter anderem zu Fehlbewertungen verbriefter US-amerikanischer Subprime-Hypotheken geführt, die von Rating-Agenturen die Höchstnote „AAA" erhalten hatten, sich nach dem Platzen der US-Immobilienblase jedoch häufig als nahezu wertlos erwiesen. Die Kursstürze dieser Collateralized Debt Obligations rissen 2008 weltweit Banken in den Abgrund und verursachten die schwerste Finanzkrise seit der Großen Depression. Darüber hinaus trugen sie zur aktuellen Staatsschuldenkrise bei. Denn die geht zu einem erheblichen Teil auf massive staatliche Stützung verspekulierter Banken zurück, die sich vor dem 2008-Crash mit den US-Schrottpapieren vollgesogen hatten, darunter auch etliche deutsche Landesbanken. Die wenigsten Volkswirte hatten diesen Doppelschlag aus seriellen Bankenpleiten und den daraus resultierenden Schieflagen in den Staatsfinanzen vorhergesehen. An den Spätfolgen dubioser ökonomischer Modelle kurieren die Zentralbanken bis heute.

**Literatur**

Billig, Michael: Die rassistische Internationale. Frankfurt 1981.
Cartwright, Samuel A.: Report on the Diseases and Physical Peculiarities of the Negro Race. In: New Orleans Medical and Surgical Journal 7, Mai 1851.
Cavalli-Sforza, Luigi Luca, und Cavalli-Sforza, Francesco: The Great Human Diasporas. The History of Diversity and Evolution. New York 1995.
Cavalli-Sforza, Luigi Luca/Menozzi, Paolo/Piazza, Alberto: The History and Geography of Human Genes. Princeton 1994.
Chon, Margaret: The Truth about Asian Americans. In: Jacoby, Russell/Glauberman, Naomi (Hrsg.): The Bell Curve Debate: History, Documents, Opinions. New York 1995, S. 238–240. URL (Online-Version): http://www.electricprint.com/edu4/classes/readings/intell-race.htm
Duster, Troy: Backdoor to Eugenics. New York 1990.

---

93 Sesín, Claus-Peter: Wohlfahrt und gesellschaftlicher Fortschritt. In: Broschüre zum Deutschen Studienpreis 2010 der Hamburger Körberstiftung. URL: http://www.koerber-stiftung.de/fileadmin/user_upload/wissenschaft/studienpreis/preistraeger/2010/1-DSP2010-Binder.pdf

Flynn, James R.: „Abstieg in die Dummheit". Interview in: Die Zeit, 27. 2. 2008.
Flynn, James R.: Massive IQ gains in 14 Nations: What IQ tests really measure. In: Psychological Bulletin, 101/1987. S. 171–191.
Flynn, James R.: Race, IQ, and grandparents. In: New Scientist, 5. 4. 1984.
Gillie, Oliver: Crucial data was faked by eminent psychologist. In: Sunday Times 24. 10. 76.
Gould, Stephen Jay: Curveball. In: The New Yorker, 28. 11. 1994. URL: http://www.dartmouth.edu/~chance/course/topics/curveball.html
Graves, Joseph L.: The Pseudoscience of Psychometry and The Bell Curve. In: Journal of Negro Education, Bd. 64, Heft 3/1995.
Herrnstein, Richard J./Murray, Charles: The Bell Curve. Intelligence and Class Structure in American Life. New York 1994.
Hirsch, Jerry: Jensenism: The Bankruptcy of „Science" Without Scholarship. Educational Theory Bd. 25, 1975, S. 3–28.
Hirsch, Jerry: To Unfrock the Charlatans. In: SAGE Race Relations Abstracts 6.2, Mai 1989, S. 1–65.
Jensen, Arthur: How much can we boost I. Q. and scholastic achievement? In: Harvard Educational Review, Bd. 33, 1969. S. 1–123.
Kamin, Leon: The Science and Politics of I. Q. Potomac, 1974.
Kühl, Stefan: The Nazi Connection. Eugenics, American Racism, and German National Socialism. New York 1994.
Lane, Charles: The Tainted Sources of The Bell Curve. In: The New York Review of Books, 1. 12. 1995. URL: http://www.nybooks.com/articles/archives/1994/dec/01/the-tainted-sources-of-the-bell-curve/
Lynn, Richard: Dysgenics – Genetic Deterioration in Modern Populations. Westport/Conneticut 1996.
Lynn, Richard: The Global Bell Curve: Race, IQ, and Inequality Worldwide. Augusta, 2008.
Lynn, Richard/Meisenberg, Gerhard: The average IQ of sub-Saharan Africans: Comments on Wicherts, Dolan, and van der Maas. In: Intelligence, Bd. 38, Heft 1/ Januar/Februar 2010. URL: http://www.sciencedirect.com/science/article/pii/S0160289609001275
Lombardo, Paul O. (Herausgeber): A Century of Eugenics in America. From the Indiana Experiment to the Human Genome Era. Indiana University Press. Bloomington, 2011.
Mehler, Barry: Race Science and the Pioneer Fund, Institute for the Study of Academic Racism. 1998. URL: http://www.ferris.edu/ISAR/Institut/pioneer/search.htm
Miller, Adam: The Pioneer Fund: Bankrolling the Professors of Hate. In: The Journal of Blacks in Higher Education, Heft 6/1994–1995, S. 58–61.
Plucker, Jonathan (verantwortlich): The Cyril Burt Affair. Human Intelligence (Webseite der Indiana University). URL: http://www.indiana.edu/~intell/burtaffair.shtml
Purves, Dale: Race plus IQ doesn't equal Science. In: Nature, Bd. 374, 2. 3. 1995, S. 10.
Rost, Detlef: Intelligenz. Fakten und Mythen. Basel 2009.
Rushton, J. Phillippe: Race, Evolution, and Behavior. A life history in perspective. New Brunswick 1995.

Sarrazin, Thilo: Deutschland schafft sich ab. Wie wir unser Land aufs Spiel setzen. München 2010.
Sesín, Claus-Peter. Sind Weiße klüger als Schwarze? GEO Heft 8/1996, S. 46 - 56. URL (nur Text): http://www.sesin.de/images/Rassismus.html
Sesín, Claus-Peter: Wohlfahrt und gesellschaftlicher Fortschritt. In: Broschüre zum Deutschen Studienpreis 2010 der Hamburger Körberstiftung. URL: http://www.koerber-stiftung.de/fileadmin/user_upload/wissenschaft/studienpreis/preistraeger/2010/1-DSP2010-Binder.pdf
Tucker, William H.: The Funding of Scientific Racism. Wickliffe Draper and the Pioneer Fund. Urbana und Chicago, 2002
Tucker, William H.: Re-reconsidering Burt: beyond a reasonable doubt. In: Journal of the History of the Behavioral Sciences, Heft 33/1997, S. 145–162.

# Sarrazins deutschsprachige Quellen

*Andreas Kemper*

Dass Thilo Sarrazin auch von veritablen Wissenschaftlern Rückendeckung bekam, trug zur Glaubwürdigkeit seines Buches bei. Doch was waren das für Experten, die Sarrazin unterstützten? Wer genauer hinsieht, stellt fest, dass sich das hinter dem US-Bestseller „The Bell Curve" stehende Zitierkartell bis nach Deutschland erstreckt. Die Bezüge auf englischsprachige IQ-Forscher verschleiern allerdings die deutsche Tradition des Erbintelligenz-Paradigmas. Intelligenztests spielten nämlich – anders als Sarrazin behauptet – durchaus eine Rolle in der Zeit des Nationalsozialismus.

In der von den Medien angefachten Debatte konnte Thilo Sarrazin den Eindruck erwecken, er spreche zwar unbequeme und anstößige, aber mit wissenschaftlichen Erkenntnissen untermauerte Wahrheiten aus. Tatsächlich sprangen ihm einige deutsche Wissenschaftler zur Seite – vornehmlich jene allerdings, die Sarrazin in „Deutschland schafft sich ab" zitiert hat und die ein Interesse daran haben, dass der Popularisierer ihrer eigenen Forschungsparadigmen in der öffentlichen Debatte nicht untergeht.

- Der Begabungsforscher Detlef H. Rost und der Entwicklungspsychologe Heiner Rindermann bescheinigten Sarrazin in einem Zeitungsartikel, seine Thesen seien „im Großen und Ganzen mit dem Kenntnisstand der modernen psychologischen Forschung vereinbar".[1] Rost und Rindermann gehören zu den deutschen Hauptquellen des Sarrazin-Buches.
- Der Bremer Soziologe Gunnar Heinsohn steuerte einen Aufsatz zum Sarrazin-Unterstützer-Büchlein „Zur Sache Sarrazin" bei.[2] Natürlich beziehen sich Heinsohn und Sarrazin aufeinander, es wäre also gar nicht nötig gewesen,

---

1 Rost, Detlef/Rindermann, Heiner: Was ist dran an Sarrazins Thesen? In: *Frankfurter Allgemeine Zeitung*, 7.9.2010.
2 Heinsohn, Gunnar: Die Schrumpfvergreisung der Deutschen. In: Bellers, Jürgen: Zur Sache Sarrazin. Münster 2010, S. 105–110.

dass Peter Sloterdijk in seiner Verteidigung früherer Äußerungen Sarrazins dazu auffordert, Heinsohn zu lesen.[3]
- Schließlich darf in diesem Zusammenhang nicht der Leipziger Biologe Volkmar Weiss fehlen, der Sarrazin in einem Interview mit der rechtsextremen Zeitung *Junge Freiheit*[4] und in einer Buchrezension für die Eugenik-Zeitschrift „Mankind Quarterly" lobt[5], gleichzeitig aber für sich in Anspruch nimmt, mit seinem Buch „Die IQ-Falle"[6] die Vorarbeit für Sarrazins „komplexe und brisante Gedankenführung" geleistet zu haben.

## Volkmar Weiss und die Modernisierung des Erbintelligenz-Paradigmas

Der Biologe Volkmar Weiss brachte sein Buch „Die IQ-Falle" im österreichischen Leopold-Stocker-Verlag heraus, dessen Kennzeichnung mit den Werturteilen „rassistisch", „rechtsextrem" und „antisemitisch" nach einem Urteil des Landesgerichts für Zivilrecht Graz zulässig ist.[7] Sechs Jahre zuvor war in den USA das Buch „The Bell Curve" von Richard J. Herrnstein und Charles Murray erschienen. Bereits die Strukturen der beiden Bücher weisen Ähnlichkeiten auf, die von Volkmar Weiss bewusst hergestellt wurden. Die nebenstehende Tabelle zeigt, dass die Titel im Inhaltsverzeichnis zum Teil wortgleich und in gleicher Reihenfolge gesetzt wurden.

Erst in Part IV beziehungsweise Teil 4 gehen die Bücher thematisch unterschiedlich eigene Wege. Während Herrnstein/Murray vorrangig Affirmative-Action-Programme kritisieren, vergleicht Weiss die DDR und die BRD und geht auf „Kinderfreundlichkeit" und auf Einwanderung ein.

Von Frank Schirrmacher in einem Interview nach seinen Quellen befragt, verwies Sarrazin unter anderem darauf, Volkmar Weiss habe Erhellendes über Aufstiegsdynamik und die Bildungspolitik in der DDR gesagt. Ob Sarrazin denn bewusst sei, um welches Umfeld es sich bei Volkmar Weiss handle, fragte Schirr-

---

3   Sloterdijk, Peter: Das bürgerliche Manifest, Aufbruch der Leistungsträger, in: *Cicero* 11/2009, S. 95 ff.
4   Weiss, Volkmar: „Wissenschaftler widerrufen plötzlich ihre eigenen Thesen." Interview in: *Junge Freiheit*, 10. 9. 2010.
5   Weiss, Volkmar: Book Review – Deutschland schafft sich ab. In: Mankind Quarterly, Winter 2010.
6   Weiss, Volkmar: Die IQ-Falle. Intelligenz, Sozialstruktur und Politik. Graz 2000.
7   „Alle Klagen des Leopold Stocker Verlags abgewiesen" www.no-racism.net, 10. März 2006, http://no-racism.net/article/1588/

## Vergleich der Inhaltsverzeichnisse von „Bell Curve" und „IQ-Falle"

| Herrnstein/Murray: Bell Curve 1994 | Weiss: IQ-Falle 2000 |
|---|---|
| Introduction | Einleitung |
| Part I: The Emergence of a Cognitive Elite | Teil 1: Die Entstehung einer intellektuellen Elite |
| Part II: Cognitive Classes and Social Behavior | Teil 2: Soziale Schichten und deren Sozialverhalten |
| • Poverty | • Armut |
| • Schooling | • Schulbildung |
| • Unemployment, Idleness, and Injury | |
| • Family Matters | • Familienleben |
| | • Unehelichkeit |
| • Welfare Dependency | • Abhängigkeit von Sozialhilfe |
| • Parenting | • Soziale Schicht und elterliches Verhalten |
| • Crime | • Kriminalität |
| • Civility and Citizenship | |
| Part III: The National Context | Teil 3: Intelligenz im sozialen Zusammenhang |
| • Ethnic Differences in Cognitive Ability | • Intelligenzunterschiede zwischen Völkern |
| | • Genetik, IQ und Rasse |
| • Ethnic Inequalities in Relation to IQ | • Unterschiede im IQ zwischen Bewohnern eines Landes mit unterschiedlicher Herkunft |
| • The Demography of Intelligence | • Die Demografie der Intelligenz |
| • Social Behavior and the Prevalence of Low Cognitive Ability | |

macher – Weiss sei doch immerhin auf Vorschlag der NPD als externer Experte in die Enquetekommission „Demographie" des Freistaats Sachsen berufen worden. Sarrazin entgegnete, die Fachkompetenz von Weiss habe mit dessen betrüblichen politischen Verirrungen in späteren Jahren nichts zu tun. „Ich habe

Weiss lediglich dort zitiert, wo er kompetent ist, nämlich mit seinen Erkenntnissen zum DDR-Bildungssystem", so Sarrazin.[8]

Tatsächlich jedoch greift Sarrazin auch beim Thema „Intelligenztests im Nationalsozialismus" auf die Argumentation von Volkmar Weiss zurück. Ebenso wie Weiss versucht Sarrazin, die Intelligenzvererbungsforschung gegen den Rechtsextremismus-Vorwurf zu immunisieren, indem er sie als „jüdisch" kennzeichnet. „Deutsche Wissenschaftler jüdischer Herkunft" seien maßgeblich an der Grundlegung der Intelligenzforschung beteiligt gewesen, schreibt Sarrazin in seinem Buch. „Ich bin auf die deutsch-jüdischen Ursprünge der Intelligenzforschung etwas näher eingegangen, weil die Diskussion der genetischen Komponente von Intelligenz häufig auf große emotionale Widerstände stößt."[9] Von Weiss übernimmt er die Geschichte des jüdischen Psychologen Wilhelm Peters, der 1933 auf Druck der Nationalsozialisten seinen Lehrstuhl räumen musste. Peters habe eine Schul- und Zeugnisuntersuchung begonnen, bei der die Zeugnisse von Kindern, deren Eltern und zum Teil auch Großeltern gesammelt und analysiert worden seien.[10] Ziel der Studie sei es gewesen, den Einfluss der Vererbung auf die geistige Leistung von Kindern zu errechnen. Weiss und Sarrazin suggerieren, solche Untersuchungen seien im Nationalsozialismus als „jüdisch" abgelehnt und beendet worden.

Den Mythos, im Nationalsozialismus seien IQ-Tests „inakzeptabel" gewesen, weil jüdische Probanden dabei besser abgeschnitten hätten, nährt Weiss gezielt.[11] In seinem Buch „Die IQ-Falle" berichtet Weiss, der Intelligenzforschungs-Pionier Peters habe sich bei der Berufung an die Universität Jena gegen einen Konkurrenten namens Erich Jaensch durchsetzen müssen. Jaensch habe gegen „jüdische Intelligenztests" gewettert, die „eindeutig auf einen bei Juden stark vorwaltenden Intelligenztypus" ausgerichtet seien.[12] (Sarrazin übernimmt dieses Zitat von Weiss, ohne allerdings den Namen Jaensch zu nennen.[13])

---

8   Sarrazin, Thilo: „Die große Zustimmung beunruhigt mich etwas". Interview in: *Frankfurter Allgemeine Zeitung*, 4.10.2010.
9   Sarrazin 2010, S. 97.
10  Weiss 2000, S. 25; Sarrazin 2010, S. 96. Wenn Peters hier richtig zitiert wird, argumentierte er rassistisch: „Wenn man natürliche Selektion als Ergebnis der unterschiedlichen Lebensbedingungen der Rassen annehmen müsse, könne man die Möglichkeit erblicher Rassenunterschiede auch im Psychischen nicht ausschließen." (Weiss S. 27) Sarrazin übernimmt das Zitat, ersetzt allerdings „Rasse" durch „Ethnie". Weiss lehnt die Strategie ab, durch den Begriff „Ethnie" den Begriff „Rasse" zu umgehen. (Weiss S. 166)
11  Vgl. dazu Schwilk, Heimo: Deutschland in der Intelligenzfalle. In: *Welt*, 4.2.2001.
12  Weiss 2000, S. 25–28.
13  Sarrazin 2010, S. 96.

Den Psychologen Erich Jaensch gab es tatsächlich, und es stimmt, dass er gegen die „Artwidrigkeit" gängiger Intelligenztests wetterte, die, wie er in einem 1934 erschienenen Aufsatz schrieb, den deutschen Typ gegenüber dem jüdischen „Gegentyp" benachteilige.[14] Doch schon der Titel des Aufsatzes („Psychologische Einwände gegen das Sterilisationsgesetz") macht zweierlei deutlich: Erstens vertrat Jaensch in diesem Punkt eine andere Meinung als die Nazi-Prominenz. Zweitens wurden Intelligenztests weiterhin eingesetzt – und zwar als Selektionsinstrument zur „Verhütung erbkranken Nachwuchses".

Die eigentliche Kritik von Erich Jaensch richtete sich in diesem Aufsatz gegen eine vorsichtige internationale Wissenschaft, die methodisch keine Möglichkeit sah, „mit Sicherheit zu entscheiden, wer nun eigentlich ,geistig minderwertig' ist".[15] Welche Methoden Jaensch auch immer den Intelligenztests vorgezogen hätte: Grundsätzliche Zweifel daran, eine Population von „Bildungsunfähigen" dingfest machen zu können, hatte er nicht. (Auch Sarrazin geht von der Existenz „eines stabilen Kerns an nicht oder kaum Bildungsfähigen" aus, „bei dem die objektiven Grenzen eines jeden Bildungssystems sichtbar werden".[16])

Wurden Intelligenzmessungen ursprünglich auch dazu durchgeführt, um ungünstige Umwelt- und Milieueinflüsse zu erkennen und gegebenenfalls zu beseitigen, setzte sich in der Nazi-Zeit eine rein erbdeterminierte Sichtweise durch."[17] Das Erbgesundheitsgesetz vom 14. Juli 1933 enthält alle Kernaussagen des Erbintelligenz-Paradigmas und der dysgenischen Ideologie:

*Während die gesunde deutsche Familie, besonders der gebildeten Schichten, nur etwa zwei Kinder im Durchschnitt hat, weisen Schwachsinnige und andere erblich Minderwertige durchschnittlich Geburtenziffern von drei bis vier Kindern pro Ehe auf. Bei einem solchen Verhältnis ändert sich die Zusammensetzung eines Volkes von Generation zu Generation, so daß in etwa drei Geschlechterfolgen die wertvolle Schicht von der minderwertigen völlig überwuchert ist.*[18]

---

14　Jaensch, Erich: Psychologische Einwände gegen das Sterilisierungsgesetz und ihre Beurteilung. In: Ziel und Weg 4/1934, H. 19, S. 718–724.
15　Jaensch 1934, S. 718.
16　Sarrazin 2010, S. 213.
17　Rudolph, Clarrisa/Benetka, Gerhard: Kontinuität oder Bruch? Zur Geschichte der Intelligenzmessung im Wiener Fürsorgesystem vor und in der NS-Zeit. In: Ernst Berger (Hrsg.): Verfolgte Kindheit. Kinder und Jugendliche als Opfer der NS-Sozialverwaltung. Wien 2007, S. 70.
18　Begründung des Gesetzes zur Verhütung erbkranken Nachwuchses, Reichsanzeiger Nr.172 vom 14. 7. 1933, abgedruckt in: Gütt/Rüdin/Ruttke 1934, S. 60.

Die Politikwissenschaftler Clarissa Rudolph und Gerhard Benetka widersprechen dem Mythos, dass im Nationalsozialismus keine Intelligenztests mehr stattgefunden hätten: „Eine Analyse der einschlägigen Literatur zeichnet ein anderes Bild über den Einsatz von Intelligenztests in der NS-Zeit. Der erste Band der von Arthur Gütt, dem Mitverfasser des Erbgesundheitsgesetzes und Leiter der Abteilung Volksgesundheit im Reichs- und Preußischen Ministerium des Innern, 1936 herausgegebenen ‚Handbücher der Erbkrankheiten' macht die große Bedeutung der psychologischen Intelligenztestung bezüglich ihrer Anwendung als wissenschaftliches Legitimationsinstrument deutlich. Die Feststellung der Diagnose ‚Schwachsinn' war im Nationalsozialismus längst nicht mehr nur Sache des Fachpsychiaters, sondern jeder Amtsarzt sah sich vor die Notwendigkeit gestellt, seine Diagnose durch eine entsprechende Erhebung ‚wissenschaftlich' abzusichern."[19]

Tatsächlich verwandten die Nationalsozialisten nicht nur Intelligenzprüfungen (amtliches Formular „Vordruck 5a"), sondern vereinheitlichten sie reichsweit. Hierbei wurden die Intelligenzprüfungsbogen Anfang 1937 noch einmal verändert. „Die genauen Testfragen wurden durch Fähigkeitskonzepte wie etwa „Orientierung", „Schulwissen", „Allgemeines Lebenswissen" ersetzt. Dieser Intelligenztest wurde im Rahmen des Erbgesundheitsgesetzes bei „Verdacht auf angeborenen Schwachsinn" eingesetzt[20] (Näheres hierzu im Beitrag von Leonie Knebel und Pit Marquardt.)

Anhand einer Analyse von medizinischen Gutachten der Wiener städtischen Fürsorgeanstalt „Am Spiegelgrund" zeigen Rudolph und Benetka, dass die medizinischen Auffassungen über „Schwachsinn" nicht gänzlich neu waren. Sie wurden dadurch radikalisiert, dass eine „erbbestimmte Bildungsunfähigkeit" verbunden wurde mit dem Konzept der „Aufwandswürdigkeit". Dies führte dann zum „eliminatorischen Anspruch der Selektion" im Fürsorgesystem."[21]

Der Unterschied zwischen Bildungsfähigkeit und Bildungsunfähigkeit war in der NS-Zeit oftmals die Entscheidung über Leben und Tod. Hierauf wies Herwig Czech hin: „Im Pavillon XV (intern als ‚Reichsausschussabteilung' bezeichnet), wurden Kinder mit geistiger Behinderung oder verschiedenen neurologischen Erkrankungen auf ihren künftigen volkswirtschaftlichen Wert untersucht. Das entscheidende Selektionskriterium lautete ‚bildungsfähig' bzw. ‚bildungsunfä-

---

19 Ebd. S. 77f.
20 Ley, Astrid: Zwangssterilisation und Ärzteschaft. Hintergründe und Ziele ärztlichen Handelns 1934–1945. Frankfurt a. M. 2004, S. 77 Anm. 24.
21 Ebd. S. 88.

hig', bei einem negativen Gutachten [...] drohte die klinische Hinrichtung durch Schlafmittel."²²

Harten/Neirich/Schwerendt stellen in ihrem Handbuch zur „Rassenhygiene als Erziehungsideologie des Dritten Reiches" fest, dass auch Schulleistungen seit dem Erbgesundheitsgesetz uminterpretiert wurden: „Daten über Schulleistungen wurden jetzt nicht mehr nur zur Ermittlung von Leistungs- und Begabungsschwächen, sondern zur Ermittlung von Erbkrankheiten herangezogen."²³ Entsprechend war der Begriff „bildungsunfähig" kein pädagogischer Begriff, sondern ein Begriff, der sich „aus einer fatalen Umdeutung von ‚unheilbar' in ‚bildungsunfähig' ergab".²⁴

„Angeborener Schwachsinn" war eine von neun angeblichen Erbkrankheiten, deren Diagnosen nach der Verabschiedung des Erbgesundheitsgesetzes zu Sterilisierungen führten. „Angeborener Schwachsinn" ist eine Formulierung, die Sarrazin laut *Stern*²⁵ im Manuskript seines Buches noch verwandte. Auch Volkmar Weiss verwendet den Begriff – nicht nur als Zitat – in seinem Buch „Die IQ-Falle". Dort findet sich der Begriff „Schwachsinn" laut Index auf den Seiten 20 f, 30 ff, 120, 132 f, 157, 172.²⁶ Auch der 1938 im NS-Reichsschulgesetz aufgenommene Begriff „Bildungsunfähigkeit" wird von Thilo Sarrazin mehrfach indirekt aufgegriffen. Er spricht davon, dass die „unterschiedliche Bildungsfähigkeit der jeweiligen Populationen" eine „demografische Grundlast" darstelle.²⁷ Insbesondere die Zusammenführung der Begriffe „Bildungsfähigkeit" und „demografische Grundlast" ist vor dem Hintergrund der als „bildungsunfähigen Ballastexistenzen" ermordeten Kinder im NS-Staat sehr problematisch. Seit Anfang der 1990er Jahre verfügt die Heilpädagogik über Methoden und Theorien, „die eine untere Grenze der Bildbarkeit des Menschen nicht mehr diskutabel erscheinen lässt."²⁸

Begriffe wie „angeborener Schwachsinn" oder „Bildungsfähigkeit" wurden tradiert. Nach 1945 waren viele NS-Erbbiologen wieder akademisch tätig. Die Universität Münster etwa kennzeichnet auf ihrer Website vier nach 1945 tätige

---

22 Czech, Herwig: Selektion und Kontrolle. Der ‚Spiegelgrund' als zentrale Institution der Wiener Jugendfürsorge zwischen 1940 und 1945. In: Gabriel, Eberhard und Neugebauer, Wolfgang (Hrsg.): Von der Zwangssterilisierung zur Ermordung. Zur Geschichte der NS-Euthanasie in Wien. Teil II. Wien 2002, S. 175.
23 Harten, Hans-Christian/Neirich, Uwe/Schwerendt, Matthias: Rassenhygiene als Erziehungsideologie des Dritten Reiches. Bio-bibliographisches Handbuch. Berlin 2006, S. 55.
24 Möckel 2007, S. 115.
25 Thomsen, Frank: „Sarrazins Haßpredigt". In: *Stern*, 31.12.2010.
26 Weiss 2000, S. 132.
27 Sarrazin 2010, S 346 ff.
28 Biewer 2009, S. 149 f.

Dekane der Uni-Klinik als Verfechter des nationalsozialistischen Regimes.[29] Einer dieser Dekane war Otmar von Verschuer, der das Humangenetische Institut in Münster gründete.

Verschuer war der Doktorvater des KZ-Arztes Josef Mengele, hatte in der Nazi-Zeit Zwillingsforschung betrieben und dafür wie einige seiner Mitarbeiter im „Kaiser-Wilhelm-Institut für Anthropologie, menschliche Erblehre und Eugenik" Blutproben beziehungsweise Körperteile von „Zigeunerkindern" benutzt, die durch medizinische Experimente in Auschwitz ermordet wurden. Verschuer konstatierte auf der Linie des Erbgesundheitsgesetzes: „Das Aussterben der Anlagen für höhere Begabung und das Überwuchern der gesunden Erbanlagen durch minder Wertvolle ist eine der ernstesten Gefahren für die Zukunft unseres Volkstums."[30] In den 1960er Jahren gab er ein Buch zur Eugenik heraus[31] und trat als Gründungsmitglied von „Mankind Quarterly" in Erscheinung, einer obskuren Zeitschrift, der 1995 größere öffentliche Aufmerksamkeit zuteil wurde, als herauskam, dass Autoren aus ihrem Umfeld Stichwortgeber des Buches „Bell Curve" waren.[32] Auf der Website der Zeitschrift heißt es: „The Mankind Quarterly is not and never has been afraid to publish articles in controversial areas, including behavioral group differences and the importance of mental ability for individual outcomes and group differences."[33] Derzeitiges deutsches Beiratsmitglied von „Mankind Quarterly" ist Volkmar Weiss.

**Detlef Rost: Fakten und Mythen zur Intelligenz**

Die eugenischen Wissenschaftler aus dem Umfeld von „Mankind Quarterly" werden von vielen deutschen Intelligenzforschern ganz unbefangen zitiert. In der Literaturliste des Buchs „Intelligenz – Fakten und Mythen" des Begabungsforschers Detlef H. Rost tauchen neben „The Bell Curve" auch 22 Publikationen des „Mankind Quarterly"-Herausgebers Richard Lynn auf.[34]

---

29  URL: http://campus.uni-muenster.de/dekane.html Stand: 10. 10. 2011
30  zitiert nach Krieg 2007a, S. 27 f.
31  Verschuer, Otmar von: Eugenik – Kommende Generationen in der Sicht der Genetik, Witten 1966.
32  Lane, Charles: The Tainted Sources of The Bell Curve. In: The New York Review of Books, 1. 12. 1995. URL: http://www.nybooks.com/articles/archives/1994/dec/01/the-tainted-sources-of-the-bell-curve/
33  http://www.mankindquarterly.org/about.html
34  Rost, Detlef H.: Intelligenz – Fakten und Mythen. Weinheim 2009, S. 316 f.

Über Mainstream-Wissenschaftler wie Rost gelangt das Erbintelligenz-Paradigma auch in die Publikumsmedien. In der *GEOkompakt*-Ausgabe „Intelligenz, Begabung, Kreativität" vom September 2011 ist nachzulesen, dass sich 52 Wissenschaftler auf eine Definition von Intelligenz geeinigt hätten.[35] Als Quelle dieser Information wird Rost genannt. Tatsächlich findet sich in „Intelligenz – Fakten und Mythen" auf Seite 2 ein Abschnitt mit dem Titel „Wissenschaftliche Mehrheitsmeinung". Zitat: „Im Wall Street Journal vom 13.12.1994 [...] hatten 52 in der Fachwelt angesehene Intelligenzforscher eine unter der Federführung von Gottfredson eingebrachte Erklärung zur wissenschaftlichen Mehrheitsmeinung über Intelligenz (mainstream science on intelligence) veröffentlicht."[36] Es handelte sich bei diesem Statement um eine Parteinahme für das äußerst umstrittene Buch „The Bell Curve".[37] Weder in Rosts Buch noch in *GEOkompakt* wird darauf hingewiesen, dass sowohl die Initiatorin der Stellungnahme, Linda Gottfredson, als auch ein Teil der Unterzeichner vom als rassistisch kritisierten Pioneer Fund unterstützt wurden, zu dessen Direktoren mittlerweile auch der von Rost ausgiebig zitierte „Mankind Quarterly"-Herausgeber Richard Lynn gehört.[38]

Rost bezieht in seinem Buch eindeutig Position für die Bell-Curve-Autoren und erklärt: „Die Ausführungen der beiden Autoren wurden in der US-Öffentlichkeit heftig debattiert und von vielen Journalisten und Sozialwissenschaftlern – fast immer aus ideologischen Gründen, sachliche Einwände wurden selten geltend gemacht – abgelehnt."

In Wahrheit wurde die zentrale These von Herrnstein und Murray, dass es erbliche Gruppenunterschiede der Intelligenz gebe, von einer Arbeitsgruppe der American Psychologist Association überprüft, die zum Schluss kam: „There is certainly no such support for a genetic interpretation ... It is sometimes suggested that the Black/White differential in psychometric intelligence is partly due to genetic differences (Jensen, 1972 [Genetics and Education, A. K.]). There is not much direct evidence on this point, but what little there is fails to support the genetic hypothesis."[39] Rost behauptet allerdings, was auch in der Sarrazin-Debatte als Pseudoargument benutzt wurde, dass das Buch nämlich nicht gelesen und wenn, dann nicht verstanden wurde: „Die öffentliche Debatte um *The bell curve*

---

35 *GEOkompakt* Nr. 28 – 09/11 – Intelligenz, Begabung, Kreativität, S. 24.
36 Rost 2009, S. 2.
37 Schlinger, Henry D.: The Myth of Intelligence, in: The Psychological Record, 2003, 53. S. 16.
38 Siehe dazu: http://www.pioneerfund.org/Grantees.html
39 Neisser, Ulric u. a.: Intelligence. Knowns and Unknowns, in: American Psychologist, Febr. 1996, S. 95

ähnelte stark der ideologisch unterbauten Diskussion, die seinerzeit der Beitrag von Jensen *How much can we boost IQ and scholastic achievement* ausgelöst hatte. Viele Pädagogen, die den Artikel heftig kritisierten, waren sich in ihrer radikalen Ablehnung einig, ohne den Beitrag selbst gelesen zu haben – und manche von denen, die ihn gelesen hatten, waren nicht fähig (und viele nicht willens), ihn richtig zu verstehen."[40]

### Heiner Rindermann und die IQ-Unterschiede der Völker

Der Entwicklungspsychologe und Sarrazin-Verteidiger Heiner Rindermann geriet 2007 durch ein Interview für das Deutschlandradio in die Kritik. In der Sendung zur Frage „Gibt es Unterschiede in Intelligenz und Wissen zwischen den Bevölkerungen verschiedener Länder?"[41] sagte Rindermann: „Es gibt auf jeden Fall genetische Unterschiede zwischen den Rassen, wenn man diesen Begriff wählt, also zwischen Weißen, zwischen Schwarzen und zwischen Asiaten als die drei Großgruppen." Die Moderatorin Katrin Heise wandte ein, dass Unterschiede doch wohl nicht unveränderlich seien. Rindermann antwortete, die Unterschiede seien höchstwahrscheinlich nicht unveränderlich, aber man wisse nicht, ob „nicht das Muster der Unterschiede" eventuell immer gleich bleibe, „weil Ostasiaten besonders fleißig sind und sie einer Kultur angehören, die Fleiß sehr honoriert und diese Art von Kultur ändert sich auch nicht so schnell im Vergleich zum Beispiel zur europäischen oder schwarzafrikanischen oder sonstigen Kulturen." Der Bemerkung Heises, dass es dabei ja im übertragenen Sinne auch um die Wertigkeit von Rassen gehe und man sich schnell dem Vorwurf aussetze, rassistisch zu argumentieren, begegnet Rindermann mit dem Hinweis auf „Fakten": „Wir können ja bestimmte Unterschiede zunächst einmal nicht negieren, und wir können auch nicht empirische Fakten negieren. Bewertungen haben wir jetzt erst mal nicht vorgenommen, wir haben nur darüber gesprochen, inwieweit Umwelt- und Genfaktoren vielleicht für internationale Unterschiede relevant sind."

Bei seinen Ausführungen zu angeblich gemessenen Intelligenzunterschieden zwischen den Bevölkerungen verschiedener Länder stützt sich Heiner

---

40 Rost 2009, S. 196.
41 Heise, Katrin: „Gibt es Unterschiede in Intelligenz und Wissen zwischen den Bevölkerungen verschiedener Länder? Gespräch mit Bildungsforscher Rindermann" Deutschlandradio 04.12.2007. URL: http://www.dradio.de/dkultur/sendungen/thema/706040/

Rindermann auf die Studie „IQ and the Wealth of Nations" von „Mankind Quarterly"-Herausgeber Richard Lynn und von Tatu Vanhanen[42]. An der Studie wird kritisiert, dass ohne zureichende Datenquellen Behauptungen aufgestellt wurden, die mit zweifelhaften Methoden ermittelt worden sind. Von 185 Nationen, deren durchschnittlicher Intelligenzquotient dargestellt werden sollte, lagen überhaupt nur in 81 Fällen nationale IQ-Tests vor. Das heißt, in 104 Fällen wurden die Daten indirekt ermittelt, indem der durchschnittliche IQ der Nachbarstaaten herangezogen wurde. In den 81 Staaten, in denen IQ-Studien vorlagen, wurden diese mit unterschiedlichen Methoden erhoben, hatten unterschiedliche Samples zur Grundlage und waren unterschiedlich alt. Zahlreiche Wissenschaftler zeigten sich entsetzt über die methodischen Mängel der Studie. So resümierten Susan Barnett und Wendy Williams: „We see an edifice built on layer upon layer of arbitrary assumptions and selective data manipulation. The data on which the entire book is based are of questionable validity and are used in ways that cannot be justified."[43]

Dem Interview im Deutschlandradio vorausgegangen waren zwei Tagungen, deren Beiträge von Heiner Rindermann und seinem Mitherausgeber Georg W. Oesterdiekhoff im Sammelband „Kultur und Kognition. Die Beiträge von Psychometrie und Piaget-Psychologie zum Verständnis kultureller Unterschiede"[44] herausgebracht wurden. Oesterdiekhoff hat in der Eugenik-Zeitschrift „Mankind Quarterly" publiziert[45], und auf der Tagung, die in Magdeburg stattfand, äußerte sich der deutsche Mitherausgeber von „Mankind Quarterly", Gerhard Meisenberg. Wäre auch das „Mankind Quarterly"-Beiratsmitglied Volkmar Weiss aufgetreten, hätte man jene drei Autoren auf der Tagung versammelt gehabt, auf deren Konto seit 2007 ein Zehntel der Artikel in „Mankind Quarterly" geht.

---

42  Lynn, Richard/Vanhanen, Tatu: IQ and the Wealth of Nations. Westport 2002.
43  Barnett, Susan M./Williams, Wendy: National Intelligence and the Emperor's New Clothes. In: Contemporary Psychology, APA Review of Books 49 (4), August 2004, S. 389–396. Siehe dazu auch die Polemik von Frank Lübberding: Zecke zu Sarrazin und Rindermann, 08. 09. 2010. URL: http://www.weissgarnix.de/2010/09/08/zecke-zu-sarrazin-und-rindermann Stand: 28. 07. 2011
44  Oesterdiekhoff, Georg W./Heiner Rindermann (Hrsg.): Kultur und Kognition. Die Beiträge von Psychometrie und Piaget-Psychologie zum Verständnis kultureller Unterschiede. Münster 2008.
45  Mankind Quarterly, Fall 2007 und Spring-Summer 2009.

## Was misst PISA?

Bereits Volkmar Weiss versuchte 2002[46] und 2005[47], Pisa als „Intelligenztest" zu werten. Heiner Rindermann verfolgte diese Idee ebenfalls und legte seine diesbezügliche Argumentation 2006 in dem Beitrag „Was messen internationale Schulleistungsstudien? Schulleistungen, Schülerfähigkeiten, kognitive Fähigkeiten, Wissen oder allgemeine Intelligenz?"[48] für die *Psychologische Rundschau* dar. Auch dabei bezog Rindermann sich auf die Studie „IQ and the Wealth of Nations" von Richard Lynn und von Tatu Vanhanen.

Zwei PISA-Expertenteams, eine Gruppe um Jürgen Baumert und eine um Manfred Prenzel, antworteten in derselben Zeitschrift auf Rindermanns Artikel. Die Autorengruppe um Manfred Prenzel stellte klar, dass PISA nicht die „allgemeine Intelligenz" messe, sondern Kompetenzen, die stärker kontextualisiert und stärker durch Lernen erworben seien.[49] Auch Rindermanns Ausführungen zu angeblichen Korrelationen zwischen PISA-Ergebnissen und den Daten von Intelligenzstudien auf internationaler Ebene weist das Autorenteam um Prenzel zurück:[50] Die Validität der Daten sei zweifelhaft, „zum Beispiel, wenn in die Datensammlung Intelligenzwerte von 104 Staaten eingehen, die über die ethnische Zusammensetzung und die Nachbarschaft zu anderen Staaten geschätzt wurden, wenn eine Reihe von nicht-kognitiven Indikatoren wie zum Beispiel ‚gesellschaftlich-kulturelle-politische Modernität' oder ‚Rationalität' von Staaten und Gesellschaften, die durch die Wertvorstellungen der Beurteiler geprägt sein dürften, verwendet oder ‚Gesamttestwerte' durch Mittelung von PVs [plausible values, A. K.] anstatt durch eine Neuskalierung mit einem eindimensionalen Testmodell konstruiert werden."[51] Rindermann sehe die durchschnittliche Intelligenz einer Bevölkerung als „Kausalfaktor" für deren Entwicklung, was

---

46 Weiss, Volkmar: Bevölkerung hat nicht nur eine Quantität, sondern auch eine Qualität. Ein kritischer Beitrag zur politischen Wertung der PISA-Studie. In: Wege aus der Krise. Für ein lebensrichtiges Menschenbild. Veröffentlichungen der Gesellschaft für Freie Publizistik 18, 2002. S. 31–59. URL: http://www.v-weiss.de/pisa3.html Stand: 15. 07. 2011
47 Weiss, Volkmar: Bildung oder Gene? Die PISA-Tests als gigantische IQ-Testreihe. In: Eigentümlich frei, Nr. 54, August 2005, S. 42–45.
48 Rinderman, Heiner: Was messen internationale Schulleistungsstudien? Schulleistungen, Schülerfähigkeiten, kognitive Fähigkeiten, Wissen oder allgemeine Intelligenz? In: Psychologische Rundschau, 57 (2). Göttingen 2006, S. 69–86.
49 Prenzel, Manfred/Walter, Oliver/Frey, Andreas: PISA misst Kompetenzen. Eine Replik auf Rindermann (2006): Was messen internationale Schulleistungsstudien? In: Psychologische Rundschau, 57 (2). Göttingen 2006, S. 128–136.
50 Ebd. S. 134.
51 Ebd. S. 134.

wiederum auf eine Verwechslung von Korrelation und Kausalität schließen lasse und nicht begründet werde.[52]

Das Fazit der PISA-Experten um Prenzel: „Insgesamt wirken Rindermanns Diskussion und insbesondere seine Methoden befremdlich und stellen vermutlich das Resultat von grundlegenden konzeptuellen und methodischen Missverständnissen dar. Sowohl die theoretische Konzeption, auf deren Grundlage Rindermann (2006) argumentiert, als auch seine methodische Herangehensweise erinnern an vor langer Zeit geführte und größtenteils geklärte Diskussionen der psychologischen Forschung, insbesondere der Intelligenzforschung."[53]

Das Team um den sogenannten „PISA-Papst" Jürgen Baumert kommt zu einem ähnlich vernichtenden Resultat. Es „ist festzuhalten, dass Rindermanns Frage nach der Dimensionalität von Schulleistungstests nicht neu ist, seine Argumentation theoretisch zu kurz greift, sein methodisches Vorgehen nicht gängigen Standards entspricht und seine Schlussfolgerungen unzutreffend sind."[54]

Dennoch folgt Thilo Sarrazin in seinen Ausführungen zu PISA lieber der Argumentation von Heiner Rindermann.[55] Im Kapitel „Was misst eigentlich PISA?" beginnt Sarrazin sehr vorsichtig („Korrelationen können keine Kausalitäten begründen"[56]), macht dann aus der Korrelation eine „Vermutung bezüglich einer bestimmten Kausalität", um sich am Ende klar auf die Seite des angeblichen Tabubrechers zu schlagen: „Es wirbelte deshalb in Fachkreisen erheblichen Staub auf, als Heiner Rindermann 2006 zeigte, dass bei PISA 2000 und 2003 die Ergebnisse aller drei Komponenten – Lesen, Mathematik, Naturwissenschaften – nicht nur miteinander extrem hoch korrelieren, sondern auch mit der gemessenen Intelligenz. Rindermann stellt die Frage in den Raum, ob die PISA-Tests nicht einfach nur Intelligenz messen. Außerdem verglich er die OECD-weit gemessenen Pisa-Ergebnisse mit den von Richard Lynn und Tatu Vanhanen zusammengestellten Messergebnissen der durchschnittlichen IQs der entsprechenden Staaten und stellte hier ebenfalls eine hohe Korrelation fest. Damit war die Büchse der Pandora geöffnet."[57]

---

52  Ebd. S. 135.
53  Ebd.
54  Baumert, Jürgen/Brunner, Martin/Lüdtke, Oliver/Trautwein, Ulrich: Was messen internationale Schulleistungsstudien? – Resultate kumulativer Wissensprozesse. Eine Antwort auf Heiner Rindermann. In: Psychologische Rundschau, 58 (2), Göttingen 2007, S. 118–145.
55  Sarrazin 2010, S. 213 ff.
56  Ebd, S. 213.
57  Ebd.

Wenn Rindermann Recht hat, so das Kalkül von Sarrazin, dann wären nicht nur die gemessenen IQ-Unterschiede, sondern auch Schulleistungen „überwiegend erblich": „Die beste Schule macht ein dummes Kind nicht klug, und die schlechteste Schule macht ein kluges Kind nicht dumm", so die Schlussfolgerung Sarrazins.[58] Außerdem könnten die internationalen PISA-Ergebnisse als zusätzliches Indiz dafür herangezogen werden, dass sich das globale Wohlstandsgefälle durch Begabungsunterschiede zwischen den Völkern erklären lässt. Das ist es, was hinter dem Versuch steckt, PISA mit Intelligenztests gleichzusetzen: eine Biologisierung von sozialen Unterschieden.

### Gunnar Heinsohn und das Problem der sinkenden „Bevölkerungsqualität"

Ein weiterer Wissenschaftler, auf den Sarrazin sich in seiner Argumentation bezieht, ist Gunnar Heinsohn.[59] Relevant ist er für Sarrazin, weil auch er demografisch argumentiert und sich Sorgen um die Bevölkerungsqualität macht. So spricht Heinsohn von „Schwächen bei Menge und Qualität des Nachwuchses".[60]

In einem Artikel für die *Frankfurter Allgemeine Zeitung* mit dem Titel „Sozialhilfe auf fünf Jahre begrenzen"[61] geht Heinsohn auf einen der beiden „Bell Curve"-Autoren ein. Charles Murray ist nach Darstellung Heinsohns in seinem zuvor veröffentlichtem Buch „The Losing Ground" zu folgenden Schlussfolgerungen gelangt: „Erstens: Die Bezahlung der Mutterschaft für arme Frauen führt zu immer mehr solchen Müttern. Zweitens: Die Kaschierung des Schulversagens ihrer Kinder durch Senkung der Anforderungen höhlt die Lernbereitschaft weiter aus. Drittens: Die Entschuldigung der Kriminalität dieser Kinder – 10 Prozent der Jungen sind auf Sozialhilfe, diese begehen aber 50 Prozent der Verbrechen – als ‚Versagen der Gesellschaft' treibt die Deliktzahl weiter nach oben. Viertens: Die Abschaffung der Sozialhilfe wirkt für die Betroffenen hilfreicher als ihre Belohnung mit Quasiverbeamtung für immer mehr bildungsferne Kinder."[62]

---

58 Ebd.
59 Siehe beipielsweise das Unterkapitel „Eroberung durch Fertiliät": Sarrazin 2010, S. 317.
60 Heinsohn, Gunnar: Finis Germaniae? Reflexionen über demografische Ursachen von Revolutionen, Kriegen und politischen Niederlagen. In: *Die Zeit*-Online, Kursbuch 162 vom 25.11.2005. http://www.zeit.de/feuilleton/kursbuch_162/1_heinsohn Stand: 15.9.2011
61 Heinsohn, Gunnar: Sozialhilfe auf fünf Jahre begrenzen. In: *Frankfurter Allgemeine Zeitung*, 16.3.2010.
62 Ebd.

Mit Bedauern blickt Heinsohn dann auf die deutsche Politik, wo man sich vom kräftig wachsenden Familientypus des Sozialhilfehaushalts viel zu erhoffen scheine. Die Hochqualifizierten hingegen würden von Deutschland ferngehalten: „Was in einer solchen Völkerwanderung wiederum als jüngere Elite mit heraustreibt, wird überall im OECD-Raum nachgefragt. Warum sollte sie in ein bereits islamisch absinkendes Westeuropa streben?"[63]

Die einzigen, die nach Deutschland streben, seien „Bevölkerungsreserven" aus Afrika und aus dem Islam, die aber „qualitativ" nicht genügten: „Einwanderer ohne Hochschulabschluss und selbst länger arbeitende einheimische Akademiker können nämlich eines nicht – die kritische Masse begabter junger Leute bereitstellen, die von klein auf mit High-Tech heranwachsen, souverän mit ihr umgehen und sie dann ehrgeizig und voller Ungeduld auf neue Höhen führen wollen. Diese Essentials für ein Verbleiben Deutschlands in der ersten ökonomischen Liga wird man nicht einfach Schwarzafrikanern oder Muslimen aufbürden können. Da aber gerade sie am ehesten hereindrängen, gibt es für die demografischen Probleme Deutschlands und auch der übrigen Länder Kontinentaleuropas keine elegante Lösung."[64]

Heinsohn und Sarrazin malen einträchtig am Schreckensbild der überdurchschnittlich gebärfreudigen „Sozialgeld"-Empfänger: „Das Gefühl der Aussichtslosigkeit rührt daher, dass jeder legal in Deutschland Lebende ohne Einkommen bis ans Ende seiner Tage von den Mitbürgern für eine menschenwürdige Existenz bezahlt werden muss. Das Problem kann sich mithin niemals auswachsen. Die 25 Prozent unserer 15-Jährigen, die bereits 2009 von der Bundesregierung als nicht ausbildungsreif bezeichnet werden und ganz überwiegend selbst schon von Sozialgeld leben, wechseln bald in die Langzeitarbeitslosigkeit über und haben dann alle Zeit der Welt für eigenen Kindersegen."[65]

Es sei eine überdurchschnittliche Fruchtbarkeit der transferabhängigen oder jedenfalls in prekären Verhältnissen lebenden Unterschicht sowie der Gruppe der Bildungsfernen zu beobachten, schreibt Sarrazin in „Deutschland schafft sich ab". Wenn ein Mädchen ohne Schul- und Berufsabschluss in jungen Jahren ein Kind bekomme, sei im deutschen Sozialstaat ein bescheidener Lebensstandard gesichert – „und er verbessert sich mit jedem Kind."[66]

---

63 Heinsohn 2005
64 Ebd.
65 Heinsohn, Gunnar: „Das Grundgesetz schützt die Integrationsverweigerer". In: *Die Welt*, 07.09.2010.
66 Sarrazin 2010, S. 375.

## Gebärpolitik und Sozialabbau

„Sarrazins Gegner werden nichts unversucht lassen, ihn nun unablässig in eine rechtsextreme Ecke abzudrängen", prognostizierte Volkmar Weiss im Interview mit der *Jungen Freiheit*.[67] Fest steht: Sarrazin, Weiss und die modernen Eugeniker aus dem Dunstkreis von „Mankind Quarterly" teilen sich mit den nationalsozialistischen Eugenikern den theoretischen Rahmen des Erbintelligenz-Paradigmas. Was Sarrazin und Co von Nationalsozialisten unterscheidet, ist der zur Schau getragene Philosemitismus und der Verzicht auf Forderungen nach Zwangssterilisierung und Euthanasie. Die Zielsetzungen der modernen Erbtheoretiker laufen auf eine stärkere soziale Selektion von Einwanderern an den Staatsgrenzen und auf eine an „Bevölkerungsqualität" ausgerichtete Gebärpolitik hinaus.

Die Fragestellung und die Antwort in dem Buch „Deutschland schafft sich ab" von 2010 ist nicht viel anders als in der „IQ-Falle" von Volkmar Weiss zehn Jahre zuvor. Sarrazin fragt: „Was ist geeignet, die Geburtenrate zu heben, und was ist geeignet, eine dysgenisch wirkende Geburtenstruktur zu verhindern?"[68] Die knappe Antwort bei Weiss: „Studierende Frauen mit Kindern sind besonders zu fördern. [...] Nichts wäre jedoch verkehrter als eine unterschiedslose Ausschüttung von Zuzahlung auf alle im Staatsgebiet Anwesende. Profitieren würden davon dann kinderreiche asoziale Familien, für die Deutschland zu einer Art Sammelplatz würde."[69]

Bei Sarrazin: „Es könnte beispielsweise bei abgeschlossenem Studium für jedes Kind, das vor Vollendung des 30. Lebensjahres der Mutter geboren wird, eine staatliche Prämie von 50 000 Euro ausgesetzt werden."[70] Weiss und Sarrazin loben einhellig die Einschränkung der Sozialhilfe in den USA. Weiss zufolge hat die Regierung unter Clinton Pragmatismus bewiesen und einen Fortpflanzungstypus „eliminiert", der zu immer mehr „Ghettokindern" führte – „indem sie jeder potenziellen Mutter nur noch ein Lebensmaximum von fünf Jahren Sozialhilfe zubilligte. Bill Clintons Parole ‚we end welfare as we know it' aus dem Wahlkampf 1992 eroberte die Nation im Sturm, weil die zulasten des Steuerzahlers aufgezogenen Söhne weniger als zehn Prozent aller amerikanischen Jungen stellten, aber die Hälfte der jugendlichen Gewaltkriminalität verübten."[71]

---

67  Weiss in: *Junge Freiheit*, 10.09.2010
68  Sarrazin 2010, S. 378.
69  Weiss 2000, S. 247
70  Sarrazin 2010, S. 389
71  Heinsohn, 2005

Stoßrichtung des modernen Erbintelligenz-Paradigmas ist also auch in Deutschland vor allem die Abschaffung oder zumindest der Abbau des Sozialstaats, dem eine Verstärkung angeblicher dysgenischer Entwicklungen angelastet wird. Das Erbintelligenz-Paradigma ist rassistisch. Und es legitimiert ein sozial selektives Bildungssystem, welches Kindern aus privilegierten Familien Vorteile verschafft und diese Vorteile als natürliches Ergebnis biologischer Vererbung erscheinen lässt. Hier wird eine Spirale vorangetrieben, die im Namen einer vermeintlich zu verbessernden „Bevölkerungsqualität" die Lebenschancen benachteiligter Gruppen immer weiter einschränkt.

**Literaturverzeichnis**

Barnett, Susan M./Williams, Wendy: National Intelligence and the Emperor's New Clothes. In: Contemporary Psychology, APA Review of Books 49 (4), August 2004, S. 389–396.
Baumert, Jürgen/Brunner, Martin/Lüdtke, Oliver/Trautwein, Ulrich: Was messen internationale Schulleistungsstudien? – Resultate kumulativer Wissensprozesse. Eine Antwort auf Heiner Rindermann. In: Psychologische Rundschau, 58 (2). Göttingen 2007, S. 118–145.
Berberich, Frank: „Klasse statt Masse. Von der Hauptstadt der Transferleistungen zur Metropole der Eliten" Interview mit Thilo Sarrazin. In: Lettre International, Nr. 86, 30. 9. 2009.
Biewer, Gottfried: Grundlagen der Heilpädagogik und inklusiven Pädagogik, Stuttgart 2009, S. 149 f.
Billig, Michael: In die NS-Rassenideologie verstrickt, in: Iley.de 15. 07. 2007 URL: http://iley.de/index.php?pageID=20000000&article=00000308 Stand 03. 10. 2011
Czech, Herwig: Selektion und Kontrolle. Der ‚Spiegelgrund' als zentrale Institution der Wiener Jugendfürsorge zwischen 1940 und 1945. In: Gabriel, Eberhard und Neugebauer, Wolfgang (Hrsg.): Von der Zwangssterilisierung zur Ermordung. Zur Geschichte der NS-Euthanasie in Wien. Teil II. Wien 2002, S. 165–187.
Gütt, Arthur/Rüdin, Ernst/Ruttke, Falk: Gesetz zur Verhütung erbkranken Nachwuchses vom 14. Juli 1933 nebst Ausführungsverordnungen, 1933
Harten, Hans-Christian/Neirich, Uwe/Schwerendt, Matthias: Rassenhygiene als Erziehungsideologie des Dritten Reiches. Bio-bibliographisches Handbuch. Berlin 2006.
Heinsohn, Gunnar: Finis Germaniae? Reflexionen über demografische Ursachen von Revolutionen, Kriegen und politischen Niederlagen. In: Die Zeit-Online, Kursbuch 162 vom 25. 11. 2005. http://www.zeit.de/feuilleton/kursbuch_162/1_heinsohn Stand: 15. 9. 2011
Heinsohn, Gunnar: Sozialhilfe auf fünf Jahre begrenzen. In: Frankfurter Allgemeine Zeitung, 16. 3. 2010.

Heinsohn, Gunnar: „Das Grundgesetz schützt die Integrationsverweigerer". In: Die Welt, 7.9.2010.
Heinsohn, Gunnar: Die Schrumpfvergreisung der Deutschen. In: Bellers, Jürgen: Zur Sache Sarrazin. Münster 2010, S. 105–111.
Heise, Katrin: „Gibt es Unterschiede in Intelligenz und Wissen zwischen den Bevölkerungen verschiedener Länder? Gespräch mit Bildungsforscher Rindermann" Deutschlandradio 04.12.2007. URL: http://www.dradio.de/dkultur/sendungen/thema/706040/
Herrnstein, Richard J./Charles Murray: The Bell Curve. Intelligence and Class Structure in American Life. New York 1994.
Jaensch, Erich: Psychologische Einwände gegen das Sterilisierungsgesetz und ihre Beurteilung. In: Ziel und Weg 4/1934, H. 19, S. 718–724.
Kemper, Andreas/Weinbach, Heike: Klassismus. Eine Einführung. Münster 2009.
Kritische Psychologie Marburg: Volkmar Weiss: Das „Türkenproblem" oder die Angst vor der Degeneration der Bevölkerung, o.J. URL: http://www.kp-marburg.de/volkmar_weiss.htm Stand 20.09.2011
Lane, Charles: The Tainted Sources of The Bell Curve. In: The New York Review of Books, 1.12.1995. URL: http://www.nybooks.com/articles/archives/1994/dec/01/the-tainted-sources-of-the-bell-curve/
Ley, Astrid: Zwangssterilisation und Ärzteschaft. Hintergründe und Ziele ärztlichen Handelns 1934–1945. Frankfurt a.M. 2004.
Lübberding, Frank: Zecke zu Sarrazin und Rindermann, 08.09.2010. URL: http://www.weissgarnix.de/2010/09/08/zecke-zu-sarrazin-und-rindermann/ 28.07.2011
Lynn, Richard/Vanhanen, Tatu: IQ and the Wealth of Nations. Westport 2002.
Möckel, Andreas: Geschichte der Heilpädagogik. Stuttgart 2007
Neisser, Ulric u.a.: Intelligence. Knowns and Unknowns. In: American Psychologist, Febr. 1996. S. 77–101.
Oesterdiekhoff, Georg W./Rindermann, Heiner (Hrsg.): Kultur und Kognition. Die Beiträge von Psychometrie und Piaget-Psychologie zum Verständnis kultureller Unterschiede. Münster 2008.
Pfeiffer, Martina: Das Erbgesundheitsgesetz im Spiegel der Publikationen aus der Zeitschrift „Der Nervenarzt" in den Jahren von 1928 bis 1945. Dissertation München 2008.
Prenzel, Manfred/Walter, Oliver/Frey, Andreas: PISA misst Kompetenzen. Eine Replik auf Rindermann (2006): Was messen internationale Schulleistungsstudien?" In: Psychologische Rundschau, 57 (2). Göttingen 2006, S. 128–136.
Rindermann, Heiner: Was messen internationale Schulleistungsstudien? – Schulleistungen, Schülerfähigkeiten, kognitive Fähigkeiten, Wissen oder allgemeine Intelligenz? In: Psychologische Rundschau, 57 (2). Göttingen 2006. S. 69–86.
Rost, Detlef/Rindermann, Heiner: Was ist dran an Sarrazins Thesen? Intelligenz von Menschen und Ethnien. In: Frankfurter Allgemeine Zeitung, 7.9.2010.
Rost, Detlef: Intelligenz – Fakten und Mythen. Weinheim 2009.
Rudolph, Clarrisa/Benetka, Gerhard: Kontinuität oder Bruch? Zur Geschichte der Intelligenzmessung im Wiener Fürsorgesystem vor und in der NS-Zeit. In: Ernst

Berger (Hrsg.): Verfolgte Kindheit. Kinder und Jugendliche als Opfer der NS-Sozialverwaltung. Wien 2007.
Sarrazin, Thilo: Deutschland schafft sich ab. Wie wir unser Land aufs Spiel setzen. München 2010.
Sarrazin, Thilo: „Die große Zustimmung beunruhigt mich etwas". Interview in: Frankfurter Allgemeine Zeitung, 4.10.2010.
Schlinger, Henry D.: The Myth of Intelligence. In: The Psychological Record, 2003, 53, S. 15–32.
Schwilk, Heimo: Deutschland in der Intelligenzfalle. In: Welt, 4.2.2001.
Thomsen, Frank: Sarrazins Haßpredigt. In: Stern, 31.12.2010.
Tucker, William: The funding of scientific racism: Wickliffe Draper and the Pioneer Fund. University of Illinois Press 2002.
Verschuer, Otmar von: Eugenik – Kommende Generationen in der Sicht der Genetik, Witten 1966.
Weiss, Volkmar: „Wissenschaftler widerrufen plötzlich ihre eigenen Thesen." Interview in: Junge Freiheit, 10.9.2010.
Weiss, Volkmar: Die IQ-Falle – Intelligenz, Sozialstruktur und Politik. Graz 2000.
Weiss, Volkmar: Bevölkerung hat nicht nur eine Quantität, sondern auch eine Qualität. Ein kritischer Beitrag zur politischen Wertung der PISA-Studie. In: Wege aus der Krise. Für ein lebensrichtiges Menschenbild. Veröffentlichungen der Gesellschaft für Freie Publizistik 18, 2002. S. 31–59. URL: http://www.v-weiss.de/pisa3.html Stand: 15.7.2011.
Weiss, Volkmar: Bildung oder Gene? Die PISA-Tests als gigantische IQ-Testreihe. In: Eigentümlich frei, Nr. 54, August 2005, S. 42–45.
Weiss, Volkmar: Book Review – Deutschland schafft sich ab. In: Mankind Quarterly, Winter 2010.

# II  Der Kontext: Intelligenz, Bildung und Genetik

# Sind Juden genetisch anders?*

*Sander L. Gilman*

**Warum sind Juden so intelligent? Weil sie sich im Rahmen einer evolutionären Gruppenstrategie gezielt „hochgezüchtet" haben: Dieses Erklärungsmuster hat Thilo Sarrazin von dem amerikanischen Antisemiten Kevin MacDonald übernommen. Das Klischee vom intelligenten Juden wurzelt in der uralten Vorstellung eines rassisch homogenen „jüdischen Typus", der sich durch besondere Schlauheit und Raffinesse auszeichnet. Das war nur selten freundlich gemeint, denn der Vorteil für die Juden wurde oft als Nachteil für die Gesamtgesellschaft gedeutet.**

Die anhaltende Debatte über die Erbeigenschaften von Menschengruppen und die Tauglichkeit des Rassenbegriffs im Zeitalter der modernen Genetik lässt die Diskurse des „ersten Zeitalters der Rassenbiologie" Ende des 19. Jahrhunderts wieder auferstehen. Unser „zweites Zeitalter der Biologie" scheint die vorgefassten Behauptungen des ersten zu wiederholen – wenn auch mit anderen wissenschaftlichen Argumenten.

Die *New York Times* berichtete am 29. August 2010 über Thilo Sarrazins Bestseller „Deutschland schafft sich ab" und dessen These, die hohe Fertilität „muslimischer Migranten" werde zum Untergang der „deutschen" Gesellschaft führen.[1] Doch es war der im Interview mit der *Welt* ausgesprochene Satz: „Alle Juden teilen ein bestimmtes Gen, das sie von anderen unterscheidet", der einen internationalen Aufschrei auslöste.[2] Sarrazin versuchte, seine Einschätzung der „muslimischen Migranten" stärker zu konturieren, indem er die angeblich genetisch bedingte „überdurchschnittliche Intelligenz" der Juden anführt. Ironischerweise scheint sein Respekt vor der jüdischen Überlegenheit in Deutschland mehr Staub aufgewirbelt zu haben als sein Angriff auf die muslimische Bevölkerung[3].

---

\* Übersetzung: Rebecca Pohle
1 Sarrazin, Thilo: Deutschland schafft sich ab. Wie wir unser Land aufs Spiel setzen. München 2010.
2 Eine Vorabmeldung der *Welt* mit diesem Zitat ging am 28.8.2010 an die Medien. Dempsey, Judy: Comments by German on Minorities Are Criticized. In: *The New York Times*, 29.8.2010.
3 Am Folgetag relativierte Sarrazin diesen Satz mit einer „Erklärung". Vgl. *FAZ* vom 30.8.2010: „Phantasma ‚Juden-Gen'"

Seine Behauptung, es gebe eine genetische jüdische Identität, wurde in den USA als Ausdruck längst diskreditierter Rassenvorstellungen verstanden: „Whoever tries to define Jews by their genetic makeup, even when it is superficially positive in tone, is in the grip of a race mania that Jews do not share", sagte Stephan Kramer, Generalsekretär des Zentralrats der Juden in Deutschland, in dem genannten Artikel der *New York Times*.

Thilo Sarrazins Gedanken entstammen dem Repertoire neu aufgekochter Vorurteile aus dem 19. Jahrhundert über das jüdische „Anderssein". Dabei geht es um einen angeblich durch die Juden selbst geschaffenen, biologischen Unterschied, der häufig nicht als Nachteil, sondern als Vorteil verstanden wird. Ein Beispiel dafür ist die Vorstellung, Juden seien als Kollektiv intelligenter als andere Gruppen. Genau diese Idee einer biologisch definierten „Rasse", die durch eine Gruppenstrategie fortbesteht (eine „Verschwörung" im antisemitischen Jargon des 19. Jahrhunderts), ist aber das Problem. Denn wer genauer hinsieht, stellt fest, dass der vermeintliche Vorteil für die Juden oftmals als Nachteil für die Gesamtgesellschaft gedeutet wird (und sogar für das „genetische Kollektiv" der Juden selbst).

Die überkommene Vorstellung, man könne die Menschheit anhand genetischer Unterschiede in feststehende Gruppen einteilen, spukt noch immer durch die moderne Genetik. Die beiden Humangenetiker Lynn B. Jorde und Stephen P. Wooding schreiben: „New genetic data has enabled scientists to re-examine the relationship between human genetic variation and ‚race' ... These [genetic] clusters are also correlated with some traditional concepts of race, but the correlations are imperfect because genetic variation tends to be distributed in a continuous, overlapping fashion among populations. Therefore, ancestry, or even race, may in some cases prove useful in the biomedical setting, but direct assessment of disease-related genetic variation will ultimately yield more accurate and beneficial information."[4]

Francis Collins, Direktor des amerikanischen Humangenomprojekts, gibt zu bedenken: „The downside of using race, whether in research or in the practice of medicine is that we are reifying it as if it has more biological significance than it deserves. Race is an imperfect surrogate for the causative information we seek. To the extent that we continue to use it, we are suggesting to the rest of the world that it is very reliable and that racial categories have more biological meaning than they do. We may even appear to suggest something that I know is not true:

---

[4] Jorde, Lynn B./Wooding, Stephen P.: Genetic Variation, Classification and ‚Race'. In: Nature Genetics 36 2004, S. 28–33.

that there are bright lines between populations and that races are biologically distinct."[5] Der Versuch, die komplexe und heterogene Menschheit anhand von „bright lines" aus der umstrittenen IQ-Forschung in feste Kategorien einzusortieren, ist mit der modernen Auffassung von Genetik nicht vereinbar.

Auch die Behauptung, es gebe ein vornehmlich bei Juden nachweisbares Gen, das Cohen Modal Haplotype (CMH), ist mehr als fragwürdig.[6] Die Forscher, die das CMH entdeckt zu haben glaubten, wurden aufgefordert, ihre Studie zu wiederholen – und räumten kürzlich ein, sie hätten sich getäuscht. Neuere Arbeiten zeigen, dass zumindest die aschkenasischen (europäischen) Juden genetisch vielfältiger sind als andere Gruppen europäischer Abstammung.[7] Die Forscher untersuchten nahezu eine Million einzelner Nukleotidpolymorphismen (SNP). Ein Maß für die genetische Vielfalt in einer Bevölkerung ist die Heterozygosität: Wie viele der vom Vater oder der Mutter ererbten SNP sind verschieden? Eine isoliert lebende Bevölkerung hat eine geringere Heterozygosität. „Wir waren überrascht zu sehen, dass aschkenasische Juden eine höhere Heterozygosität haben als andere Europäer, was der weitverbreiteten Meinung widerspricht, dass sie eine weitgehend isolierte Gruppe gewesen sind", sagt Dr. Steven Bray, einer der Autoren.

Andere Fachrichtungen taten sich schwerer damit, reduktionistische genetische Modelle abzulehnen. So stellt eine neue Studie zur Rassensoziologie fest: „One respondent, who was involved in studies on Jewish populations, mentioned that his research was likely to be misinterpreted and misused by some, but insisted that it was out of his hands. He said that people used to approach him and ask whether it could be ‚genetically' tested if they were Jewish. He was adamant to stress that being Jewish was not about genetics and it was wrong that this research was interpreted this way, but claimed that he had no control over these

---

5 (anonym): in: *The Economist*, 12. 4. 2006, S. 80.
6 Hammer, Michael F./Behar, Doron M./Karafet, Tatiana M./Mendez, Fernando L./Hallmark, Brian/Erez, Tamar/Zhivotovsky, Lev A./Rosset, Saharon/Skoreck, Karl: Extended Y chromosome haplotypes resolve multiple and unique lineages of the Jewish priesthood. In: Human Genetics, 2009; doi: 10.1007/s00439-009-0727-5; Klyosov, Anatole, 2009: Comment on the paper: Extended Y chromosome haplotypes resolve multiple and unique lineages of the Jewish Priesthood. In: Human Genetics, 126(5), 719–724 doi: 10.1007/s00439-009-0739-1; siehe auch: Hammer, Michael u. a. (2009 b), „Response," Human Genetics, 126(5), 725–726 doi:10.1007/s00439-009-0747-1.
7 Bray, SM u. a.: Proc Natl Acad Sci U S A. 2010 Aug 26. [elektronische Vorabveröffentlichung] Signatures of founder effects, admixture, and selection in the Ashkenazi Jewish population.

types of ‚popular' representations of his work."⁸ Thilo Sarrazin gehört sehr deutlich in die Kategorie eines populären Missbrauchs von (in seinem Fall) sehr, sehr schlechter Wissenschaft.

Kann man die Juden im Deutschland des 21. Jahrhunderts noch immer als „Rasse" definieren? Wenn ja, dann, wie der Fall Sarrazin zeigt, nur mit positiven Konnotationen. Doch auch das „philosemitische" Vorurteil vom intelligenten Juden wurzelt in der Vorstellung eines rassisch ausgrenzbaren homogenen „jüdischen Typus". Im 19. Jahrhundert war ein Jude biologisch definiert. Und alle Juden waren gleich. Der moderne, nach außen hin angepasste europäische Jude des 19. Jahrhunderts war eine Täuschung; in ihm steckte der unveränderliche Jude, dessen Körper sich verleugnete. Dementsprechend behauptete der Arzt William-Frédéric Edwards 1829, dass die Rassen überall auf der Welt statisch seien⁹ – und führte als Beweis dafür die angebliche Beständigkeit der Juden an (S. 129). Edwards Freund, der schottische Arzt Robert Knox, meinte nachweisen zu können, dass die Porträts von Juden in ägyptischen Gräbern den Juden im damaligen London glichen (S. 130). Im Jahr 1841 behauptete Hubert Lauvergne, ein Anhänger des Phrenologen Franz Joseph Gall, die zeitgenössischen Griechen hätten das stolze Antlitz und den Schädel der griechischen Antike, während die „Unveränderlichkeit des jüdischen Typs" seine Entartung beweise. (S. 59)

Der „jüdische Typus" des 19. Jahrhunderts wurde oft durch eine hervorstechende Eigenschaft definiert: eine spezielle Intelligenz oder Raffinesse. Das greift Sarrazin auf, wenn er von der „durchschnittlich höheren Intelligenz" von Juden spricht – und sie als Ergebnis jüdischer Familien- und Heiratspolitik darstellt. (S. 94 f.) Letzteres hat nach dem Holocaust eine ganz eigenartige ideengeschichtliche Tradition. Im Jahr 1969 präsentierte Ernest van den Haag eine ähnliche (nicht-jüdische) Sicht auf die „jüdische intellektuelle Überlegenheit".¹⁰ Er behauptete, dass jüdische Männer von höherer Intelligenz durch ihr Umfeld ermuntert wurden, sich fortzupflanzen, und dass „die Intelligentesten buchstäblich über Jahrtausende die größten Chancen hatten zu heiraten, sich fortzupflanzen. Und ihre Kinder hatten die größten Chancen, das Kindesalter zu überleben." (S. 14) Van den Haag behauptete weiterhin, die Christen hätten durch den Priesterzölibat ihre „guten" Gene geopfert; die Juden hingegen belohnten intelligente Rabbis mit den besten Frauen und der größten familiären

---

8   Egorova, Yulia: DNA evidence? The Impact of Genetic Research on Historical Debates. In: BioSocieties 5 (2010) 3, S. 348–365.
9   Die nachfolgenden Zitate aus Staum, Martin S.: Labeling People: French Scholars on Society, Race, and Empire 1815–1848 Montreal, Kingston 2003.
10  van den Haag, Ernest: The Jewish Mystique. 1969; New York 1977 (zweite Auflage), S. 13–25.

Unterstützung. Christliche Intelligenzgene seien vermindert, die Gene für jüdische „Hoch-Intelligenz" hingegen seien systematisch gefördert worden. „The church offered the only career in which intellectual ability was rewarded, regardless of the origin of its bearer. ... But the priesthood exacted a price: celibacy. Which meant that the most intelligent portion of the population did not have offspring; their genes were siphoned off, generation after generation, into the church, and not returned to the world's, or even the church's, genetic supply." (S. 15)

Es ist die Verkürzung der Gesamtheit „jüdischer" Erfahrung auf ein einziges genetisches Transmissionsmodell, die van den Haags Argumentation so einprägsam macht: eine „wissenschaftliche" Version von Einzelmeinungen wie die des jüdischen Mathematikers Norbert Wiener und seines Freundes, des marxistischen Genetikers J. B. S. Haldane. Wiener meinte: „The biological habits of the Christians tended to breed out of the race whatever hereditary qualities make for learning whereas the biological habits of the Jew tended to breed these qualities in."[11] Der amerikanisch-jüdische Soziologe Lewis S. Feuer wies auf den logischen Fehler der „Wiener/Haldane"-These hin:[12] Die Sorge um unstandesgemäße Ehen hatte in jüdischen Familien durchaus Tradition. Nur wenige reiche Eltern wählten arme Gelehrte für ihre Kinder aus, sie strebten gleichwertige Ehen entweder mit wohlhabenden Juden oder mit den Sprösslingen etablierter Rabbiner-Familien an. Von einer an der „Züchtung von Intelligenz" orientierten Heiratspolitik konnte keine Rede sein. Die Bandbreite der Ehe-Strukturen bei den europäischen Juden änderte sich zudem durch die Aufklärung und durch das Aufkommen der Frauenbewegung im Mitteleuropa im späten 19. Jahrhundert.[13]

Van den Haag betont, die jüdische Isolation und das soziale Außenseitertum habe ein positives Ergebnis gezeigt: Es habe den Juden ermöglicht, ihre überlegene Intelligenz zu entwickeln und beizubehalten. Sie mussten sich nicht dem sozialen oder kulturellen Druck beugen, der die Intelligenz der christlichen Gemeinschaft „deformierte".

---

11 Wiener, Norbert, Ex-Prodigy: My Childhood and Youth. New York 1953, S. 11 ff. Er evoziert hier ein Gespräch mit Haldane, das dessen Sichtweisen so wiedergibt, wie er sie in den Muirhead Vorlesungen an der Birmingham University im Februar und März 1937 vorstellte, und die gedruckt vorliegen in Haldane, J. S. B.: Heredity and Politics. London 1938, S. 162.
12 Feuer, Lewis S.: Scientific Intellectual: The Psychological and Sociological Origins of Modern Science. New York 1963, S. 308; noch ausführlicher in Feuer, Lewis S.: The Sociobiological Theory of Jewish Intellectual Achievement. In: Maier, Joseph B. and Waxman, Chaim I. (Hrsg.): Ethnicity, Identity, and History: Essays in Memory of Werner J. Cahnman. New Brunswick: Transaction, 1983, S. 93–125.
13 Feuer 1983.

Richard J. Herrnsteins und Charles Murrays Bestseller „The Bell Curve" von 1994 (vgl. den Beitrag von Klaus-Peter Sesín in diesem Band) lenkte die Aufmerksamkeit auf die Diskussion über das Verhältnis von Intelligenz und Vererbung.[14] Sarrazin zitiert „The Bell Curve" zunächst als Beleg für die intellektuelle Überlegenheit der Juden (S. 96), dann, um seine Hauptthese zur Gefährlichkeit einer sich ausbreitenden, biologisch minderwertigen Unterschicht zu stützen – wobei er die im amerikanischen Diskurs bezeichneten Afroamerikaner durch „muslimische Migranten" ersetzt. Es besteht kein Zweifel, dass „The Bell Curve" in den 1990er Jahren (und offensichtlich immer noch) als ein Buch über Rasse und Intelligenz verstanden wurde: Intelligenz wurde zu einer Frage des Charakters und der Moral. Während in den vergangenen drei Jahrzehnten im Zusammenhang mit Veröffentlichungen von Arthur Jensen, William Shockley und J. Philippe Rushton immer wieder über „Rasse" und „IQ" diskutiert wurde, schenkte man den Fragen nach der „Moral", die von diesen Studien aufgeworfen wurden, wenig Beachtung.[15] . „Tugend" und „Moral" sind die eigentlichen Themen von „The Bell Curve".

---

14 Herrnstein, Richard J./Murray, Charles: The Bell Curve: Intelligence and Class Structure in American Life. New York 1994. Die Kommentare zur überlegenen jüdischen Intelligenz finden sich auf S. 275.
15 Zu den allgemeinen Fragen von „Rasse" und/oder „Intelligenz" vor und nach The Bell Curve siehe Nisbett, Richard E.: Intelligence and How To Get It: Why Schools and Cultures Count. New York 2010; Montagu, Ashley: Race and IQ. New York 1999; Gilman, Sander: Smart Jews: The Construction of the Image of Jewish Superior Intelligence. Lincoln 1996; Kincheloe, Joe L./ Steinberg, Shirley R./Gresson, Aaron David (Hrsg.): Measured Lies: The Bell Curve Examined. New York 1996; Fischer, Claude S.: Inequality by Design: Cracking The Bell Curve Myth. Princeton 1996; Jacoby, Russell/Glauberman, Naomi/Herrnstein, Richard J. (Hrsg.): The Bell Curve Debate: History, Documents, Opinions. New York 1995; Fraser, Steve: The Bell Curve Wars: Race, Intelligence and the Future of America. New York 1995; Albert, Robert S. (Hrsg.): Genius and Eminence. Oxford, 1992; Pearson, Roger: Race, Intelligence and Bias in Academy. Washington D.C. 1991; Mensh, Elaine/Mensh, Harry: The IQ Mythology: Class, Race, Gender, And Inequality. Carbondale, Ill. 1991; Quitzow, Wilhelm: Intelligenz, Erbe oder Umwelt? Wissenschaftliche und politische Kontroversen seit der Jahrhundertwende. Stuttgart: 1990; Chapman, Paul Davis: Schools as Sorters: Lewis M. Terman, Applied Psychology, and the Intelligence Testing Movement, 1890–1930. New York 1988; Fancher, Raymond E.: The Intelligence Men: Makers of the I. Q. Controversy. New York 1985; Lewontin, R. C./Rose, Steven/Kamin, Leon J.: Not in Our Genes: Biology, Ideology, and Human Nature. New York 1984, S. 83–130; Gould, Stephen Jay: The Mismeasure of Man. New York 1981; Schiff, Michel/Lewontin, Richard u.a.: Education and Class: The Irrelevance of IQ Genetic Studies. Oxford 1986; Evans, Brian: IQ and Mental Testing: An Unnatural Science and its Social History. London 1981; Gersh, David Andrew: The Development And Use Of I. Q. Tests In the United States From 1900–1930. Diss. State University of New York at Stony Brook. Thesis, 1981; Kamin, Leon J.: The Science and Politics of I. Q. Potomac, Md.: L. Erlbaum Associates New York 1974; Weinland, Thomas Pogue: A History of the I. Q. in America, 1890–1941. Dissertation, Columbia University 1970.

Die „Glockenkurve"

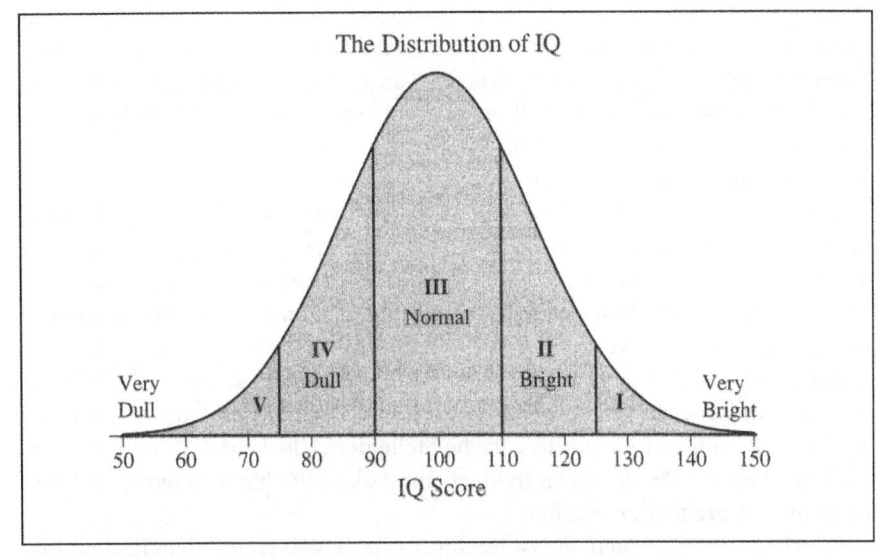

**The Distribution of IQ**

Very Dull — V — IV Dull — III Normal — II Bright — I — Very Bright

IQ Score: 50 60 70 80 90 100 110 120 130 140 150

Quelle: Herrnstein, Richard J./Murray, Charles: The Bell Curve. New York, 1994. S. 121.

Die statistische Verteilung von Messintelligenz innerhalb einer Bevölkerung wird als Glockenkurve („Bell Curve") dargestellt. Am Anfang sind die geringsten Intelligenzquotienten zu verzeichnen und die Linie ist noch flach. Bis zum Durchschnitts-IQ steigt sie an, um dann abzusinken und am Ende wieder flach auszulaufen. Die flachen Stellen bestimmen die Fragestellung, weil bei solchen Untersuchungen (dem Beispiel des Pathologischen in der Medizin folgend) fälschlicherweise angenommen wird, dass nur die extreme Abweichung Einsicht in das Normale biete. Es ist faszinierend zu sehen, dass die höchste Stelle der Kurve, dort, wo die „normale Mitte", also die durchschnittliche Intelligenz und die Moral zu Hause sind, in der Analyse meist keine Rolle spielt.

Nur vor dem Hintergrund des politischen Klimas in Amerika Mitte der 1990er Jahre lässt sich nachvollziehen, warum Herrnstein und Murray so viel Aufmerksamkeit erregen konnten, indem sie das Schreckensbild einer verfestigten Unterschicht (aus Afroamerikanern) an die Wand malten, die durch hohe Fertilität, geringe Intelligenz und eine Anhäufung degenerierter soziopathischer Gene gekennzeichnet ist und die Straßen der großen amerikanischen Städte unsicher macht. „Hohe Intelligenz bietet Menschen, die ansonsten gefährdet sind, auch einen gewissen Schutz gegen das Abrutschen in die Kriminalität", behaupteten Herrnstein und Murray (S. 235). Dieser Denkfigur zufolge sind Kriminelle dumm und Dumme kriminell. Diese ahistorische Konstruktion lässt die komplexe Deutung der Beziehung zwischen „Intelligenz" (wie auch immer diese definiert wird) und Verbrechen (wie auch immer dieses definiert wird) außer Acht.[16] Zeitgenössischen Darstellungen zufolge war das im New Yorker Bezirk Manhatten gelegene Viertel „Hell's Kitchen" in den 1860er Jahren bevölkert mit primitiven Iren, die die Straßen unsicher machten. Auch sie wurden buchstäblich als eigene „Rasse" gesehen und bezichtigt, unangenehm viele Nachkommen zu zeugen. Das rassische Merkmal einer geringeren Intelligenz zeigte sich angeblich an ihrer affenartigen Stirn und ihrer Sattelnase. Solche rassistischen Mythen gehören mindestens seit Mitte des 18. Jahrhunderts zum Standardrepertoire, wenn westliche Wissenschaftler versuchten, die Furcht einer etablierten Gesellschaft vor den Ursachen sozialer Instabilität zu zerstreuen: Identifiziere deinen Feind und du kannst deine Angst kontrollieren! Dementsprechend war die Fokussierung auf die vordere flache Stelle der „Glockenkurve" ein Versuch, die Ursachen der Furcht vor individuellem Risiko mit einem stereotypen Erklärungsmuster greifbar zu machen.

Doch was ist mit jenen, die zu intelligent sind? Was ist mit dem flachen Ausläufer am anderen Ende der Glockenkurve? Herrnstein und Murray widmen der angeblich intelligentesten Gruppe – den „aschkenasischen Juden europäischer Herkunft", die „bei Tests besser abschneiden als jede andere ethnische Gruppe" – nur eine Buchseite. Angesichts der ideologischen Prämissen des Buches wäre folgender Zusammenhang zu erwarten: je höher die Intelligenz, desto größer der Schutz gegen das Abrutschen in die Kriminalität und desto höher die Moralität der Gruppe.

„Jews in America and Britain have an overall IQ mean somewhere between a half and a full standard deviation above the mean, with the source of the difference concentrated in the verbal component", schreiben Herrnstein und Murray (S. 275). Doch solche Testergebnisse sind für die Autoren noch nicht ausreichend, um die überlegene Intelligenz der Juden begründen zu können; sie ziehen weitere Daten heran: „analyses of occupational and scientific attainment by Jews, which constantly show their disproportionate level of success, usually by orders of magnitude, in various inventories of scientific and artistic achievement". Daran ist bemerkenswert, dass solche Thesen die Identifizierung und Messbarkeit von Moral implizieren – und dass durch solch plumpe Analogien die Moral der Juden gleichermaßen aufs Höchste gelobt und infrage gestellt wird. Beides

---

16  Siehe Pope, Carl E.: Race and Crime Revisited. In: Crime and Delinquency 25. 1979, S. 347–57.

sind Varianten desselben Märchens, das den Juden als Gruppe eine überlegene Intelligenz andichtet.

Diese Zwiespältigkeit wurde zuletzt nochmals deutlich durch die Arbeit von Kevin MacDonald, des selbsternannten „evolutionären Psychologen und ... Erforschers jüdisch-nichtjüdischer Beziehungen", der beim Thema „jüdische Intelligenz" Sarrazins wichtigste Quelle ist. MacDonald ist Psychologie-Professor an der California State University in Long Beach und Verfasser einer Trilogie über jüdische Fortpflanzungsstrategien.[17] Seine eigentümliche Argumentation geht so: „As indicated by the summaries of my books, my training as an evolutionist as well as the evidence compiled by historians leads me to conceptualize Judaism as self-interested groups whose interests often conflict with segments of the gentile community. Anti-Jewish attitudes and behavior have been a pervasive feature of the Jewish experience since the beginnings of the Diaspora well over 2000 years ago."[18] In den Augen MacDonalds ist das Judentum weniger eine Religion als vielmehr eine evolutionäre Gruppenstrategie mit eugenischer Stoßrichtung: „ The basic proposal is that Judaism can be interpreted as a set of ideological structures and behaviors that have resulted in the following features: (1) the segregation of the Jewish gene pool from surrounding gentile societies; (2) resource and reproductive competition with gentile host societies; (3) high levels of within-group cooperation and altruism among Jews; and (4) eugenic efforts directed at producing high intelligence, high investment parenting, and commitment to group, rather than individual, goals." Die intellektuelle Verteidigung des Judentums wie auch die jüdischen Theorien über die Ursachen des Antisemitismus sollen laut MacDonald „beim Erhalt des Judentums als evolutionäre Gruppenstrategie eine entscheidende Rolle gespielt" haben.

Sarrazin ist nicht weit von dieser Argumentation entfernt (S. 96 f), wenn er die deutsch-jüdischen Ursprünge der Intelligenzforschung betont und dabei auf den Hamburger Psychologen Wilhelm Stern verweist, der vor den Nazis wegen seiner „jüdischen Herkunft" fliehen musste. Abgesehen davon, dass die ersten Intelligenztests in Frankreich durchgeführt wurden und es zudem eine eigenständige Entwicklung der Intelligenzforschung in den USA gab: Sie wurde als jüdische Erfindung ausgegeben und damit der Kritik (auch dem Vorwurf des Antisemitismus) enthoben. Wenn die Juden einen Standpunkt verträten, so die

---

17 MacDonald, Kevin: A People That Shall Dwell Alone: Judaism as a Group Evolutionary Strategy. Westport 1994; Separation and Its Discontents: Toward an Evolutionary Theory of Anti-Semitism. Westport 1998; The Culture of Critique: An Evolutionary Analysis of Jewish Involvement in Twentieth-Century Intellectual and Political Movements. Westport 1998.
18 http://www.fpp.co.uk/Legal/Penguin/experts/MacDonald/report1.html

Argumentation von MacDonald und in der Folge von Sarrazin, dann musste dieser wohl richtig sein, denn die Juden seien doch aufgrund ihrer eugenischen Orientierung über die Maßen intelligent. Gleichzeitig scheint aber gerade die unterstellte Überlegenheit der Intelligenz als Beweis für eine „genetische Verschwörung" der Juden aufgefasst zu werden.

Die Ansichten von MacDonald entspringen dem biologischen Antisemitismus des 19. Jahrhunderts – allerdings verpackt in die Rhetorik einer mit grob vereinfachenden genetischen Modellen arbeitenden Evolutionsbiologie. Derlei evolutionistische und genetische Phantasiegeschichten stützen sich in hohem Maße auf die Definition ihrer Bestandteile. Seriöse Wissenschaft prüft und überprüft ihre Hypothesen und Folgerungen, so dass sie nicht in Vorurteilen erstarrt. MacDonalds Arbeit, wie die seiner Vorgänger, halten einer Überprüfung nicht stand.

Die Wiederbelebung klassischer Rassenideologie – nun im Namen der Evolutionsbiologie – führt zu sehr seltsamen politischen Partner- und Nachbarschaften. MacDonald trat am 31. Januar 2000 als alleiniger „wissenschaftlicher" Zeuge für David Irving in der berüchtigten Gerichtsverhandlung „Irving gegen Penguin Books Ltd und Deborah Lipstadt" auf. Irving hatte die amerikanische Historikerin Deborah Lipstadt der üblen Nachrede beschuldigt, weil sie ihn in ihrem 1993 erschienenen Buch „Denying the Holocaust" einen „Holocaust-Leugner" genannt hatte. Der Richter Justin Gray fasste das Ergebnis der Verhandlung folgendermaßen zusammen:

> „Irving has for his own ideological reasons persistently and deliberately misrepresented and manipulated historical evidence; that for the same reasons he has portrayed Hitler in an unwarrantedly favourable light, principally in relation to his attitude towards and responsibility for the treatment of the Jews; that he is an active Holocaust denier; that he is anti-Semitic and racist, and that he associates with right-wing extremists who promote neo-Nazism." (Irving gegen Lipstadt 2000, Paragraf 13.167)

Irving und infolgedessen auch MacDonald wurden also von einem britischen Gericht zu Antisemiten erklärt. Zum selben Ergebnis kann man auch kommen, wenn man die Stellungnahme MacDonalds zu neueren Sarrazin-Kritiken auf einer Website liest, die „weißer Identität, weißen Interessen und weißer Kultur" zugetan ist: „No need to discuss the fact that Jewish genetic commonality discovered by (Jewish) population geneticists can only be explained ultimately by the fact that the Jews have always had a race mania."[19] Die Idee, die Juden hätten

---

19  http://theoccidentalobserver.net/tooblog/?p=3309.

einen Rassenwahn, will die jüdische Intelligenz offenbar im Bereich des Pathologischen ansiedeln.

Das Gerede von der genetisch determinierten jüdischen „Identität" verstummte auch nicht nach der Zurückweisung von MacDonalds „Beweisen" durch ein Gericht. Im Jahr 2006 sorgten Gregory Cochran, Jason Hardy und Henry Harpending – allesamt Anthropologen an der Utah-University – für einigen Aufruhr mit einer Studie, in der sie behaupteten, dass die „überlegene" Intelligenz der Juden das Ergebnis von selektiver „Inzucht" sei. In ihrer Arbeit „Natural History of Ashkenazi Intelligence" schreiben sie, dass jüdische Intelligenz lediglich ein ausgleichender genetischer Effekt sei, der in direktem Zusammenhang mit genetisch bedingten „jüdischen" Krankheiten wie Tay-Sachs, Morbus Gaucher oder Fanconi Anämie stehe. So schreiben die Autoren: „... perhaps most of the characteristic Ashkenazi genetic diseases fall into this category. Selection has imposed a heavy human cost: not crippling at the population level, cheaper than the malaria-defense mutations like sickle cell and G6PD deficiency, but tragic nonetheless."[20] Hier findet eine Weiterentwicklung der biologistischen Paradigmen statt, die von MacDonald mitgetragen werden: Jeder brillante Jude ist gleichzeitig ein schwächlicher Jude, dessen Leben eher geistig als körperlich gehaltvoll ist.

Der Genetiker Robert Pollack von der Columbia Universität widerspricht der Vorstellung, genetische Einflüsse auf Eigenschaften wie Intelligenz seien auf wissenschaftliche Weise erfassbar: „Für alle Eigenschaften einer Person, die wir als interessant wahrnehmen, wie Intelligenz, Liebenswürdigkeit, musikalisches Können, Anstößigkeit, gilt: Soweit sie einen genetischen Bestandteil haben, sind tausende oder sogar zehntausende von Genen involviert. Es ist uns derzeit nicht möglich, das zu ermitteln."

Etwas derart Vages und Flüchtiges wie „Intelligenz" liefert nur dürftige Belege für eine genetische Weitergabe von Eigenschaften. Pollack sagt: „Die erstaunliche Blütezeit jüdischer Geistesleistungen in diesem Jahrhundert könnte sich als herbstlicher Überfluss der Farben entpuppen, gefolgt von einem langen, fahlen Winter. Und in 50 Jahren werden die Juden nicht fähiger sein als jeder andere. Die jiddische Redewendung ‚a Yid miz zich mitchen' (ein Jude muss sich abmühen) war immer ein ironischer, wenn auch sinnfälliger Kommentar zur Situation der Juden. Im Nachhinein könnte die Redewendung als geheimes jüdisches Erfolgsrezept aufgefasst werden."[21]

---

20 Cochran, G./Hardy, J./Harpending, H.: Natural History of Ashkenazi Intelligence. In: Journal of Biosocial Science 38. 2006, S. 659–693.
21 Rabinovich, Abraham: Farewell to Jewish gene-ius. In: *The Jerusalem Post*, 30.11.1998: 6.

Aus alldem ergibt sich: Thilo Sarrazins Äußerungen sind ein Aufguss älterer, längst diskreditierter Mythen einer biologisch homogenen jüdischen Identität, angeblich belegt durch den überdurchschnittlichen jüdischen IQ. Wie schon bei den ideologischen Vorläufern werden „Juden" auch hier gegen Gruppen ausgespielt, die als biologisch weniger erfolgreich angesehen werden. Doch wenn es um den empirischen Nachweis von Intelligenz geht, werden auch bei Sarrazin individuelle Ausnahmeleistungen herangezogen, obwohl diese für genetische Erklärungsmuster völlig ungeeignet sind – beispielsweise Nobelpreis-Gewinner und Geigenvirtuosen, die als jüdisch bezeichnet werden oder die ihrem Selbstverständnis nach jüdisch sind. Diese persönlichen Leistungen könnten sehr wohl eine Lern- und Leistungskultur von Individuen widerspiegeln, die sich in einer besonderen Diaspora-Situation befinden. Albert Einstein hat vor langer Zeit angemerkt: „Wenn sich meine Relativitätstheorie als erfolgreich erweist, wird Deutschland einen Anspruch auf mich erheben, und Frankreich wird behaupten, dass ich ein Weltbürger sei. Sollte meine Theorie sich als falsch erweisen, wird Frankreich mich für deutsch erklären, und Deutschland wird sagen, ich sei Jude."

Kategorien wie „jüdische Nobelpreis-Gewinner" spielen eine Rolle in Zeiten, in denen die Gruppe sich mit außergewöhnlichen Leistungen identifizieren muss, um Unterstellungen über angeborene Unterschiede und angebliche Minderwertigkeit zu begegnen. Die Bedeutung solcher Leistungen nimmt in dem Maße ab, indem der Druck nachlässt, als Mitglied einer identifizierbaren Gruppe zu reüssieren, und die Gruppe ihrerseits keine „Helden" mehr braucht. Wäre dem nicht so, könnte der derzeit zu beobachtende rasante Rückgang von Bewerbern mit jüdischem Selbstverständnis, die in Amerika ein Medizinstudium anstreben, bedeuten, dass die Juden Gottes Gnade verloren haben. Und dafür werden sie vielleicht weniger „krank", aber aufgrund sinkender Intelligenz „anfälliger für das Verbrechen".

Die Wahrheit ist: Personen, die sich selbst als Juden definieren, passen immer genauer in das Profil der amerikanischen Mittelklasse. Sie wählen ihren Beruf aufgrund ihrer mittelständischen Zugehörigkeit und nicht aufgrund der elterlichen Wünsche. Die „neuen Juden" sind derzeit die Asian-Americans, eine gleichermaßen erfundene Kategorie. Sie bevölkern die Medical Schools aufgrund des sozialen Drucks, der ein Medizinstudium als besten Weg zum Erfolg in der amerikanischen Diaspora erscheinen lässt.

Es ist die Angst vor der muslimischen Immigration, die Sarrazins Argumentation in Bezug auf die Juden prägt. Ironischerweise könnte die nächste

Generation deutscher Genies sehr wohl aus Gruppen hervorgehen, die sich marginalisiert fühlen, wie dies auch bei den Juden im 19. Jahrhundert der Fall war. Das eigentlich Traurige daran ist, dass Sarrazin im deutschen Kontext die Juden als Erfolgsbeispiel instrumentalisiert – und damit den Zeitpunkt markiert, von dem an der Holocaust in Bezug auf Minderheitenfragen im öffentlichen Bewusstsein (mit Ausnahme der wenigen deutschen Juden) keine Rolle mehr spielt. So, wie die „muslimischen Migranten" für Sarrazin zu dumm sind, um Bürger zu werden, waren den Nazis die Juden zu schlau, um Bürger zu bleiben. So schließt sich der Kreis.

**Literatur**

Albert, Robert S. (Hrsg): Genius and Eminence. Oxford 1992.
(anonym): The Economist, 12.4.2006, S. 80.
Bray, S. M. u. a.: Signatures of founder effects, admixture, and selection in the Ashkenazi Jewish population. Proc Natl Acad Sci USA. 26.8 2010 [elektronische Vorabveröffentlichung]: Dempsey, Judy: Comments by German on Minorities are Criticized. In: The New York Times, 29.8.2010.
Cochran, G./Hardy, J,/Harpending H.: Natural History of Ashkenazi Intelligence. In: Journal of Biosocial Science, 38, 2006, S. 659–693.
Chapman, Paul Davis: Schools as Sorters: Lewis M. Terman, Applied Psychology, and the Intelligence Testin Movement, 1890–1930. New York 1988.
Egorova, Yulia: DNA evidence? The Impact of Genetic research on Historical Debates. In: BioSocieties 5, 2010, 3, 348–365.
Evans, Brian: IQ and Mental Testing: An unnatural Science and its Social History. London, New York 1981.
Fancher, Raymond E.: The Intelligence Men: Makers of the I.Q. Controversy. New York 1985.
Feuer, Lewis S.: Scientific Intellectual: The Psychological and Sociological Origins of Modern Science. New York 1963.
Feuer, Lewis S.: The Sociological Theory of Jewish Intellectual Achievement. In: Maier, Joseph B./Waxman Chaim I. (Hrsg.): Ethnicity, Identity, and History: Essays in Memory of Werner J. Cahnman. New Brunswick 1983, S. 93–125.
Fischer, Claude F.: Inequality by Design: Cracking the Bell Curve Myth. Princeton 1996.
Fraser, Steve: The Bell Curve Wars: Race, Intelligence, and the Future of America. New York 1995.
Gilman, Sander: Smart Jews: The Construction of the Image of Jewish Superior Intelligence. Lincoln 1996.
Gersh, David Andrew: The Development And Use Of I.Q. Tests In the United States From 1900–1930. Diss. New York 1981.
Gould, Steven J.: The Mismeasure of Man. New York 1981.

Haldane, J. B. S.: Heredity and Politics. London 1938.
Hammer, Michael u. a.: Response. In: Human Genetics. 2009, 126(5), 725–26, DOI: 10.1007/s00439-009-0747-1
Hammer, Michael/Behar Doron M./Karafet, Tatjana M./Mendez, Fernando L./Hallmark, Brian/Erez,Tamar/Zhivotovsky, Saharon Rosset/Skorecke,Karl: Extended Y chromosome haplotypes resolve multiple and unique lineages of the Jewish priesthood. In: Human Genetics. 2009, doi: 10.1007/s00439-009-0772-5.
Herrnstein, Richard J./Murray, Charles: The Bell Curve: Intelligence and Class Structure in American Life. New York 1994.
Jacoby, Russell/Glauberman, Naomi/Herrnstein, Richard S. (Hrsg.): The Bell Curve Debate: History, Documents, Opinions. New York 1995.
Jorde, Lynn B./Wooding,Stephen P.: Genetic Variation, Classification and ‚Race'. In: Nature Genetics 36, 2004, S28-S33.
Kamin, Leon J.: The Science and Politics of I. Q. Potomac, Md: L. Erlbaum Associates. New York 1974.
Kincheloe, Joe L./Steinberg, Shirley R./Gresson, Aaron David (Hrsg.): Measured Lies: The Bell Curve Examined. New York 1996.
Klyosov, Anatole: Comment on the paper: Extended Y Chromosome haplotypes resolve multiple and unique lineages of the Jewish priesthood. In: Human Genetics. 2009, 126(5), 719-724, DOI:10.1007/s00439-009-0739-1.
Lewontin, R. C./Rose, Steven/Kamin, Leon J.: Not in Our Genes: Biology, Ideology, and Human Nature. New York 1981. S. 83–130.
MacDonald, Kevin: A People That Shall Dwell Alone: Judaism as a Group Evolutionary Strategy. Westport 1994; Separation and its Discontents: Toward an Evolutionary Theory of Anti-Semitism. Westport 1998; The Culture of Critique: An Evolutionary Analysis of Jewish Involvement in The Twentieth-Century Intellectual and Political Movements. Westport 1998.
Mensh, Elaine/Mensh, Harry: The IQ Mythology: Class, Race, gender, and Inequality. Carbondale 1991.
Montagu, Ashley: Race and IQ. New York 1999.
Nisbett, Richard E.: Intelligence and How to Get It: Why Schools and Cultures Count. New York 2010.
Pearson, Roger: Race, Intelligence and Bias in America. Washington D.C. 1991.
Pope, Carl E.: Race and Crime revisited. In: Crime and Delinquency 25. 1979, S. 347–57.
Quitzow, Wilhelm: Intelligenz, Erbe oder Umwelt? Wissenschaftliche und politische Kontroversen seit der Jahrhundertwende. Stuttgart 1990.
Rabinovich, Abraham: Farewell to Jewish gene-ius. In: The Jerusalem Post, 30. 11. 1998, S. 6.
Sarrazin, Thilo: Deutschland schafft sich ab. München 2010.
Schiff, Michel/Lewontin, Richard u. a.: Education and Class: The Irrelevance of IQ Genetic Studies. Oxford 1986.
Staum, Martin S.: Labeling People: French Scholars on Society, Race and Empire 1815–1848. Montreal, Kingston 2003.
Weinland, Thomas Pogue: A History of the I. Q. in America, 1890–1941. Diss. Columbia University 1970.

Wiener, Norbert: Ex-Prodigy: My Childhood and Youth. New York 1953.
Van den Haag, Ernest: The Jewish Mystique. New York 1969 (zweite Auflage).
http://www.fpp.co.uk/Legal/Penguin/experts/MacDonald/report1.html
http://theoccidentalobserver.net/tooblog/?p=3309

# Vom Versuch, die Ungleichwertigkeit von Menschen zu beweisen

*Leonie Knebel/Pit Marquardt*

Ein Blick in die Wissenschaftsgeschichte zeigt, dass die Intelligenzforschung schon immer eine offene Flanke zur Eugenik hatte. Viele prominente Intelligenzforscher unterhielten Kontakte zu Rechtsradikalen. Intelligenztests wurden systematisch benutzt, um soziale Unterschiede zu biologisieren und Rassismus zu rechtfertigen – mit Hilfe einfacher Zirkelschlüsse und Korrelationen, die als Kausalität ausgegeben wurden. Die massiven methodischen Probleme dieses Forschungszweiges wurden oft beschrieben. Sie beginnen bereits mit der Frage, ob eine so schwer fassbare Eigenschaft wie Intelligenz überhaupt „wissenschaftlich" gemessen werden kann.

In der Sarrazin-Debatte möchte anscheinend jeder auf der Seite der Wissenschaft stehen, besonders wenn es um die Intelligenz-Thesen geht. Thilo Sarrazin behauptet: „Unter seriösen Wissenschaftlern besteht heute zudem kein Zweifel mehr, dass die menschliche Intelligenz zu 50 bis 80 Prozent erblich ist. Der Umstand, dass bei unterschiedlicher Fruchtbarkeit von Bevölkerungsgruppen unterschiedlicher Intelligenz eugenische und dysgenische Effekte auftreten können, wird daher nicht mehr grundsätzlich bestritten."[1] Als Belege für den ersten Satz führt er ein Übersichtsbuch des Marburger Hochbegabtenforschers Detlef Rost und einen Sammelband der beiden Intelligenzforscher Elsbeth Stern und Jürgen Guthke an.[2]

Die zitierte Elsbeth Stern distanzierte sich prompt in der *Zeit*: Sarrazin habe „Grundlegendes über Erblichkeit und Intelligenz nicht verstanden". Deshalb müsse man auch viele seiner Folgerungen infrage stellen,[3] beispielsweise seine Verdummungs-Prognose. Zur gegenteiligen Einschätzung kommen Heiner Rindermann und Detlef Rost fünf Tage später in der *Frankfurter Allgemeinen*

---

1 Sarrazin, Thilo: Deutschland schafft sich ab. Wie wir unser Land aufs Spiel setzen. München 2010 (10. Auflage), S. 93.
2 Stern, Elsbeth/Guthke, Jürgen: Perspektiven der Intelligenzforschung. Lengerich 2001.
3 Stern, Elsbeth: Sarrazin-Debatte Was heißt hier erblich? Die Intelligenzforscherin Elsbeth Stern widerspricht der Verdummungsthese. 02.09.2010. URL: www.zeit.de/2010/36/Intelligenz-Sarrazin. Stand: 18.09.2011.

*Zeitung:* Das Buch sei eine Art bürgerliche Kampfschrift und seine „Thesen sind, was die psychologischen Aspekte betrifft, im Großen und Ganzen mit dem Kenntnisstand der modernen psychologischen Forschung vereinbar."[4] Rindermann und Rost räumen zwar ein, dass die Messintelligenz im 20. Jahrhundert kontinuierlich angestiegen sei, weisen aber auch darauf hin, dass verschiedene Forscher wie Richard Lynn und Gerhard Meisenberg[5] (ebenso wie Sarrazin) eine Intelligenzabnahme für die Zukunft berechnet hätten.

Die Aussage, Intelligenz sei zur Hälfte genetisch bedingt, „ist absoluter Unsinn"[6], befand der Entwicklungspsychologe Werner Greve im Interview in der *Frankfurter Rundschau*. Auf *Spiegel Online* schrieb ein Wissenschaftsjournalist ebenfalls gegen „Die Mär von der vererbten Dummheit" und konstatierte, Forscher hätten den Streit längst entschieden[7] – und zwar zu Ungunsten von Sarrazins Thesen. Der Hirnforscher Gerhard Roth wiederum behauptete in *GEOkompakt* unter Berufung auf „Studien an eineiigen Zwillingen", dass die Intelligenz eines Menschen zu etwa 50 Prozent angeboren sei und fügte an: „Auf diesen Wert kommen alle Experten, gleich welchen ideologischen Lagers."[8] Wer hat denn nun recht? Spiegelt die mediale Meinung, die tendenziell gegen Sarrazin gerichtet war, tatsächlich die Sicht der meisten Expertinnen und Experten der Intelligenzforschung wider?

In der Psychologie besitzt die Intelligenzforschung eine besondere Stellung mit einer der längsten Forschungstraditionen, die bis ins 19. Jahrhundert zurückreicht. Ihre Messinstrumente, die Tests, gelten als qualitativ besonders hochwertig, und ihre Anwendung hat große gesellschaftliche Relevanz, zum Beispiel bei der Diagnostik in der Schule und bei der Personalauswahl in der Wirtschaft.

Zahlreiche Intelligenzforscher und -forscherinnen beschrieben 1994 die „Mainstream Science on Intelligence"[9] und verteidigten das Buch „The Bell

---

4   Rindermann, Heiner/Rost, Detlef: Intelligenz von Menschen und Ethnien. Was ist dran an Sarrazins Thesen? 07. 09. 2010. URL: www.faz.net/artikel/C30512/intelligenz-von-menschen-und-ethnien-was-ist-dran-an-sarrazins-thesen-30306026.html. Stand: 18. 09. 2011
5   Meisenberg und Lynn, den Sarrazin als Quelle angibt, sind zwei der vier Herausgeber der eugenisch-rassistischen Zeitschrift „The Mankind Quarterly".
6   Greve, Werner: „Absoluter Unsinn" – Der Psychologe Werner Greve spricht im Interview über die Intelligenz-These von Thilo Sarrazin. 31. 08. 2010. URL: www.fr-online.de/panorama/psychologe-ueber-sarrazin--absoluter-unsinn-,1472782,4601682.html Stand: 18. 09. 2011.
7   Blech, Jörg: Fakten zu Sarrazins Thesen. Die Mär von der vererbten Dummheit. 30. 08. 2010. URL: www.spiegel.de/wissenschaft/mensch/0,1518,714558,00.html Stand: 18. 09. 2011.
8   Roth, Gerhard: Gene und Erziehung. Interview in: *GEOkompakt*, 28/2011, S. 62.
9   Gottfredson, Linda: Mainstream Science on Intelligence: An Editorial with 52 Signatories, History, and Bibliography, 13. 12. 1994. Nachdruck in: Intelligence, 1/1997, S. 13–23.

Curve"[10] (in dem ähnliche Thesen wie bei Sarrazin vertreten werden) gegen die angeblich unfaire Kritik der US-Medien. Kritische Intelligenzforscher wie Robert Sternberg und James Flynn bilden eine kleine Minderheit in der scientific community und den Fachjournalen.

Die meisten Kritiker kommen selbst nicht aus der psychologischen Intelligenzforschung: Pierre Bourdieu war Soziologe, Michael Billig ist Sozialwissenschaftler, James Flynn ursprünglich Politologe, Stephen Gould war Paläontologe und – wie Richard Lewontin und Steven Rose – Biologe. Leon Kamin, William Tucker und Klaus Holzkamp sind beziehungsweise waren zwar Psychologen, aber keine Intelligenzforscher. Eine Ausnahme bildet der Psychologe Robert Sternberg, der eine eigene Intelligenztheorie entwickelte und vor allem die Vorstellung von Intelligenz als einheitliches Konzept kritisiert. Auch Flynn hat auf dem Gebiet der Intelligenz geforscht und mit einer Re-Analyse umfangreicher Intelligenztestdaten die Spekulation über den IQ-Abfall in den westlichen Ländern für das 20. Jahrhundert widerlegt.

Die Frage ist nun, warum Journalisten und Wissenschaftler aufgrund der gleichen „Faktenlage" zu diametral entgegengesetzten Aussagen und Schlussfolgerungen kommen können. Wollen die einen die „Wahrheit" über die natürliche Ungleichheit der Menschen aus „ideologischen Gründen" nicht akzeptieren? Nutzen die anderen Statistik und Psychologie zur Rechtfertigung von Klassengesellschaft und Rassismus?[11] Diese Fragen wollen wir im Folgenden beantworten.[12]

In der Allgemeinen Psychologie gab es früher radikale Umwelttheoretiker wie John Watson und Frederic Skinner.[13] Von diesen grenzen sich die Erblichkeitstheoretiker bis heute ab und konstruieren eine scharfe Anlage-versus-Umwelt-Dichotomie. Außerdem stammen die Erblichkeitstheoretiker häufig aus dem Bereich der Differentiellen Psychologie, deren Aufgabe die Erforschung von individuellen und Gruppenunterschieden ist. Würden sie keine finden, wären

---

10 Herrnstein, Richard J./Murray, Charles: The Bell Curve. Intelligence and Class Structure in American Life. New York 1994.
11 „… der Rassismus der Intelligenz ist die charakteristische Form der Soziodizee einer herrschenden Klasse, deren Macht zum Teil auf dem Besitz von Titeln wie den Bildungstitel beruht …" (Bourdieu, Pierre: Soziologische Fragen. Frankfurt/M. 1993, S. 252.)
12 Wir konzentrieren uns auf die Hauptströmung der akademisch-psychologischen Intelligenzforschung, wie wir sie im Psychologiestudium an der Universität Marburg in Differentieller Psychologie (Prof. Gerhard Stemmler) und in der Pädagogischen Psychologie (Prof. Detlef Rost) kennengelernt haben.
13 Umwelt- und Erblichkeitsdeterminismus schließen einander allerdings normalerweise nicht aus.

sie überflüssig, da alle Fragen nach grundsätzlichen Gesetzen, die für alle Menschen gelten, in den Aufgabenbereich der Allgemeinen Psychologie fallen. Dies ist allerdings ein Diskurs innerhalb der naturwissenschaftlichen Psychologie.

Die meisten Kritiker der Intelligenzforschung argumentierten eher sozialwissenschaftlich, sie vertreten weder einen Gen- oder Umweltdeterminismus[14] noch eine Kombination aus beiden – und sprengen damit den Rahmen der statistisch-experimentellen Psychologie selbst. Holzkamp widerspricht beispielsweise der Vorstellung von einer genetisch bedingten „Obergrenze" der individuellen Lern- und Entwicklungsfähigkeit. Menschen besäßen vielmehr aufgrund ihrer phylogenetischen Entwicklung eine nur ihnen zukommende genetische Potenz, die sie zur lernenden Aneignung gesellschaftlich kumulierter Erfahrungen befähige.[15] Da der gesellschaftliche Entwicklungsprozess nicht abgeschlossen ist, kann auch keine endgültige individuelle Entwicklungsobergrenze festgelegt werden.

Kamin kommt zwar zu dem Schluss: „There exist no data which should lead a prudent man to accept the hypothesis that I. Q. test scores are in any degree heritable".[16] Damit vertritt er aber keine reine Umwelttheorie, sondern zeigt nur, dass die Erblichkeitshypothese empirisch schlecht fundiert ist. Inwieweit Intelligenzunterschiede erblich sind, hält er für eine offene wissenschaftliche Frage.[17]

Bourdieu hingegen schlägt vor, sich gar nicht erst auf die Diskussion „Erbe oder Umwelt" einzulassen; man solle „statt zu versuchen, diese Frage wissenschaftlich zu klären, lieber ... den Versuch machen, die sozialen Bedingungen des Auftretens einer solchen Fragestellung und des mit ihr eingeführten Klassenrassismus zu analysieren."[18]

Dass sich der Streit um Sarrazins Thesen allein auf empirisch-psychologischer Ebene lösen lässt, erscheint uns in der Tat zweifelhaft, weil seit über hundert Jahren die Daten vollkommen unterschiedlich gedeutet werden. Deshalb orientieren wir uns zunächst an Bourdieus Empfehlung, die sozialen Bedingungen der Intelligenztestentwicklung und ihre gesellschaftliche Funktion zu analysieren. Im zweiten Teil beschäftigen wir uns mit immanenten methodisch-statistischen Problemen der Intelligenzforschung, um nachvollziehbar zu

---

14 Vgl. Lewontin, Richard C./Rose, Steven/Kamin, Leon J.: Die Gene sind es nicht ... Biologie, Ideologie und menschliche Natur. Weinheim 1988.
15 Vgl. Holzkamp, Klaus: Hochbegabung. Wissenschaftlich verantwortbares Konzept oder Alltagsvorstellung? In: Schriften I. Hamburg 1997, S. 56 f.
16 Kamin, Leon J.: The science and politics of I. Q. Maryland 1974, S. 1.
17 Ebd., S. 30.
18 Bourdieu 1993, S. 254.

machen, warum die empirischen Ergebnisse der Intelligenzforschung so unterschiedlich interpretiert werden können.

### Warum Intelligenztests entwickelt wurden

Die moderne Intelligenzforschung wird in Psychologielehrbüchern mit zwei Namen in Verbindung gebracht: mit Francis Galton und Alfred Binet. Galton führte statistische Methoden in die Psychologie ein, interessierte sich für die Ursache von Persönlichkeits- und Begabungsunterschieden, schlug zur Klärung der Erbe-Umwelt-Frage schon Zwillingsstudien vor und begründete die einflussreiche „Londoner Schule individueller Differenzen". Binet entwickelte den ersten Intelligenztest für Kinder im Auftrag des französischen Bildungsministeriums und gilt mit seinem deutschen Kollegen William Stern als Pionier in der Differentiellen Psychologie.

Interessanterweise war Galton bereits 1865 – also 40 Jahre, bevor der erste Test entstand – von der Messbarkeit und Erblichkeit geistiger Fähigkeiten überzeugt: „Ich glaube, dass Talent in einem sehr bemerkenswerten Maße durch Vererbung weitergegeben wird."[19] Diese Überzeugung versuchte Galton (ein Cousin Charles Darwins), in dem Buch „Hereditary Genius" anhand von Stammbaumanalysen berühmter Persönlichkeiten zu belegen.[20] Dass berühmte Persönlichkeiten häufig Verwandte hatten, die ebenfalls berühmt waren, nahm Galton als Beweis für die Erblichkeit von Talent oder Intelligenz, obwohl das Bestehen von Familiendynastien ebenso gut mit soziokultureller „Vererbung" (im Sinne einer Weitergabe von sozialem, kulturellem und nicht zuletzt ökonomischem Kapital) erklärt werden könnte.

Der logische Fehlschluss, von Berühmtheit oder gesellschaftlichem Erfolg auf natürliche Begabung oder Intelligenz zu schließen, durchzieht die gesamte Intelligenzforschung und wird später zu einem Zirkelschluss erweitert: Die (gemessene) Intelligenz bestimme den Erfolg und die Stellung des Einzelnen in der Gesellschaft. Vergessen wird dabei, dass Intelligenztests so konstruiert werden, dass sie Schulerfolg und beruflichen Erfolg vorhersagen. Vorhersagevalidität ist ein wichtiges Gütekriterium für psychologische Tests. Wenn sie dies nicht erfül-

---

19 Eigene Übersetzung: Galton, Francis. Hereditary Talent and Character. Macmillan's Magazine, 12/1865, S. 157.
20 Galton, Francis: Hereditary Genius: An Inquiry into its Laws and Consequences. Amherst, NY 2006.

len, verfehlen sie ihren intendierten Zweck und werden früher oder später als unbrauchbar verworfen. Deshalb konnten sich Galtons und Cattells Versuche, Intelligenz durch sinnesphysiologische Messungen und Reaktionszeiten[21] zu erfassen, auch nicht durchsetzen. Das Problem des Zirkelschlusses bei IQ-Tests ist selbstverständlich theoretisch bekannt, aber es wird in Lehrbüchern zum Thema praktisch nicht behandelt oder problematisiert.

Der französische Psychologe Alfred Binet und seine Kollegen standen vor der Aufgabe, einen praktikablen Test zu entwickeln, der Schulversagen frühzeitig feststellt, um Kinder einer Förderschule zuzuweisen. Dabei bediente er sich eines bunten Gemischs aus alltagsnahen Aufgaben, die im Schulkontext damals relevant waren. Die alte Methode der Kopfumfangmessung hatte sich als ungenau und kaum aussagekräftig erwiesen.[22] Der neue Binet-Simon-Test (im Folgenden kurz Binet-Test) umfasste verschiedenste Aufgaben, wie zum Beispiel: links und rechts unterscheiden (ab 6 Jahren), einen einfachen Knoten binden (ab 7 Jahren), rückwärts von 20 bis 0 zählen (ab 8 Jahren) oder zufällig angeordnete Wörter in einen sinnvollen Satz bringen (ab 11 Jahren). Wenn die Aufgaben für ein bestimmtes Alter mehrheitlich gelöst werden, entspricht das „Intelligenzalter" dem Lebensalter. Auf dieser Grundlage sind Aussagen möglich wie „Der Schüler hat die Intelligenz eines 6-Jährigen (obwohl er schon 8 Jahre alt ist)". Der deutsche Psychologe William Stern entwickelte daraus 1912 den Intelligenzquotienten, bei dem das Intelligenzalter durch das Lebensalter geteilt wird. Der Binet-Test wurde von Henry Goddard schon 1908 für die USA übersetzt und von Lewis Terman 1916 zum Stanford-Binet-Test weiterentwickelt.

Terman ging (wie Galton) davon aus, dass Intelligenz in der Bevölkerung wie körperliche Merkmale normalverteilt ist. Das heißt: Es gibt wenige extreme und viele durchschnittliche Ausprägungen. Auch den heutigen Tests liegt dieses Prinzip zugrunde, weshalb vom Abweichungs-IQ gesprochen wird – ein Begriff, den der klinische und Militär-Psychologe David Wechsler 1939 einführte. Der IQ-Wert gibt die Abweichung vom Durchschnitt an. Für jede Altersgruppe gibt es eine entsprechende Altersnorm. Wenn eine 11-Jährige und eine 18-Jährige beide einen mittleren IQ-Wert von 100 haben, bedeutet das nicht, dass sie über das gleiche „Intelligenzniveau" verfügen, sondern nur, dass beide im Verhältnis zu Gleichaltrigen ein durchschnittliches „Intelligenzniveau" haben. Es handelt sich demnach um einen relativen und keinen absoluten Wert. Der Wechsler-

---

21 Vgl. Amelang, Manfred/Bartussek, Dieter/Stemmler, Gerhard/Hagemann, Dirk: Differentielle Psychologie und Persönlichkeitsforschung. Stuttgart 2006 (6. Auflage), S. 29 f.
22 Gould, Stephen J.: Der falsch vermessende Mensch. Basel u. a. 1983, S. 157 ff.

Intelligenztest wurde seit 1936 mehrmals revidiert und neu normiert und ist einer der am meisten eingesetzten Intelligenztests.

Diese Art von Tests wurde um die Jahrhundertwende erst für Kinder entwickelt und kurze Zeit später bei Erwachsenen eingesetzt, etwa zur Diagnose „angeborenen Schwachsinns", um über Zwangssterilisationen zu entscheiden, wie auch zur Rekrutenauswahl beim US-amerikanischen Militär. Um diese Nutzung zu verstehen, muss die politische, ökonomische und kulturelle Situation im Übergang zum 20. Jahrhundert skizziert und die aufkommende eugenische Bewegung berücksichtigt werden. Bourdieu machte darauf aufmerksam, dass das Auftauchen von Intelligenztests damit zusammenhing, dass „dank der Schulpflicht Schüler in das Schulsystem kamen, mit denen dieses Schulsystem nichts anzufangen wusste …".[23] So wuchs das Bedürfnis, ein Instrument zur Selektion an die Hand zu bekommen. Diese Funktion hatten die ersten Tests jedenfalls in Frankreich, den USA, Deutschland und anderen europäischen Ländern. Auch wenn es nicht überall eine allgemeine Schulpflicht gab, gingen doch immer mehr Kinder verschiedener Schichten in die Schule.

Der alte Konkurrenzkapitalismus war im Zuge der Großen Depression zwischen 1873 und 1896 zum organisierten Kapitalismus übergegangen. Es entstanden große Monopole (Trusts, Konzerne etc.), die aufgrund ihrer erweiterten produktiven Kapazitäten über die gesättigten Märkte im nationalstaatlichen Rahmen hinausdrängten und die staatliche Politik in diesem Sinne beeinflussten. Im Rahmen des sich ungleich, krisenhaft und unter den Bedingungen der wachsenden internationalen Konkurrenz entwickelnden Kapitalismus kam dem Staat nun die Funktion zu, die Interessen der nun nationalstaatlich organisierten Monopole und (wenigstens in Deutschland) der junkerlichen Großgrundbesitzer international durch protektionistische Maßnahmen, Ausbau der Militärkapazitäten und Kolonienerwerb zu verteidigen. Der neue Staatsinterventionismus und die Entwicklung der sozial- und bevölkerungspolitischen Tätigkeit des Staates war dementsprechend zweischneidig: Einerseits reagierte er präventiv auf den Aufstieg der zur Massenbewegung entwickelten sozialistischen Arbeiterbewegung, andererseits dienten Schul-, Normalarbeitstag- und Fabrikgesetzgebung auch den Notwendigkeiten der zwischenimperialistischen Konfrontation. Denn eine gesunde Bevölkerung – insbesondere gesunde/seuchenfreie Soldaten – waren eine Voraussetzung für die Kriegsfähigkeit, in den sich seit Mitte der 1890er Jahren zunehmend abzeichnenden Weltkriege.[24]

---

23  Bourdieu 1993, S. 254 f.
24  Vgl. Deppe, Frank/Salomon, David/Solty, Ingar: Imperialismus. Köln 2011, S. 27 ff.

Stefan Kühl[25] weist darauf hin, dass gleichzeitig mit der Zunahme von Staatsinterventionen und -regulierungen (gegenüber dem Laissez-faire-Kapitalismus) die Eugenik mit ihren Forderungen nach einer Regulierung der Fortpflanzung und künstlichen Selektion an Einfluss gewann. Hatte der Sozialdarwinismus noch die freie Konkurrenz und den individuellen „Kampf ums Dasein"[26] propagiert, bot zum Übergang ins 20. Jahrhundert die eugenische Bewegung eine quasi-biologische Erklärung für die Verelendung breiter Massen an: Die Eugeniker gingen davon aus, dass in den Industriestaaten das Selektionsprinzip durch eine verbesserte medizinische Versorgung und Sozialpolitik außer Kraft gesetzt sei, was eine überproportionale Vermehrung von „minderwertigen" Bevölkerungsgruppen zur Folge habe.

Galton forderte schon 1865 in seinem Artikel zur Erblichkeit der Intelligenz gezielte Eingriffe in die menschliche Evolution. Es gelte, die uneingeschränkte Vermehrung des Erbguts derjenigen zu verhindern, die ernstlich von Idiotie, Schwachsinn, Gewohnheitskriminalität und Armut befallen seien[27], schrieb er später in seiner Autobiografie. So sollte die drängende soziale Frage biologisch gelöst werden.

Der Mensch wurde im Zuge des Ersten Weltkriegs zunehmend als „Rohstoff"[28] (heute Humankapital) angesehen. Mehrere Autoren merken allerdings an, dass die eugenische Bewegung anfangs zum Teil auch kapitalismuskritisch war[29] und beispielsweise moderne Kriege ablehnte, weil eine dysgenische Wirkung befürchtet wurde. So waren beispielsweise in der 1907 gegründeten englischen „Eugenics Education Society" zahlreiche Sozialreformer und einige Liberale wie John M. Keynes organisiert. Ein besonders kurioses Beispiel für die Widersprüchlichkeit der frühen eugenischen Bewegung stellt der statistische Mathematiker Karl Pearson dar. Er bezeichnete sich 1887 als „evolutionären Sozialisten",[30] der zwar den Klassenkampf ablehnte, aber für die kompensatori-

---

25 Kühl, Stefan: Die Internationale der Rassisten. Aufstieg und Niedergang der internationalen Bewegung für Eugenik und Rassenhygiene im 20. Jahrhundert. Frankfurt, New York 1997, S. 20 f.
26 Der Begriff stammt ursprünglich von Thomas Malthus, Charles Darwin wandte ihn auf die belebte Natur an und Sozialdarwinisten übertrugen ihn zurück in die Gesellschaft (vgl. Engels, Friedrich: Dialektik der Natur. In: Marx-Engels-Werke, Bd. 20. Ost-Berlin 1962, S. 565.)
27 Vgl. Galton, Francis: Memories of my life. London 1908, S. 311.
28 Holzkamp 1997, S. 55.
29 Weingart, Peter/Kroll, Jürgen/Bayertz, Kurt: Rasse, Blut und Gene. Geschichte der Eugenik und Rassenhygiene in Deutschland, Frankfurt/M. 1988, S. 105.
30 Vgl. Pearson, Karl: Socialism in theory and practice. London 1887 (2. edition), S. 2; vgl. auch ebd., S. 22 und S. 30.

sche Verstaatlichung des Landes und Kapitals eintrat. In späteren politischen Schriften verschwindet allerdings der sozialistische Tenor zugunsten eines ausgeprägten Nationalismus. 1900 schrieb er unter Einfluss des Burenkriegs: „There is a struggle of race against race and of nation against nation",[31] und befürwortete im Namen der Eugenik koloniale Kriege zur Auslöschung „minderwertiger Rassen"[32]. Die Interpretation, Pearsons Einstellung sei national und sozialistisch ergo nationalsozialistisch[33] gewesen, ist allerdings deshalb nicht überzeugend, weil es sich eher um einen damals durchaus verbreiteten politischen Einstellungswandel vom bürgerlichen Sozialreformer zum Imperialisten handelte.[34] Die sozialistische Utopie wird dabei durch eine eugenische ersetzt: In einer Biographie über Galton schreibt Pearson, Demokratie und Fortschritt seien unmöglich, nur die Einsicht, dass der Mensch den Menschen wie ein domestiziertes Tier züchten müsse, könne die Menschheit befreien. Dies sei Galtons Meinung gewesen.[35] Es war vermutlich auch seine eigene, da Galton in ihm seinen Nachfolger sah und Pearson auf Galtons Wunsch 1911 auf den Lehrstuhl für Nationale Eugenik berufen wurde.

Die neue psychologische Disziplin war stark vom Empirismus beeinflusst. 1879 entstand unter Leitung von Wilhelm Wundt das erste experimentalpsychologische Labor in Leipzig, das als Geburtsstunde der akademischen Psychologie gilt. Als Prototyp des Wissenschaftlers seiner Zeit maß, kategorisierte und berechnete auch Galton die verschiedensten Dinge. Er war überzeugt, der Charakter sei „a definite und durable something"[36] – und dementsprechend nach positivistischem Verständnis auch messbar. Er war auf zahlreichen Gebieten wie der Meteorologie, der Statistik, der Verhaltensgenetik und der Psychologie[37] ein Pionier. Am folgenschwersten waren seine Ideen zur Eugenik – ein Begriff, der auf ihn zurückgeht.

Im Unterschied zu Galton vertraten andere bekannte Psychologen wie Wundt, Stern und Binet keine eugenischen Ansichten. Binet hegte offenbar eine gewisse Skepsis gegenüber der Idee, man könne Intelligenz messen und intellektuelle

---

31 Pearson, Karl: National life from the standpoint of science. London 1905 (2. edition), S. 36.
32 Ebd. S. 23.
33 Semmel, Bernhard: Karl Pearson. Socialist and Darwinist. In: The British Journal of Sociology, 2/1958, S. 113.
34 Vgl. Deppe/Salomon/Solty 2011, S. 32 f.
35 Vgl. Pearson, Karl: The Life, Letters and Labours of Francis Galton. Cambridge 1914.
36 Galton, Francis: Measurement of character. Fortnightly Review, 36/1884, S. 181.
37 Vgl. Francis Galton (1822–1911) British Psychologist. 2007. URL: www.indiana.edu/~intell/galton.shtml Stand: 05.10.2011.

Fähigkeiten auf eine Zahl reduzieren; den „Pessimismus" der Unveränderlichkeit der Intelligenz teilte er nicht.[38] Stern sah die massenhafte Testanwendung kritisch, setzte sich für eine Einheitsschule ein und war von der hohen Erblichkeit und Unveränderlichkeit der Intelligenz genauso wenig überzeugt wie Binet.[39] Umgekehrt ist die Überzeugung, Intelligenz exakt als eine angeborene und unveränderliche Größe messen zu können, Grundlage der eugenischen Intelligenzforschung, die sich vor allem in England und in den USA durchsetzen konnte. Die dazugehörige Intelligenztheorie – die „g-Faktor"-Theorie – entwickelte Charles Spearman am Londoner University College.

**Im Geburtsland der statistischen Intelligenztheorie und der Eugenik**

Das Galton Institute, die frühere „Eugenics (Education) Society" in England, repräsentiert die Tradition der „Londoner Schule" in der Differentiellen Psychologie, zu dessen Gründervätern der Offizier, Statistiker und Professor für Psychologie Charles Spearman gehört.[40] Spearmans Theorie der allgemeinen Intelligenz (general intelligence[41] oder kurz „g") geht davon aus, dass alle intellektuellen Leistungen durch eine mentale Energie bestimmt werden. Er hoffte, dass damit „die lange fehlende wahrhaft wissenschaftliche Grundlage der Psychologie endlich geliefert worden sei, sodass sie den ihr gebührenden Platz neben den anderen fest begründeten Wissenschaften einnehmen kann, ja sogar neben der Physik."[42] Diese Theorie wird bis heute gegen multifaktorielle Theorien der Intelligenz (zum Beispiel Gardeners und Sternbergs Intelligenztheorien) verteidigt. Der Vorteil ist die Reduktion aller intellektuellen Leistungen auf eine Zahl, wie sie von den meisten IQ-Tests angeboten wird. Spearmans Intelligenztheorie fußt auf der Tatsache, dass die Ergebnisse verschiedener Tests positiv miteinander korrelieren. Das bedeutet, dass eine Person mit gutem Mathematik-Testergebnis

---

38  Gould 1983, S. 162 ff.
39  Schmidt, Wilfred: William Stern (1871–1938) und Lewis Terman (1877–1956): Deutsche und amerikanische Intelligenz- und Begabungsforschung im Lichte ihrer andersartigen politischen und ideologischen Voraussetzungen. Psychologie und Geschichte. 1-2/1994, S. 3–25.
40  Jensen, Arthur: Charles Spearman: Founder of the London School. 2000. URL: www.galtoninstitute.org.uk/Newsletters/GINL0003/charles_spearman.htm Stand: 12.09.2011.
41  Spearman, Charles: „General intelligence", objectively determined and measured. In: American Journal of Psychology, 15/1904, 201–293. URL: www.psychclassics.yorku.ca/Spearman Stand: 14.09.2011.
42  Spearman, Charles E.: The nature of intelligence and the principles of cognition. London 1923, S. 355. zitiert nach Gould 1983, S. 290.

wahrscheinlich auch in einem Kreuzworträtseltest oder einem Finde-die-Unterschiede-Bildertest gut abschneiden wird. Rindermann[43] und Rost[44] vertreten die Ansicht, dass Schulleistungstests wie PISA eigentlich „g" beziehungsweise allgemeine Intelligenz messen.

Spearman soll 1912 vorgeschlagen haben, das Wahlrecht und das Recht auf Fortpflanzung in England von einem Mindest-IQ abhängig zu machen.[45] Ein Komitee der internationalen eugenischen Organisation, dem Spearman angehörte, bekam den Auftrag, Intelligenztests zu standardisieren, auch um angebliche Unterschiede in der Intelligenz zwischen Völkern oder „Rassen" nachzuweisen.[46] Diese Aufgabe erfüllten dann Spearmans Schüler John C. Raven und Raymond B. Cattell. Der Raven-Matrizentest (1936) wurde in der bekanntesten Erblichkeitsstudie zur Intelligenz, der Minnesota Twin Study, eingesetzt. Cattell entwickelte einen ähnlichen Test, den er Culture-*free*-Test (1940) nannte und der heute Culture-*fair*-Test (CFT) heißt. Außerdem verteidigte er Spearmans „g-Faktor"-Theorie gegen Kritiker wie Louis Thurstone, der sieben Intelligenzfaktoren entdeckt haben wollte, und entwickelte das einflussreiche hierarchische Cattell-Horn-Modell mit der Trennung zwischen *fluider* (angeborener) und *kristallisierter* (erlernter) Intelligenz.

Als Cattell 1997 die Goldmedaille der American Psychological Association (APA) für sein Lebenswerk erhalten sollte, wurden seine eugenischen Einstellungen publik gemacht[47], woraufhin die APA eine Untersuchungskommission zur Überprüfung der Vorwürfe einsetzte. Cattell lehnte die Auszeichnung ab und kam so einer Beurteilung zuvor.

Er wurde im Übrigen schon in der 1930er Jahren von ganz ähnlichen Sorgen geplagt wie Sarrazin heute, nämlich, dass die „Dummen" übermäßig viele Kinder bekämen.[48] Deshalb rief er 1937 zum „fight for our national intelligence" auf, damit England den eugenischen Konkurrenzkampf um die Qualität der eigenen Bevölkerung nicht verliere. Deutschland kam seiner Meinung nach das Verdienst zu, als erstes Land Rassenverbesserungsprogramme eingeführt zu ha-

---

43 Rindermann, Heiner: Was messen internationale Schulleistungsstudien? Schulleistungen, Schülerfähigkeiten, kognitive Fähigkeiten, Wissen oder allgemeine Intelligenz? In: Psychologische Rundschau, 57/2006, S. 69–86.
44 Vgl. Rost, Detlef H.: Interpretation und Bewertung pädagogisch-psychologischer Studien. Weinheim 2005.
45 Jensen 2000.
46 Vgl. Kühl 1994, S. 77.
47 Mehler, Barry: Beyondism: Raymond B. Cattell and the New Eugenics. 1997. URL: www.ferris.edu/isar/bios/Cattell/genetica.htm Stand: 15.09.2011
48 Cattell, Raymond B.: Is national intelligence declining? The Eugenic Review, 3/1936, S. 181.

ben.[49] Auch nach 1945 revidierte er seine Ansichten kaum. Er lobte Hitler für „full employment, family values, raising the standard of living, and countless other things, including the Volkswagen"[50] und sprach sich in einem Interview des „Eugenics Bulletin" gegen den Wohlfahrtsstaat mit seinen „dysgenischen" Konsequenzen aus: „Monetary advantages are given to those who have the most children. That is what one would like to see at the upper level, but instead it is being brought about at the lowest level."[51]

Spearmans Nachfolger im Psychologischen Institut war der seinerzeit renommierte Schulpsychologe und Intelligenzforscher Cyril Burt, der für eine frühzeitige Trennung der Schüler anhand von Intelligenztests plädierte.[52] Nach seinem Tod kam allerdings heraus, dass er seine vielzitierten Zwillingsstudien, die für eine extrem hohe Erblichkeit der Intelligenz sprachen, gefälscht hatte.[53] Hans Jürgen Eysenck promovierte bei Burt, und Arthur Jensen verbrachte in den 1950er Jahren einen Forschungsaufenthalt bei Eysenck. Beide verteidigten Burt und versuchten, sein Ansehen zu retten. Sie waren es auch, die nach 1945 die Debatte um die Erblichkeit von Gruppenunterschieden in der Intelligenz erneut angeheizt haben.

Eugenische Forderungen nach Geburtenkontrolle und Zwangssterilisation wurden im „Geburtsland" der Eugenik nie realisiert – anders als in den USA, wo schon 1907 das erste Sterilisationsgesetz im Bundesstaat Indiana erlassen wurde. In der Folge gab es in den meisten Bundesstaaten der USA wie auch in zahlreichen anderen Ländern solche Gesetze. Um die damit verbundene eugenische Politik zu verfolgen, müssen wir nun auch die Vorgänge in den USA einbeziehen.

**Blütezeit der IQ-Testungen und Eugenik**

Die eugenisch geprägte Intelligenzforschung beeinflusste zahlreiche Bereiche der Politik in den USA während der ersten Hälfte des 20. Jahrhunderts. Als Ers-

---

49 Cattell, Raymond B.: The fight for our national intelligence. London 1937, S. 141.
50 Cattell, Raymond B.: How good is your country? What you should know. Mankind Quarterly Monograph Series 5, Institute for the Study of Man 1994, S. 2; zitiert nach Mehler 1997.
51 Cattell, Ramond B.: Interview with Raymond B. Cattell. 1984. URL: www.eugenics.net/papers/eb7.html Stand: 13. 09. 2011
52 Vgl. Gould 1983, S. 324 f.
53 Vgl. Kamin 1974, S. 35 ff. und Hearnshaw, Leslie: *Cyril Burt: Psychologist,* Ithaca (NY) 1979.

tes wurden „Schwachsinnige" (feeble-minded)[54] mit Intelligenztests diagnostiziert. Hier war der Binet-Test-Übersetzer Henry Goddard Vorreiter, der selbst Direktor einer „School for Feeble-Minded" war und 1912 seine Studie über die Familie Kallikak publizierte, mit der er die Vererbung des Schwachsinns nachweisen wollte. Er war ein Verfechter der gesetzlichen Zwangssterilisation und trat außerdem dafür ein, Intelligenztests in allen Bereichen des öffentlichen Lebens einzusetzen. Zum Beispiel testete er schon 1912 Immigranten, die in die USA einreisen wollten, auf mentale Defekte – und kam unter anderem zu dem verblüffenden Ergebnis, dass 83 Prozent der Juden, 80 Prozent der Ungarn und 79 Prozent der Italiener schwachsinnig seien.[55]

Lewis Terman, der den Binet-Test zum Stanford-Binet-Test weiterentwickelte, wurde vor allem durch seine „Genetic Studies of Genius" bekannt, ein Projekt, das seit den 1920ern „Hochbegabte" begleitet. Als Mitglied der „Human Betterment Foundation" trat er ebenfalls für Zwangssterilisationen ein.

Zentral für die Testentwicklung wurden allerdings die von Robert Yerkes, dem damaligen Vorsitzenden des APA entwickelten Army Alpha- und Beta-Tests, die an fast zwei Millionen Soldaten während des Ersten Weltkriegs angewendet wurden: die größte Stichprobe in der Geschichte der Psychologie. Gleichzeitig wurde mit der Beta-Version der erste „sprachfreie" Test für Analphabeten eingerichtet. Carl Brigham vertrat 1923 in dem einflussreichen Buch „A study of American Intelligence" auf Grundlage der Armeedaten die Ansicht, die nordische Rasse sei der alpinen und mediterranen überlegen und warnte vor einem Niedergang der amerikanischen Intelligenz durch eine falsche Einwanderungspolitik.[56] Diese dysgenische Interpretation wurde vielfach übernommen und als Grundlage für das restriktive Einwanderungsgesetz von 1924 gegenüber Süd- und Osteuropäern herangezogen und zur Diskriminierung von afroamerikanischen US-Bürgern genutzt, weil neu eingewanderte Gruppen und Afroamerikaner häufig noch schlechtere Ergebnisse als die ohnehin schon schlecht abschneidenden anderen Soldaten erzielten.[57]

Nach der militärischen Massenanwendung schwappten die Tests in zivile Einrichtungen wie Schulen und Industriekonzerne. Unter ökonomischen Gesichtspunkten war es anscheinend relevant geworden, das geistige Leistungspotenzial der Bevölkerung zu messen, um es steigern zu können, sei es euge-

---

54 Ein ungenauer Sammelbegriff geistig sog. Zurückgebliebener, Lernbehinderter und psychisch Kranker; vgl. Gould 1983, S. 171 f.
55 Vgl. Kamin 1974, S. 16.
56 Ebd., S. 21.
57 Gould 1983, S. 216. vgl. auch S. 220 ff. zur Kritik der Armeetests.

nisch, sei es vermittels verbesserter Schulbildung. Die eugenischen Bewegungen waren insbesondere vor dem ersten Weltkrieg häufig international orientiert und auch übernational organisiert. Der gemeinsame Bezugspunkt war die „nordische" oder „weiße Rasse".[58] Diese Bewegung wurde allerdings durch die beiden Weltkriege stark beschädigt. Einige internationale Eugeniker wie Julian Huxley standen dem Nationalsozialismus kritisch gegenüber und lehnten seinen chauvinistischen Rassismus ab.[59]

Wenig bekannt ist, dass auch im faschistischen Deutschland eine Intelligenzprüfung zur Feststellung von „angeborenem Schwachsinn" als Grundlage für Zwangssterilisationen eingesetzt wurde.[60] Der Intelligenzprüfungsbogen (IPB) in der Ausführungsverordnung des Gesetzes zur Verhütung erbkranken Nachwuchses[61] funktioniert nach einem ähnlichen Prinzip und enthält teilweise die gleichen Aufgaben wie die ersten Binet-Tests[62] und die modernen Wechsler-Tests. Beispiele aus dem IPB: Welches Datum? Wie viele Monate – vor- und rückwärts? Satz aus drei Worten bilden: (Jäger – Hase – Feld). Warum und für wen spart man? Gleiche oder ähnliche Aufgaben aus dem Binet-Test: Welches Datum haben wir heute? Zähle die Monate auf! Aus drei Worten einen Satz bilden (Paris – Reichtum – Fluss). Warum ist es nötig, Geld zu sparen und nicht alles auszugeben?[63]

Die deutsche Intelligenzprüfung von 1934 enthält die folgenden acht Bereiche: Orientierung, Schulwissen, Allgemeines Lebenswissen, Spezielle Fragen aus dem Beruf, Geschichtserzählung und Sprichworterklärung, Sittliche Allgemeinvorstellungen, Gedächtnis/Merkfähigkeit und Verhalten während der Untersuchung. Nun könnte man sich fragen, was „Schulwissen" oder „Sittliche Allgemeinvorstellungen" mit Intelligenz zu tun haben. Fast die gleichen Kategorien finden sich allerdings auch im Hamburg-Wechsler-Intelligenztest für Kinder (HAWIK), der im Folgenden noch genauer beschrieben wird. „Allgemeines

---

58 Kühl 1997, S. 66.
59 Ebd., S. 146.
60 Die Behauptung, in Deutschland wären nach 1933 keine Intelligenztests zum Einsatz gekommen, ist falsch. (Weiss, Volkmar: Die IQ-Falle. Intelligenz, Sozialstruktur und Politik. Graz, Stuttart 2000, S. 27).
61 Gütt, Arthur/Rüdin, Ernst/Ruttke, Falk: Gesetz zur Verhütung erbkranken Nachwuchses vom 14. Juli 1933. Mit Auszug aus dem Gesetz gegen gefährliche Gewohnheitsverbrecher und über Maßregeln der Sicherung und Besserung vom 24. Nov. 1933. München 1934, S. 76 ff.
62 Auf die Binet-Simonsche Methode wird explizit verwiesen (ebd., S. 94).
63 Alle Aufgaben von Binet zitiert nach Stern, William/Wiegmann, Otto: Methodensammlung zur Intelligenzprüfung von Kindern und Jugendlichen. Hamburger Arbeiten zur Begabungsforschung. Beihefte zur Zeitschrift für angewandte Psychologie. Leipzig 1920, S. 11, 12, 170, 111.

Wissen" und „Rechnerisches Denken" im HAWIK entsprechen beispielsweise dem Schulwissen; „Allgemeines Verständnis" deckt sich mit den Sittlichen Allgemeinvorstellungen im IPB. Unterschiede zu heutigen IQ-Tests bestehen in der Kürze und den ausschließlich verbalen Aufgaben des IPB.

Das Gesetz zur Verhütung erbkranken Nachwuchses wurde in der sowjetischen Besatzungszone bereits 1946, in der Bundesrepublik offiziell erst 1974 aufgehoben. Bis heute wurden die Opfer der NS-Zwangssterilisation mit dem Hinweis auf ähnliche Gesetze in den USA und einigen europäischen Ländern nicht entschädigt.

### Intelligenzforschung und Eugenik nach 1945

Infolge der Verbrechen des Faschismus galten eugenische und rassistische Ideen nach 1945 zunächst als diskreditiert.[64] Der Oberste Gerichtshof in den USA erklärte in den 1950er Jahren die Rassentrennung an Schulen und Universitäten für unrechtmäßig. Als Begründung wurde die UNESCO-Resolution zur Rassenfrage angeführt, die die Gleichheit aller Menschen postuliert, und die auch von einigen Eugenikern wie Julian Huxley und Gunnar Myrdal unterschrieben wurde. Früher hoch angesehene US-Psychologen wie Henry Garrett und Frank McGurk büßten wegen ihres Engagements für die Segregation und gegen „Rassenmischung"[65] ihre Reputation unter Kollegen ein.

Als Reaktion gründeten sie mit anderen rassistischen Eugenikern 1959 die „International Association for the Advancement of Ethnology and Eugenics" (IAAEE). Diese Organisation wurde maßgeblich vom Pioneer Fund finanziert, der seit 1937 Rassenforschung unterstützt, mithin auch zahlreiche Forscher, die „Rassenunterschiede" beim IQ auf genetische Ursachen zurückführen (näheres hierzu im Beitrag von Claus-Peter Sesín).

Die zunehmende wissenschaftliche Isolierung veranlasste eine Gruppe von IAAEE-Mitgliedern 1961, „Mankind Quarterly" zu gründen, eine wissenschaftliche Fachzeitschrift, die Rassenforschung wieder rehabilitieren sollte.[66] Ähnliche Projekte gab es in Deutschland und Frankreich mit der Gründung der Zeitschrift „Neue Anthropologie" (herausgegeben von Jürgen Rieger) und

---

64 Kühl 1997, S. 175.
65 Vgl. Winston, Andrew S.: Science in the Service of the Far Right: Henry E. Garrett, the IAAEE, and the Liberty Lobby Issue. Journal of Social Issues, 1/1998, S. 179–210.
66 Vgl. URL: www.mankindquarterly.org/about.html Stand: 20.09.2011.

„Nouvelle Ecole" (herausgegeben vom Wortführer der „Neuen Rechten", Alain de Benoist).[67] Die vom Pioneer Fund geförderten Wissenschaftler unterschrieben geschlossen das Mainstream-Science-Manifest zur Verteidigung des Buches „The Bell Curve"[68] und gehörten teilweise dem redaktionellen Beirat der psychologischen Fachzeitschrift „Intelligence" an. Obwohl wieder im akademischen Mainstream angekommen, pflegen viele von ihnen weiterhin Kontakte zu rechtsradikalen Gruppen und Zeitschriften – wie beispielsweise Jensen, Lynn und Rushton zur „American Renaissance"[69], einem rassistischen Blatt, das seit 1990 erscheint.

Dass die psychologische Rassenforschung in den Nachkriegsjahren zunächst keinen Anklang mehr fand, hatte auch mit dem wirtschaftlichen Aufschwung der Nachkriegsjahre und der damit verbundenen Vorstellung zu tun, das soziale Elend könne durch sozial- und entwicklungspolitische Maßnahmen gemildert oder überwunden werden. Dies änderte sich jedoch Ende der sechziger Jahre, als sich eine Gegenbewegung zum neuen Egalitarismus formierte und Richard Nixon an die Macht kam. In den USA richtete sich diese anti-egalitäre Strömung insbesondere gegen die schwarze Bürgerrechtsbewegung. Rechte US-Intelligenzforscher kritisierten unter anderem die *Affirmative Action,* ein Quotenprogramm, das die historische Benachteiligung von Minderheiten kompensieren sollte.

Hundert Jahre nach Erscheinen von Galtons berühmtem Werk „Hereditary Genius" trat Arthur Jensen, Professor für Pädagogische Psychologie an der renommierten Berkeley University, 1969 erneut mit der Erblichkeitsthese an die Öffentlichkeit, indem er den kompensatorischen Erziehungsprogrammen Ineffektivität bescheinigte und mutmaßte, der Intelligenzunterschied zwischen Afroamerikanern und europäischen Amerikanern sei teilweise erblich bedingt. In seinem Aufsatz „How much can we boost intelligence and scholastic achievement?" beruft er sich noch auf die mit falschen Daten gestützten Erblichkeitsschätzungen von Cyril Burt. Jensens Schlussfolgerungen kamen denjenigen gerade recht, denen die „Gleichmacherei" zu weit ging und die Kosten für so-

---

67 Zu diesen drei Zeitschriften siehe Billig, Michael: Die Rassistische Internationale. Frankfurt/M. 1981, S. 95 ff.
68 U. a. Thomas Bouchard, Hans Jürgen Eysenck, Lloyd Humphreys, Robert Gordon, Linda Gottfredson, Garrett Hardin, Arthur Jensen, Richard Lynn, Travis Osborne, Philippe Rushton, Audrey Shuey, Philip Vernon vgl. URL: www.pioneerfund.org/Grantees.html Stand: 20. 09. 2011.
69 Vgl. A Conversation with Arthur Jensen, 8/1992. URL: www.amren.com/ar/1992/08/ Stand: 20. 09. 2011; sowie Tucker, William: The Funding of Scientific Racism. Wickliffe Draper and the Pioneer Fund. Urban (IL) 2002, S. 182.

ziale Projekte und Einrichtungen zu hoch erschienen. Der Artikel stieß zwar auf starke Kritik von Studierenden, Kollegen und der Öffentlichkeit. Auch musste er eingestehen, dass die Faktenlage seine Behauptungen nicht stützte. Doch er hatte erreicht, dass dieses Thema wieder in die wissenschaftlichen und politischen Diskussionen Einzug hielt.[70]

Unterstützung bekam Jensen von seinem alten Mentor aus London, Hans Jürgen Eysenck, der die gemeinsamen Positionen zu Vererbung, Intelligenz und Ungleichheit in zwei populärwissenschaftlichen Büchern verteidigte; diese erschienen 1975 auch in Deutschland. Eysenck schrieb über seinen Freund Jensen: „Auch er sah keinen Weg mehr für die Beweisführung, nach der Umwelteinflüsse allein für die schlechten Ergebnisse der Neger in Intelligenztests die Verantwortung trugen."[71] Er berief sich auf seinen Status als Wissenschaftler, der die Probleme „nüchtern durchdenkt" und „vom wissenschaftlichen Standpunkt aus betrachtet",[72] und folgerte: „Ich bin also kein ‚Rassist', weil ich es für möglich halte, dass Neger ein angeborenes Talent für gewisse athletische Disziplinen, wie den Kurzstreckenlauf, oder für manche musikalische Ausdrucksformen haben. ... Ich bin auch deshalb kein ‚Rassist', weil ich ernsthaft die Möglichkeit ins Auge fasse, dass die erwiesene Unterlegenheit der amerikanischen Neger bei Intelligenztests teilweise auf genetische Ursachen zurückzuführen ist. Ich wäre aber ein Rassist, wenn ich nicht sehr ernsthaft und vorurteilslos alle vorgebrachten Alternativhypothesen berücksichtigte, um die Tatsachen zu deuten, oder wenn ich aus den Forschungsergebnissen die Folgerung zöge, dass Rassentrennung gerechtfertigt sei. Es ist sehr wichtig, diese beiden Auffassungen zu trennen: Tatsachen sind etwas anderes als Meinungen."[73]

Dass der Euphemismus von dem „angeborenen Talent" für „manche musikalischen Ausdrucksformen" zum Standardrepertoire rassistischer Äußerungen gehört, müsste Eysenck eigentlich bekannt gewesen sein und war vielleicht als Witz gedacht. Dem Anspruch, alle Alternativhypothesen „ernsthaft und vorurteilslos" zu berücksichtigen, wurde er nicht gerecht, weil er wenig später Beweise für die Erblichkeit der Intelligenz aufzählt, die gar keine sind: „Mehrere Studien" hätten bewiesen, „dass von den Söhnen derselben Familie (d. h. sie finden Vor-

---

70 Vgl. u. a. Rushton, J. Philippe/Jensen, Arthur R.: The rise and fall of the Flynn Effect as a reason to expect a narrowing of the Black–White IQ gap. In: Intelligence, 38/2010, S. 213–219.
71 Eysenck, Hans Jürgen: Die Ungleichheit der Menschen. Ist Intelligenz erlernbar? München 1975b, S. 13.
72 Eysenck, Hans Jürgen: Vererbung, Intelligenz und Erziehung. Zur Kritik der pädagogischen Milieutheorie. Stuttgart 1975 a, S. 8.
73 Ebd., S. 11.

und Nachteile einer sehr ähnlichen Umwelt vor) der Begabtere in der sozialen Rangordnung aufsteigt, während der Unbegabte versagt."[74] Da er gar nicht wissen kann, wer der „genetisch Begabtere" ist, setzt Eysenck einfach voraus, dass es der „genetisch Begabtere" sei, der aufsteigt, und will damit just diese Hypothese beweisen. Dass es sich hier um einen ähnlichen Zirkelschluss handelt wie bei Galtons erblichen Genies, dürfte klar sein – und auch, dass mögliche Alternativhypothesen nicht beachtet wurden.

Zudem stützte sich Eysenck auf zweifelhafte Autoritäten, um seine Thesen glaubhaft zu machen: „Es gibt in der Wissenschaft niemals die Garantie, dass man mit seinen Schlussfolgerungen recht hat, aber die günstigen Kommentare von Experten wie Sir Cyril Burt und C. D. Darlington über das Buch geben den Lesern die Gewähr, dass zumindest keine offensichtlichen Fehler darin sind."[75]

Diese Experten nahmen es mit Fakten offenbar selbst nicht so genau: Burt wurde kurz darauf der Datenfälschung überführt, und der zweite Garant für die Qualität von Eysencks Aussagen, der Biologe und Genetiker Cyril D. Darlington, gehört zu jenen alten Eugenikern, die sich für das Verbot von Rassenmischungen einsetzten und ebenso wie Arthur Jensen im wissenschaftlichen Beirat der vom NPD-Anwalt Jürgen Rieger herausgegebenen „Neuen Anthropologie" saß.

Eysenck selbst war Mitglied des wissenschaftlichen Beirats der Zeitschrift „Mankind Quarterly", welche die Rassentrennung in den USA befürwortete, was auch nach Eysencks eigenen Maßstäben als rassistisch einzustufen wäre. Auch fragt man sich, warum er Artikel für die „Deutsche National-Zeitung" schrieb und mit führenden Rechtsradikalen wie Armin Mohler, Alain de Benoist und Pierre Krebs ein Buch verfasste,[76] wenn er nicht eine gewisse politische Neigung in diese Richtung gehabt hätte.[77]

Obwohl diese Fakten bekannt sind, gehört die Verbindung der Intelligenzforschung zu Eugenik, Rassismus und Rechtsradikalismus nicht zum Allgemeinwissen von Psychologen. Es ist ein Thema, das in den einschlägigen Lehrbüchern und in den Vorlesungen und Seminaren ausgespart bleibt.

Die These von der genetisch bedingten Minderintelligenz von Sozialhilfeempfängern, Migranten und anderen Randgruppen wurde in den letzten Jahren immer wieder – zuletzt von Sarrazin – wiederholt. Dass Intelligenzforscher und Publizisten, die solche Thesen vertreten, auch im Kontext politischer Strömun-

---

74 Ebd, S. 21
75 Eysenck, 1975b, S. 14.
76 Eysenck, Hans J.: Vorwort. In: Krebs. Pierre (Hrsg.): Das unvergängliche Erbe. Alternativen zum Prinzip Gleichheit. Tübingen 1981, S. 9–12.
77 Vgl. auch Billig 1981.

gen zu sehen sind, sollte deutlich geworden sein. Im zweiten Teil werden nun die Objektivität und Wissenschaftlichkeit ihrer Instrumente und Methoden – der IQ-Tests und Erblichkeitsschätzungen – selbst unter die Lupe genommen.

**Der Teufel im Detail**

Die dysgenische Argumentation geht in drei Schritten vor:

1. Es existiert eine wie auch immer geartete Persönlichkeitseigenschaft namens Intelligenz, die größtenteils erblich ist.
2. Verschiedene Gruppen von Menschen unterscheiden sich in ihren Erbanlagen in Bezug auf Intelligenz systematisch: Manche Gruppen (zum Beispiel Afroamerikaner und sozial Schwache) verfügen über weniger günstige genetische Voraussetzungen und befinden sich aufgrund ihrer angeborenen Defizite am unteren Ende der gesellschaftlichen Hierarchie.
3. Da Intelligenz erblich ist und „genetisch minderwertige" Gruppen mehr Nachwuchs zeugen, nimmt die Menge „schlechter Gene" in der Gesellschaft zu, was letztlich zu einem „Verfall des Genpools" und einem genetisch bedingten Verlust der wirtschaftlichen Wettbewerbsfähigkeit oder Ähnlichem führt.

Will man mit Hilfe eines Intelligenz-Tests[78] diese Argumentation untermauern, so müssen drei Voraussetzungen erfüllt sein:

1. Es muss ein Test existieren, der es ermöglicht, die Intelligenz in Form möglichst *einer einzigen Maßzahl* zu erfassen. Nur wenn diese Voraussetzung erfüllt ist, kann man glaubwürdig eine Rangreihe aufstellen und Gruppenunterschiede konstatieren.
2. Da Minoritäten völlig anderen und in der Regel schlechteren Umweltbedingungen ausgesetzt sind,[79] könnte man argumentieren, dass der Test einfach die *Folgen* dieser Benachteiligung abbildet. Die dysgenische Argumentation

---

78 Im Folgenden wird häufig vom „IQ" im Gegensatz zur „Intelligenz" sowie vom „IQ-Test" im Gegensatz zum „Intelligenztest" gesprochen. Damit soll deutlich gemacht werden, dass wir an der weitverbreiteten Annahme zweifeln, dass IQ-Tests eine Eigenschaft namens Intelligenz zu messen in der Lage sind. Darüber hinaus nehmen wir bezüglich der Existenz dieser Eigenschaft eine agnostische Position ein.
79 OECD: PISA 2009, Ergebnisse: Zusammenfassung. 2010, S. 10 f.

basiert indessen auf der Behauptung, dass die Intelligenz *Ursache* der gesellschaftlichen Benachteiligung sei. Der Testwert darf daher nicht substanziell durch Umweltbedingungen beeinflusst sein.
3. Es muss ein Verfahren geben, welches es ermöglicht, mit Hilfe des beschriebenen Tests die genetische Bedingtheit der Intelligenz zu beweisen.

Im Folgenden ist zu zeigen, dass keine dieser drei Voraussetzungen erfüllt wird.

### Was hat ein IQ-Test mit Intelligenz zu tun?

Physikalische Größen wie die Menge einer bestimmten Flüssigkeit, die Länge eines Bretts oder das Gewicht eines Steins kann man erfassen, mit einer zuvor festgelegten Einheit vergleichen und ihnen dadurch einen Zahlenwert zuordnen, kurz: Man kann sie messen. In der Psychologie stößt ein derartiges Vorhaben jedoch schnell auf Probleme.[80] Zum einen kann man eine Persönlichkeitseigenschaft wie die Intelligenz nicht direkt beobachten, sondern kann lediglich Verhaltensbeobachtungen als Indikatoren heranziehen, um von diesen auf Intelligenz zu schließen. Zum anderen fehlt eine Vergleichseinheit, um diese Eigenschaft zu quantifizieren. Dennoch rühmt sich die Intelligenzforschung, das Problem der Messung in der Psychologie für sich gelöst zu haben.

Worauf gründet dieser Optimismus? Wirft man einen Blick in die Literatur zum Thema, stellt man schnell fest, dass es beinahe so viele Definitionen von Intelligenz gibt wie Intelligenzforscher. Jedoch lässt sich ein gewisser Konsens herauslesen: Intelligenz sei die Fähigkeit, sich in neuen Situationen aufgrund von Einsichten zurechtzufinden beziehungsweise die Fähigkeit, Aufgaben mit Hilfe des Denkens zu lösen, wobei nicht auf eine bereits vorliegende Lösungsstrategie zurückgegriffen werden kann, sondern diese erst aus der Erfassung von Beziehungen abgeleitet werden muss.[81] Weiterhin wird Intelligenz als die Fähigkeit gesehen, schnell und effizient neue Informationen aufnehmen zu können. Zu-

---

80 Darüber, ob Messung im eigentlichen Sinne in der Psychologie überhaupt möglich ist, gehen die Meinungen auseinander; für eine kritische Position siehe Schönemann, Peter H.: Measurement: The Reasonable Ineffectiveness of Mathematics in the Social Sciences. In: Borg, I./ Mohler, P. (Hrsg.): Trends and Perspectives in Empirical Social Research. Berlin und New York 1994, S. 149–160. Im Folgenden soll der Einfachheit halber dennoch der Begriff „Messung" verwendet werden.
81 Neubauer, Aljoscha/Stern, Elsbeth: Lernen macht intelligent. München 2009, S. 14.

sammengefasst: Intelligenz ist die Fähigkeit zum Lernen und schlussfolgernden Denken (i. S. des Lösens bislang unbekannter Probleme).

Aus dieser Definition ergibt sich eine scheinbar einleuchtende Möglichkeit, die Güte eines IQ-Tests zu überprüfen: Mittels des Testergebnisses sollte man in Situationen, in denen es auf schlussfolgerndes Denken und Lernfähigkeit ankommt, die Leistung von Personen vorhersagen können. Das zu diesem Zwecke am häufigsten gewählte Kriterium ist die Schulleistung, ausgedrückt in Noten. Und tatsächlich ist die sogenannte prognostische Validität von IQ-Tests in Bezug auf die Schulleistung das Hauptargument, welches Psychometriker für die Verfahren anführen können: Die Korrelationen[82] zwischen Tests und Schulleistungen liegen mit circa $r = 0{,}5$ in einem Bereich, der der Psychologie sonst verschlossen bleibt (für Kriterien wie beispielsweise den Berufserfolg zeigen sich niedrigere, aber immer noch mittlere Korrelationen zwischen $r = 0{,}3$ und $r = 0{,}5$).[83] Hohe prognostische Validität alleine reicht jedoch nicht aus, um dem Testergebnis die Bedeutung zu verleihen, die es in der dysgenischen Argumentation bekommt. Um für Gruppenunterschiede in der Intelligenz argumentieren zu können, muss der IQ in seiner Form als einzelne Zahl eine angemessene Abbildung der Intelligenz sein, denn nur dann wäre ein einfacher Nachweis quantitativer Unterschiede zwischen Gruppen möglich. Sehen wir uns also an, wie die Psychometriker versucht haben, kognitive Leistungen auf den IQ zu reduzieren.

### *Wie man etwas misst, ohne zu wissen, um was es sich handelt*

Die im vorherigen Abschnitt angeführte Definition des Begriffs Intelligenz ist einer von vielen Definitionsversuchen, liefert aber durchaus eine gute Vorstellung von dem, was viele Forscher meinen, wenn sie von Intelligenz sprechen. Die Intelligenz*messung* hat sich aber erstaunlicherweise größtenteils unabhängig von einer wirklich zufriedenstellenden und allgemein anerkannten Definition

---

82 Bei der Produkt-Moment-Korrelation r handelt es sich um ein mathematisches Maß des Zusammenhangs zwischen zwei Größen oder Variablen. Korrelationen können Werte zwischen $-1$ und $1$ annehmen. Eine Korrelation von $r = 1$ entspräche einem perfekten positiven Zusammenhang: Kenne ich den Wert der einen Variablen (z. B. IQ), kann ich den Wert der anderen (z. B. Abiturnote) fehlerfrei vorhersagen; je höher der IQ, desto besser die Abiturnote. Eine Korrelation von $r = -1$ stellt ebenfalls einen perfekten, aber negativen Zusammenhang dar: Je höher der Wert der einen Variable, desto *niedriger* der der anderen. Eine Korrelation von 0 bedeutet, dass zwischen beiden Variablen kein Zusammenhang besteht.
83 Neubauer/Stern 2009, S. 96.

ihres „Messobjekts" vollzogen. Der erste Test kognitiver Leistungsfähigkeit, der mehrere verschiedene Aufgabentypen enthält, stammt von Alfred Binet, der bei der Testkonstruktion jedoch einen rein pragmatischen Ansatz verfolgte. Der Begrenztheit der von ihm angewandten Methode war er sich bewusst: „Die Skala erlaubt, ehrlich gesagt, keine Messung der Intelligenz, da intellektuelle Qualitäten nicht addiert und somit nicht wie lineare Oberflächen gemessen werden können".[84]

Binets amerikanischen Nachfolgern Goddard und Terman waren solche Zweifel fremd, weshalb es zu dem bereits erwähnten Zirkelschluss bezüglich IQ-Tests und Schulerfolg kam. Nachdem man in Anlehnung an Binet einen vermeintlich gut funktionierenden Test der Intelligenz konstruiert hatte, hielt man sich nicht weiter mit inhaltlich-definitorischen Bemühungen auf. Zwar sei es vielleicht wünschenswert, aber nicht notwendig, der Intelligenzmessung eine fundierte theoretische Grundlage zu verschaffen. In den Worten Edwin Borings: „Measurable intelligence is simply what the tests of intelligence test, until further scientific observation allows us to extend the definitions." Dummerweise zeigte sich schnell, dass verschiedene Tests zwar ähnliche, aber niemals komplett deckungsgleiche Ergebnisse hervorbrachten. Da aber die Psychometriker Intelligenz ausschließlich durch das Messverfahren definierten (eine sogenannte operationale Definition), stellte sich nun die Frage, welche der verschiedenen „Testintelligenzen" denn maßgeblich sei.[85] Um dieses Problem zu lösen, ersann der Brite Charles Spearman die Theorie des „g-Faktors".

Spearmans Belege für diese Theorie stammen aus einem statistischen Verfahren, das er eigens zu diesem Zweck entwickelt hatte, der Faktorenanalyse.[86] Mit ihrer Hilfe gelang es ihm, die beobachteten Zusammenhänge zwischen Testergebnissen durch einen einzigen Faktor zu erklären, den er mit der Intelligenz identifizierte. Darüber hinaus stand nun der Konstruktion weiterer Tests scheinbar nichts mehr im Wege: Man musste lediglich eine Gruppe von Testaufgaben (von den Psychologen „Items" genannt) zusammenstellen und mit anderen bereits bewährten Intelligenztests einer ausreichend großen Personenstichprobe vorlegen. Wenn sich bei einer Faktorenanalyse der Ergebnisse der verschiedenen

---

84 Enzensberger, Hans Magnus: Im Irrgarten der Intelligenz – Ein Idiotenführer. Frankfurt am Main 2007, S. 26.
85 Schönemann, Peter H.: Psychometrics of Intelligence. In: K. Kemp-Leonard (Hrsg.): Encyclopedia of Social Measurement, 3/2005, S. 194.
86 Leider fehlt hier der Platz für eine detailliertere Darstellung des Verfahrens. Interessierten Leser/innen sei die Lektüre von Gould 1983, S. 259 ff. zur Verdinglichung der Intelligenz nahegelegt.

Tests der „g-Faktor" und darüber hinaus eine hohe Korrelation mit der Schulleistung zeigte, konnte der neue Test als ein brauchbares Maß der Intelligenz betrachtet werden. Ein substanzieller Anteil der heute gebräuchlichen Tests wurde auf diese oder ähnliche Weise konstruiert. Ob es sich bei einem neuen Test um ein valides Messinstrument für die Intelligenz handelt, wird also letztlich daran überprüft, wie groß seine Übereinstimmung mit den Maßstäben ist, die frühere Tests gesetzt haben. So entsteht eine teils überraschende Kontinuität: Der Zahlen-Symbol-Test des HAWIK entstammt beispielsweise direkt dem Army Beta-Test von 1916.

Leider ist damit das Definitionsproblem nicht wirklich gelöst; denn die Faktorenanalyse ist für weitreichende Folgerungen bezüglich der *inhaltlichen Bedeutung* von „g" gar nicht geeignet. In jeder Menge korrelierter Daten gibt es nämlich einen Faktor, der einen bestimmten Anteil der Zusammenhänge mathematisch zusammenfasst. Dieser Faktor tritt umso klarer hervor, je enger die Zusammenhänge sind. Er ist jedoch lediglich eine *Beschreibung* der Daten, kein Existenzbeweis für eine bestimmte Eigenschaft. So würde man vermutlich auch einen recht deutlichen Generalfaktor finden, wenn man die Leistung verschiedener Personen auf der Rätselseite der Tageszeitung analysiert. Das mag dafür sprechen, dass es bestimmte Eigenschaften gibt, die der Lösung aller Rätsel förderlich sind (beispielsweise Konzentrationsfähigkeit oder Geduld). Allerdings würde wohl in diesem Fall niemand auf die Idee kommen, die Existenz eines „g-Faktors" ohne Weiteres mit der Existenz eines biologisch bedingten Persönlichkeitsmerkmals namens „allgemeine Rätselfähigkeit" gleichzusetzen. Darüber hinaus lassen sich für ein und dieselbe Datenmenge viele verschiedene faktorenanalytische Lösungen finden. Die von Spearman zur Bestätigung der Existenz eines „g-Faktors" herangezogenen Daten lassen sich beispielsweise genauso gut erklären, wenn man nicht einen einzigen, sondern eine extrem hohe Zahl zugrundeliegender, untereinander völlig unabhängiger Faktoren annimmt.[87]

Dass die meisten IQ-Tests in der Tradition Binets relativ inhomogene Zusammensetzungen verschiedener Aufgabentypen sind, führt zu einem weiteren Problem. In der Regel werden die verschiedenen Untertests getrennt voneinander ausgewertet und danach zu einem Gesamt-IQ zusammengefasst. Dieses Vorgehen kann jedoch zu einem bemerkenswerten Artefakt führen. Vergleicht man nämlich die Gesamt-IQs mehrerer Tests, die sich aus heterogenen Teilleistungen in jeweils unterschiedlichen Anteilen zusammensetzen, können diese rein mathematisch betrachtet selbst dann hoch miteinander korrelieren, wenn

---

87 Schönemann 2005, S. 194.

die einzelnen Teilleistungen untereinander überhaupt keinen Zusammenhang aufweisen. Die als Hauptargument für die Existenz eines Intelligenzfaktors „g" angeführten empirischen Zusammenhänge zwischen verschiedenen Intelligenztests könnten also ebenso gut schlicht und ergreifend ein Artefakt der Testkonstruktion sein.[88]

Es ist bereits lange bekannt, dass nach der Extraktion von „g" meist noch ein substanzieller Anteil der beobachteten Zusammenhänge unerklärt bleibt; dies gilt unter anderem auch für die von Herrnstein und Murray in ihrem heiß diskutierten Buch „The Bell Curve" verwendeten Daten.[89] Die Zahl der für die restlose Erklärung der Korrelationen benötigten Faktoren ist proportional zur Zahl der verwendeten Tests.[90] Selbst wenn man – fälschlicherweise – annähme, die Ergebnisse einer Faktorenanalyse seien kausal interpretierbar, würde sich also in der Regel nicht eine einzige Intelligenz in Testdaten zeigen, sondern mehrere Komponenten. Damit wäre aber die Darstellung der Testleistung in Form einer einzigen Zahl und die Bildung von Rangreihen nur dann vertretbar, wenn man die genaue Mischung und die relative Bedeutung der Faktoren für das Ergebnis eines bestimmten Tests und darüber hinaus ihre relative Bedeutsamkeit für alle Situationen, in denen kognitive Leistungen erbracht werden müssen, *kennt*. Wie man diese Kenntnis anhand der heute verfügbaren, eklektisch zusammengesammelten IQ-Tests erlangen könnte, ist unklar. Auch Versuche, mittels bildgebender Verfahren Einblick in die Struktur kognitiver Leistungen zu erlangen, haben bislang keine überzeugenden Ergebnisse geliefert.[91]

Die Existenz des „g-Faktors" ist ohne weitere, von IQ-Tests unabhängige Daten zur Genese kognitiver Leistungen lediglich ein statistisches Artefakt und stellt keinen Grund dafür dar, Test-IQs als Maß einer Persönlichkeitseigenschaft zu akzeptieren. Weiterhin liefert sie keine Informationen über das Zustandekommen von kognitiven Leistungen. Auch gängige „Alternativen" zu Spearmans Modell entstammen der faktorenanalytischen Tradition und enthalten einen „g-Faktor", der unreflektiert mit – überwiegend biologisch bedingter – Intelligenz identifiziert wird. Daher gleichen sie alle dem Versuch, sich an den eigenen Haaren aus dem Sumpf zu ziehen.[92] Schlussendlich muss man also feststellen,

---

88 Schönemann, Peter H.: Jensen's g: Outmoded Theories and Unconquered Frontiers. In: Modgil, S./Modgil, C. (Hrsg.): Arthur Jensen: Consensus and Controversy. Barcombe 1987, S. 324.
89 Schönemann, Peter H.: On Muddles and Models of Heritability. In: Genetica 99/1997, S. 98.
90 Schönemann 2005, S. 195.
91 Neubauer/Stern 2009, S. 138 f.
92 Intelligenzmodelle, die komplett auf die Vorstellung einer allgemeinen Intelligenz verzichten, wie beispielsweise Howard Gardners Modell der multiplen Intelligenzen, können bislang keine

dass die Forschung in Bezug auf die Messung von Intelligenz immer noch nicht entscheidend weiter ist als zu Edwin Borings Zeiten: Intelligenz ergibt sich als das, was der Intelligenztest misst. Alles andere wäre angesichts der bekannten Daten ein unzulässiger Schluss.

### Intelligenz und formale Bildung oder: Von Hennen und Eiern

Nehmen wir einmal an, die obigen Zweifel an der Angemessenheit des Test-IQs spielten keine Rolle. Nehmen wir an, ein Dysgeniker fände tatsächlich einen systematischen Gruppenunterschied, beispielsweise zwischen Afroamerikanern und Weißen. Nun müsste er nachweisen, dass dieses Ergebnis die Ursache und nicht die Folge der Umweltunterschiede zwischen den beiden Gruppen ist. Wir werden im Folgenden sehen, dass das angesichts der Datenlage schwierig werden dürfte. Zunächst einmal lässt schon die hohe Korrelation zwischen Schulleistung und IQ Zweifel aufkommen. Wie alle Korrelationen ist sie ein zweischneidiges Schwert: So mag hohe Intelligenz die Ursache guter Leistungen in der Schule sein. Da eine Korrelation aber nichts über die *Richtung* eines Zusammenhangs aussagt, ist genauso gut denkbar, dass die in IQ-Tests gemessene Leistung umgekehrt hauptsächlich von der Schulbildung abhängt. Wenn dies zutrifft und ein Gruppenunterschied im IQ mit Unterschieden der schulischen Umwelt und Vorgeschichte zusammenhinge, wäre er ein Problem, das mit bildungspolitischen Maßnahmen bekämpft werden könnte.

Und tatsächlich zeigen empirische Ergebnisse, dass die Dauer der Beschulung sowie die Regelmäßigkeit des Schulbesuchs einen deutlichen Effekt auf den gemessenen IQ haben.[93] Beispielsweise wurde in einer Studie an der Universität Marburg festgestellt, dass der IQ von Zehnjährigen sich innerhalb eines ganz normalen Grundschuljahres um sechs bis acht Punkte steigerte.[94] Auch so genannte Sommerloch-Studien zeigen deutliche Effekte der Beschulung: Nach drei Monaten Sommerferien kann der IQ durchaus drei bis vier Punkte abgesunken sein, wobei sich dieser Effekt besonders bei Kindern aus bildungsfernen

---

Tests anbieten, die das Ergebnis in Form einer einzigen Maßzahl darstellen und werden deshalb von der psychometrischen Gemeinde als unpräzise und unwissenschaftlich diskreditiert.
93 Ceci, Stephen J.: How Much Does Schooling Influence General Intelligence and Its Cognitive Components? A Reassessment of the Evidence. In: Developmental Psychology, 27/1991, S. 711.
94 Stelzl, Ingeborg/Merz, Ferdinand/Ehlers, Theodor/Remer, Herbert: The Effect of Schooling on the Development of Fluid and Crystallized Intelligence: A Quasi-Experimental Study. In: Intelligence, 21/1995, S. 286.

Familien zeigt, die in den Ferien vermutlich weniger häufig geistigen Betätigungen nachgehen.[95] Unabhängig davon, ob man die Schlussfolgerung mancher Forscher, der IQ sei größtenteils Produkt der Beschulung, teilen möchte oder nicht: Es steht fest, dass Beschulung zumindest einen deutlichen Einfluss auf den IQ ausübt.

Ein weiterer Befund, der die Abhängigkeit des Test-IQ von Umweltfaktoren deutlich macht, ist der sogenannte Flynn-Effekt. Sein „Entdecker" James Flynn analysierte Studien zur Intelligenz aus 14 Ländern und fand Zuwächse des mittleren IQ von 5 bis 25 Punkten innerhalb einer Generation und durchschnittlich 3 Punkten pro Jahrzehnt.[96] Der Effekt wurde mehrfach repliziert, und selbst wenn in den letzten Jahren in einzelnen Ländern eine Verlangsamung oder gar ein Ende der Zuwächse postuliert wurde, stellt der Effekt eine Herausforderung für die Behauptung dar, die kognitive Leistungsfähigkeit, wie man sie mit IQ-Tests messen könne, sei weitestgehend genetisch determiniert: Da eine IQ-Veränderung innerhalb einer Generation nicht auf genetische Ursachen zurückzuführen ist, muss ihre Ursache in wie auch immer gearteten Umwelteinflüssen liegen. Der Flynn-Effekt wird außerdem insbesondere in Tests des schlussfolgernden Denkens wie dem sogenannten RPM beobachtet. Da solche „culture fair"-Tests aufgrund ihrer Sprachfreiheit angeblich ein besonders gutes Instrument zur Messung der ererbten und von Schulbildung unbeeinflussten Intelligenz sind, wirft diese Tatsache für Dysgeniker zusätzliche Argumentationsprobleme auf. Noch dazu scheint es, als sei in den USA der IQ der Afroamerikaner zwischen 1970 und 1992 stärker angewachsen als jener der Weißen, was die immer wieder berichtete IQ-Differenz um 5,5 Punkte schrumpfen ließ.[97]

An möglichen Erklärungen für den Effekt herrscht kein Mangel. Einige Forscher nahmen an, es handle sich bei den IQ-Zuwächsen nicht um tatsächliche Intelligenzzuwächse, sondern lediglich um bessere *Testergebnisse* aufgrund größerer Erfahrung mit IQ-Testaufgaben und „veränderter test-taking-Strategien".[98] Doch wenn IQ-Tests so anfällig für derartig verfälschende Faktoren sind, warum sollte man sie überhaupt als ein valides Mittel zur Messung der Intelligenz betrachten? Andere Forscher sehen die Ursache in verbesserten Ernährungsbe-

---

95 Ceci 1991, S. 705.
96 Flynn, James R.: Massive IQ gains in 14 Nations: What IQ-Tests really measure. In: Psychological Bulletin, 101/1987, S. 171–191.
97 Dickens, William/Flynn, James R.: Black Americans reduce the racial IQ gap: Evidence from standardization samples. In: Psychological Science 17/2006, S. 913–920.
98 Wicherts, Jelte M. u. a.: Are Intelligence Tests measurement-invariant over time? Investigating the Nature of the Flynn-Effect. In: Intelligence 32/2004, S. 510.

dingungen, wieder andere nehmen eine steigende Komplexität der Umwelt als ursächlich an.[99] Flynn selbst erklärt den Effekt mit einem gesamtgesellschaftlichen Perspektivwechsel der westlichen Industrienationen hin zu einer naturwissenschaftlichen Sichtweise der Welt.[100] Nach seiner Hypothese lernen die Menschen durch diese Verschiebung zunehmend, Probleme auch losgelöst von ihrem praktischen Kontext zu durchdenken, und genau das sei es, was in IQ-Tests gefordert würde.

Einige empirische Ergebnisse deuten übereinstimmend mit Flynns These darauf hin, dass IQ-Unterschiede zwischen Gruppen mit unterschiedlichem kulturellem Hintergrund durch unterschiedliche Vertrautheit mit bestimmten Denkstilen verursacht sein können. Bittet man beispielsweise Angehörige eines bestimmten liberianischen Stammes, verschiedene Gegenstände zu sortieren, tun sie das nach rein funktionalen Gesichtspunkten: So wird ein Messer einer Kartoffel zugeordnet, „weil man mit dem Messer die Kartoffel schneidet". Die meisten IQ-Tests – die von Angehörigen westlicher Industrienationen entwickelt wurden und vermutlich deren Denkstil widerspiegeln – verlangen jedoch eine Zuordnung nach Oberbegriffen wie „Gemüsesorten" und „Besteck".[101] Auch dazu sind die Stammesangehörigen in der Lage. Man muss sie allerdings bitten, so zu sortieren, wie es ein „Narr" tun würde.[102] In der üblichen Testsituation bleiben derartige „kulturelle Missverständnisse" in der Regel unbemerkt, was die Aussagekraft der Testergebnisse natürlich kompromittiert.

Personen, die sehr wenig oder gar keine formale Bildung erhalten haben, werden durch IQ-Tests vermutlich auch noch auf einer weiteren Ebene benachteiligt. So ist die gesamte Testsituation stark an schulische Leistungsanforderungen angelehnt; mangelnde Vertrautheit mit derartigen Situationen könnte deshalb das Ergebnis empfindlich beeinflussen. So sind beispielsweise Testfragen (also Fragen, deren Antwort dem Fragenden bereits bekannt ist), außerhalb schulischer oder schulähnlicher Zusammenhänge nicht anzutreffen.[103] Auch die Verwendung von Multiple-Choice-Tests[104] und die Tatsache, dass die Testungen

---

99 Ebd.
100 Flynn, James R.: What is Intelligence? Beyond the Flynn Effect. New York 2007, S. 24 ff.
101 Ebd., S. 27 f.
102 Greenfield, Patricia: You can't take it with you. Why Ability Assessments don't cross Cultures. In: American Psychologist, 52/1997, S. 1116.
103 Ebd., S. 1119.
104 Ebd., S. 1120.

häufig unter Zeitdruck stattfinden,[105] könnten zu ernsthaften Irritationen bei Personen führen, die keine Erfahrung mit schulischen Situationen haben. Aus schlechten IQ-Testergebnissen solcher Personen aber ohne Weiteres zu folgern, sie seien intellektuell begrenzt, ist ungerechtfertigt. Das scheint jedoch kein Argument für eingefleischte Psychometriker zu sein: Mittels der Army-Tests wurden unbeschulte Einwanderer in großen Gruppen und unter höchstem Zeitdruck getestet, um ihnen anschließend Schwachsinn zu attestieren.[106]

Zusammenfassend lässt sich also feststellen, dass der IQ deutlich von kulturellen Faktoren beeinflusst wird, wobei das Ausmaß formaler Bildung eine entscheidende Rolle zu spielen scheint. Dieses Argument gilt auch für sogenannte „culture-fair"-Tests, da bereits die Testsituation an sich bestimmte Vorerfahrungen voraussetzt. Untersuchungen zu Gruppenunterschieden im IQ sind damit annähernd wertlos, da der Bildungs- und der sozioökonomische Hintergrund der untersuchten Gruppen – seien es nun Afroamerikaner in den USA verglichen mit Weißen oder türkischstämmige Migranten in Deutschland verglichen mit den Alteingesessenen – sich nach wie vor deutlich voneinander unterscheiden. Die durchaus unternommenen Versuche, mit statistischen Methoden den Einfluss von Umweltfaktoren zu kontrollieren, sind aufgrund diverser methodischer Unzulänglichkeiten meist nicht dazu geeignet, dieses Argument zu entkräften.[107]

> **Zwei Intelligenztests**
>
> *Hamburg-Wechsler-Intelligenztest für Kinder III*
>
> Der HAWIK III war bis zur Neuauflage 2007 einer der am weitesten verbreiteten Intelligenztests im deutschsprachigen Raum. Er wird in einer Einzelsitzung als Dialog zwischen Testleiter und Proband durchgeführt und enthält insgesamt 13 Untertests (drei davon optional). Es werden nach und nach die Fragen der einzelnen Untertests gestellt, bis eine bestimmte Anzahl von Fragen nicht mehr beantwortet werden kann; der Wortlaut ist hierbei weitgehend vorgegeben, um verschiedene Testungen möglichst vergleichbar

---

105 Rosselli, Monica/Ardila, Alfredo: The Impact of Culture and Education on Non-verbal Neuropsychological Measurements: A Critical Review. In: Brain and Cognition, 52/2003, S. 329.
106 Gould 1983, S. 220 ff.
107 Siehe zum Beispiel Fischer, Claude u. a.: Inequality by Design. Princeton 2006.

zu machen. Insgesamt dauert die Durchführung des kompletten Tests etwa 60 bis 80 Minuten. Die Untertests im Einzelnen:

- Allgemeines Wissen: Aufgaben aus dem Bereich Allgemeinwissen, zum Beispiel „In welcher Himmelsrichtung geht die Sonne unter?"
- Gemeinsamkeiten finden: Die Gemeinsamkeit zweier Begriffe soll benannt werden, zum Beispiel: „Was ist das Gemeinsame von Hemd und Schuh?"
- Rechnerisches Denken: Mathematische Textaufgaben, zum Beispiel „Franz liest drei Seiten in fünf Minuten. Wie viele Minuten braucht er für 24 Seiten?"
- Wortschatztest: Begriffe sollen definiert werden, beispielsweise „Was ist ein Brot?"
- Allgemeines Verständnis: Verständnisfragen zu eher alltagsnahen Bereichen, zum Beispiel „Warum haben Autos Sicherheitsgurte?"
- Zahlen nachsprechen (optional): Hier sollen Ziffernreihen unterschiedlicher Länge aus dem Gedächtnis nachgesprochen werden, zum Beispiel „5-6-3-9-1".
- Bilder ergänzen: Fehlende Details auf gezeichneten Bildern sollen benannt werden, zum Beispiel der Schatten einer Person, ein Knopf am Hemd oder Ähnliches.
- Zahlen-Symbol-Test: Anhand einer Umwandlungstabelle soll eine Folge von Zahlen in eine Folge abstrakter Symbole „übersetzt" werden.
- Bilder ordnen: Eine Reihe gezeichneter Bilder soll so angeordnet werden, dass sich eine sinnvolle Geschichte ergibt.
- Mosaik-Test: Aus verschieden bedruckten Klötzchen soll ein zweifarbiges Muster nachgelegt werden.
- Figuren legen: Zerschnittene Figuren sollen wie bei einem Puzzle wieder zusammengefügt werden.
- Symbolsuche (optional): Es soll herausgefunden werden, ob ein bestimmtes Symbol in zwei zu durchsuchenden Zeichenfolgen oder nur in einer davon enthalten ist.
- Labyrinth-Test (optional): Eine Bleistiftlinie ist vom Zentrum eines gezeichneten Labyrinths zum Ausgang zu führen.

Im Anschluss an die Testung wird die Zahl der richtig bearbeiteten Aufgaben ermittelt, wobei in der Regel pro gelöste Aufgabe ein Punkt gegeben wird. Eine Ausnahme macht der Subtest „Wortschatz", da hier für bestimmte Antworten zwei Punkte erreichbar sind. Diese sogenannten Rohpunktwerte werden danach anhand einer Normtabelle mit den Durchschnittswerten einer repräsentativen Stichprobe von Gleichaltrigen verglichen, um den IQ zu ermitteln.

### Ravens Progressive Matrices

In mehrdimensionalen Intelligenztests wie dem HAWIK sind verbale und eher vorwissensabhängige Komponenten mit solchen vermischt, die vermeintlich eher das schlussfolgernde Denken erfassen. Um dem Vorwurf zu entgehen, Personen mit niedrigem Bildungsniveau zu benachteiligen, werden jedoch auch Tests konstruiert, die das schlussfolgernde Denken zu isolieren versuchen. Zu diesem Zweck werden Aufgaben verwendet, die komplett auf verbales und numerisches und damit bildungsabhängiges Material verzichten. Diese sogenannten „culture-fair"-Tests enthalten in der Regel ausschließlich abstraktes bildhaftes Material. Einer der am häufigsten verwendeten Tests dieser Art ist der RPM. Er besteht aus 60 Items der folgenden Art:

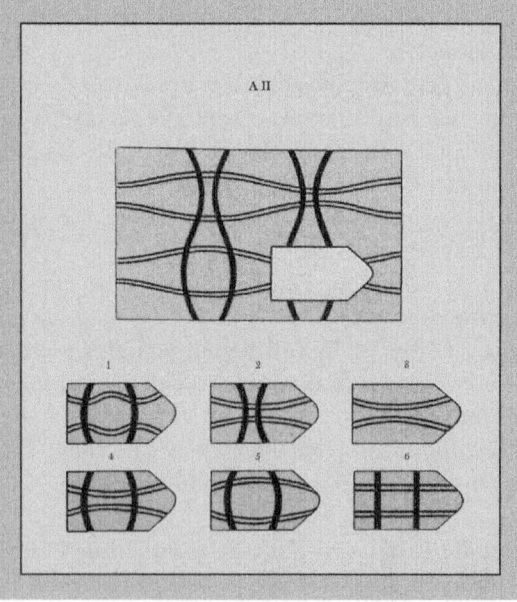

> Die Aufgabe der Versuchspersonen besteht darin, per Multiple Choice das Muster auszuwählen, welches in die Lücke passt. Es geht also auch hierbei – ähnlich wie bei sprachgebundenen Testaufgaben – darum, Regelhaftigkeiten aus dem gegebenen Material zu erschließen. Die Bearbeitung des RPM kann, da keine direkte Interaktion zwischen Testleiter und Proband erforderlich ist, in der Gruppe durchgeführt werden. Auch hier wird die Zahl der richtig bearbeiteten Aufgaben anhand einer Normtabelle in einen IQ-Wert transformiert.

### *Die Probleme mit der Erblichkeit*

Wir haben gesehen, dass nach heutigem Wissensstand unklar ist, was der Befund eines IQ-Tests mit Intelligenz zu tun hat. Weiterhin sind IQ-Tests alles andere als frei von kulturellen Einflüssen, womit immer auch Milieuunterschiede zwischen Gruppen als Ursache für IQ-Unterschiede angenommen werden müssen. Bleibt nur noch die Frage, welche Beweise es für die Erblichkeit der Intelligenz gibt. Vergessen wir also die bisherigen Ausführungen und gehen davon aus, IQ-Tests würden die Intelligenz „kulturfair" messen. Wie könnte man nun anhand eines solchen Tests nachweisen, dass Intelligenz (und Gruppenunterschiede in der Intelligenz) weitgehend genetisch bedingt sind?

Hierzu greift man auf eine Methode zurück, die eigentlich aus der Tier- und Pflanzenzucht stammt. Der sogenannte Erblichkeitskoeffizient $h^2$ gibt an, wie stark die Merkmalsvariation in einer Population (die sogenannte phänotypische Variation) auf die genotypische Variation zwischen Individuen zurückgeht. Da es sich bei dieser Größe um ein Verhältnis handelt, nämlich den Anteil der genetisch verursachten Merkmalsunterschiede an der Gesamtvariation des Merkmals, kann die Erblichkeit theoretisch Werte zwischen 0 und 1 beziehungsweise 0 und 100 Prozent annehmen. Von Verhaltensgenetikern wird nun eine Erbe-Umwelt-Dichotomie konstruiert. Man geht also davon aus, dass sich die Genese einer Persönlichkeitseigenschaft erschöpfend durch die Angabe beschreiben lässt, welche relativen Anteile die Umwelt und die Erbanlagen daran haben. Da es $h^2$ ermöglicht, genau dieses Verhältnis zu quantifizieren, wird aus einem ursprünglich zur Nutztierzucht verwendeten Hilfsmittel nach Ansicht der Verhaltensgenetik wundersamerweise eine Methode zur Erkenntnis menschlicher Entwicklung und Persönlichkeit.

Die Bestimmung eines Erblichkeitskoeffizienten setzt aber voraus, dass die für ein Merkmal relevanten Umweltfaktoren experimentell variiert werden können, was in der Tier- und Pflanzenzucht unproblematisch ist. Bei Untersuchungen zur Erblichkeit von Persönlichkeitseigenschaften beim Menschen besteht diese Möglichkeit aus naheliegenden Gründen nicht. In der Regel ist noch nicht einmal eindeutig geklärt, *welche* Umweltfaktoren einen Einfluss haben könnten. Als jedoch in den 20er Jahren des 20. Jahrhunderts der Unterschied zwischen eineiigen oder monozygoten (MZ) und zweieiigen oder dizygoten (DZ) Zwillingen bekannt wurde, entwarf der überzeugte Rassenhygieniker Hermann Werner Siemens eine Möglichkeit, trotzdem Erblichkeitsschätzungen bei Menschen anzustellen: die Zwillingsstudie. Siemens' Methode ist in ihren verschiedenen Varianten und Weiterentwicklungen bis heute die Hauptquelle für Daten über die Erblichkeit der Intelligenz.

Zwillingsstudien machen sich die Tatsache zunutze, dass MZ bezüglich der Ausprägung des von den beiden Elternteilen ererbten Genmaterials einhundertprozentig identisch sind, während diese Übereinstimmung bei DZ nur 50 Prozent beträgt; denn da DZ im Gegensatz zu MZ aus *zwei* getrennt befruchteten Eizellen entstehen und bei beiden Befruchtungen die Verteilung der väterlichen und mütterlichen Gene unterschiedlich verlaufen kann, werden DZ im Mittel nur in der Hälfte des ererbten Genmaterials übereinstimmen. Weiterhin wird angenommen, dass MZ- und DZ-Paare vergleichbaren Umwelteinflüssen ausgesetzt sind; immerhin wachsen die beiden Paarlinge gemeinsam in einer Familie auf und sind gleich alt, werden zur gleichen Zeit eingeschult und so weiter. Man kann also zwar die Umwelteinflüsse nicht experimentell manipulieren, geht aber davon aus, dass sie in Zwillingsstudien konstant gehalten sind. Stellt man nun fest, dass sich gemeinsam aufgewachsene MZ bezüglich eines Persönlichkeitsmerkmals ähnlicher sind als gemeinsam aufgewachsene DZ, ließe sich das bei vergleichbarer Umwelt auf die größere genotypische Ähnlichkeit der MZ zurückführen.

Dieses Vorgehen steht und fällt natürlich mit der Annahme, dass die Umwelteinflüsse für MZ und DZ tatsächlich gleich sind, doch leider hat bisher noch keine Zwillingsstudie dies bewiesen. Im Gegenteil kann ein sofort einsichtiger, aber sehr grundlegender Kritikpunkt kaum von der Hand gewiesen werden: MZ sind sich äußerlich extrem ähnlich, während DZ sich meist nur in Bezug auf das Alter ähnlicher sind als normale Geschwister. Diese stärkere phänotypische Ähnlichkeit zwischen MZ wird häufig von den Eltern durch dieselbe Kleidung, Frisur usw. noch verstärkt, oft reagieren auch Lehrer und Mitschüler mit besonderer Aufmerksamkeit auf MZ. Auch gleichen sich die Reaktionen von Eltern,

Mitschülern und Lehrern auf MZ-Paarlinge stärker als die auf DZ-Paarlinge.[108] Die Annahme, dass sich die Umwelten von MZ und DZ gleichen, ist also in Bezug auf die soziale Umwelt ganz und gar nicht haltbar. So lange die Zwillingsforschung nicht überzeugend nachweisen kann, dass diese Reaktionen der sozialen Umwelt keinerlei Einfluss auf die Entwicklung der Intelligenz haben, müssen die Ergebnisse von Zwillingsstudien an gemeinsam aufgewachsenen Zwillingen daher in Zweifel gezogen werden.

Eine vermeintlich bessere Kontrolle von Umwelteinflüssen ermöglichen Studien von getrennt aufgewachsenen MZ. Diese Studien vergleichen die phänotypische Ähnlichkeit von MZ, deren einer Paarling adoptiert wird mit der von MZ, die gemeinsam aufwachsen; ähneln sich die gemeinsam aufgewachsenen MZ stärker als die getrennt aufgewachsenen, dann scheint die geteilte Umwelt der Ersteren einen Einfluss auf das untersuchte Merkmal zu haben. Wenn dies jedoch nicht der Fall ist, gehen die Forscher davon aus, dass das betreffende Merkmal größtenteils erblich ist.

Auch wenn diese Vorgehensweise auf den ersten Blick einleuchtend scheint, sind auch die Ergebnisse derartiger Studien höchst fragwürdig. Zunächst sind getrennt aufwachsende MZ selten, sodass meist nur sehr kleine Stichproben untersucht werden. Darüber hinaus muss für eine sinnvolle Interpretation der Ergebnisse sichergestellt werden, dass die untersuchten Zwillinge von Geburt an getrennt waren und in der Folge keinen Kontakt hatten. Auch das scheint selten der Fall zu sein. Vielmehr ähneln sich die Umwelten vieler vermeintlich getrennt aufgewachsener MZ stärker, als man vermuten möchte.[109] So werden sie häufig erst nach einigen Jahren getrennt. Außerdem wachsen sie oft aufgrund von selektiver Platzierung bei der Adoption in Familien auf, die bezüglich ihres finanziellen und Bildungsstatus mit der Herkunftsfamilie vergleichbar sind; nicht selten werden sie auch einfach von Verwandten aufgezogen. Die meisten getrennt aufgewachsenen MZ wissen zudem voneinander und haben häufig intensiven Kontakt.

Wenn sich aber auch die Umwelten von scheinbar getrennt aufgewachsenen MZ in einem gewissen Ausmaß ähneln, kann das die phänotypische Ähnlichkeit zwischen den Paarlingen steigern und der von gemeinsam aufgewachsenen MZ annähern. Das wiederum hätte zur Folge, dass man eine hohe Erblichkeit des Merkmals annimmt, obwohl in Wirklichkeit vergleichbare Umwelteinflüsse für die Ähnlichkeiten verantwortlich sind. Selbst die bisher gründlichste und

---

108 Joseph, Jay: The Gene Illusion. New York 2004, S. 54.
109 Ebd., S. 111 ff.

wohl auch bekannteste Studie getrennt aufgewachsener Zwillinge, die *Minnesota Study of Twins reared apart*, die von 1979 bis 2000 durchgeführt wurde und ein Hauptargument für die Vertreter der Erblichkeitsthese darstellt, ist alles andere als frei von derartigen Verzerrungen.[110]

Anhand der Minnesota-Studie lassen sich auch weitere Kritikpunkte an der Methode aufzeigen: Mindestens in einem Fall wurde ein getrennt aufgewachsenes Zwillingspaar deshalb in die Studie aufgenommen, weil die Forscher über die Zeitung auf den Fall aufmerksam geworden waren. Getrennt aufgewachsene MZ tauchen aber in der Regel nur dann in der Zeitung auf, wenn sich bei ihnen trotz der Trennung spektakuläre Ähnlichkeiten zeigen. Dies scheint ein generelles Problem bei Studien mit getrennt aufgewachsenen MZ: Sie geraten vor allem dann in den Blick, wenn sie sich besonders ähnlich sind. Fälle, in denen getrennt aufgewachsene MZ wenig Ähnlichkeiten aufweisen, fallen weniger ins Auge und sind daher in den Stichproben einschlägiger Studien möglicherweise unterrepräsentiert. Da sich die untersuchten Zwillingspaare darüber im Klaren sind, um was es in derartigen Studien geht, ist außerdem nicht auszuschließen, dass sie bestehende Ähnlichkeiten übertreiben oder sogar erfinden.[111] Die Folge wäre eine künstlich erhöhte Ähnlichkeit zwischen den getrennt aufgewachsenen MZ-Paaren, womit zwangsläufig die Erblichkeit überschätzt wird.

Probleme, die in der Minnesota-Studie auftreten, sind in weniger ehrgeizigen Projekten mindestens im gleichen Ausmaß zu beobachten. Unterm Strich bleibt daher festzuhalten, dass es keiner der uns bekannten Zwillingsstudien gelungen ist, genetische von Umwelteinflüssen zu trennen. Angenommen, die erblichen und umweltbedingten Anteile von Persönlichkeitseigenschaften seien tatsächlich voneinander zu trennen und zudem noch messbar: Die genannten Kritikpunkte führten allesamt zu einer *Über*schätzung der Erblichkeit, weshalb die gängigen Erblichkeitsschätzungen für die Intelligenz (die sich in einem Bereich von 50 bis 80 Prozent bewegen[112]) zu hoch angesetzt wären. Dieser Verdacht wird dadurch gestützt, dass sich die für Intelligenz berichteten Erblichkeitskoeffizienten durchgängig auf einem deutlich höheren Niveau bewegen als die, die man aus bestimmten Bereichen der Nutztierzucht kennt, beispielsweise für die Milchproduktion bei Kühen. Denn erstens kann man die Menge produzierter Milch im Gegensatz zur Intelligenz recht einfach messen und zweitens stellt die Kontrolle von Umweltfaktoren in der Nutztierzucht kein Problem dar, sodass die

---

110 Ebd, S. 122 f.
111 Ebd., S. 98 f.
112 Rost, Detlef: Intelligenz – Fakten und Mythen. Weinheim 2009, S. 232.

extrem hohen Erblichkeiten für die Intelligenz einfach das Produkt der bereits beschriebenen Fehlerquellen sein könnten.[113]
Erblichkeitsschätzungen der Intelligenz sind also methodisch weitestgehend unsolide. Ganz unabhängig von methodischen Problemen muss man jedoch auch vor logischen Fehlern bei der Interpretation von Erblichkeitskoeffizienten warnen. Erblichkeitskoeffizienten beziehen sich lediglich auf die Merkmalsvariation zwischen Individuen innerhalb einer Gruppe, nicht aber auf die Frage, wie viel Prozent einer Eigenschaft eines Individuums erblich ist. (Auch dies hat Sarrazin missverstanden.) Zudem ist die Übertragung von Erblichkeitsschätzungen auf Variationen zwischen Gruppen unzulässig. Die dysgenische Argumentationslinie besagt: Intelligenz sei überwiegend erblich, eine bestimmte Bevölkerungsgruppe (Afroamerikaner, muslimische Migranten, Unterschichten) sei unterdurchschnittlich intelligent, aber überdurchschnittlich fruchtbar, und daher sei auf lange Sicht mit einer „genetischen Verdummung" der Bevölkerung zu rechnen. An dieser Stelle begehen die Dysgeniker genau diesen Denkfehler: Sie leiten aus – fragwürdigen – Ergebnissen zur Erblichkeit von Intelligenzunterschieden innerhalb einer Gruppe die Behauptung ab, dass sich Unterschiede zwischen Gruppen gleichermaßen vererben.

Warum es methodisch falsch ist, diese drei Kategorien (innerhalb einer Gruppe; Individuum; zwischen zwei Gruppen) durcheinanderzuwerfen, zeigt folgendes Szenario: Wenn man in einem Treibhausbeet exakt gleiche Umweltbedingungen herstellt und Blumenkerne aussät, werden die Blumen nach einem halben Jahr unterschiedlich groß sein. (Diese wissenschaftlich sauberen Bedingungen des Treibhaus-Szenarios kann die Intelligenzforschung nicht herstellen: Bei Menschen gibt es keine exakt gleichen Umweltbedingungen, und menschliche Eigenschaften sind im Gegensatz zur Größe von Blumen nicht exakt messbar.) Die Größenunterschiede zwischen den einzelnen Blumen wird man als erblich bedingt ansehen müssen: Alle Blumen bekommen dieselben Nährstoffe, wachsen im gleichen Klima. Unterschiede können also nur auf genetische Ursachen zurückzuführen sein.

Aus der hundertprozentigen Erblichkeit der Unterschiede innerhalb einer Gruppe lassen sich aber keine Erkenntnisse zur Erblichkeit von Eigenschaften eines einzelnen Exemplars ableiten. Man kann also nicht behaupten: Bei dieser Blume, die vorne in der linken Ecke des Beets steht, ist die Eigenschaft „Größe" zu hundert Prozent erblich. Unter anderen Umweltbedingungen könnte diese Blume nämlich sowohl größer als auch kleiner sein.

---

113 Schönemann 1997, S. 103 f.

Gehen wir also wieder zurück auf die Ebene der Gruppe. Vergleicht man die soeben untersuchte Blumengruppe mit einer Gruppe aus dem Treibhaus nebenan, in dem andere Umweltbedingungen herrschen, ist der Erblichkeitskoeffizient (hundertprozentige Erblichkeit) ebenfalls nicht anwendbar. Die durchschnittlichen Größenunterschiede zwischen den Gruppen sind nämlich zu hundert Prozent umweltbedingt – ausschließlich zurückzuführen auf den anderen Nährstoffgehalt des Bodens und das andere Klima.[114] Die den Erblichkeitsstudien zugrunde liegende Methode ist also dazu konzipiert, Aussagen zur Erblichkeit von Unterschieden *innerhalb einer Gruppe* zu treffen – und nichts anderes. Über Individuen oder Unterschiede *zwischen Gruppen* sagt der Erblichkeitskoeffizient nichts aus. Das hält Intelligenzforscher wie Philippe Rushton und Arthur Jensen allerdings nicht davon ab, noch 2010 in einem Editorial der Zeitschrift „Intelligence" eben jene ewig wiedergekäute These von der Erblichkeit von Intelligenzunterschieden zwischen Afroamerikanern und Weißen erneut zum Besten zu geben.[115]

Und die Antwort auf die anfangs gestellte Frage? Jene Kritiker Sarrazins, die meinen, er sei nicht auf der Höhe der (Intelligenz-)Forschung, sind entweder schlecht informiert oder sie wollen nicht wahrhaben, dass die psychologische Intelligenzforschung so interpretiert werden kann und tatsächlich auch von vielen Wissenschaftlern selbst so interpretiert wird, wie Sarrazin es tut. So gesehen haben Rindermann, Rost und auch Sarrazin nach Maßgabe ihrer Prämissen Recht.

Auf der anderen Seite ist die statistisch-naturwissenschaftliche Intelligenzforschung selbst weder neutral noch objektiv und wird so ihrem eigenen Anspruch nicht gerecht. Vielmehr dient sie als Rechtfertigung des gesellschaftlichen Status Quo wie auch des Angriffs auf die Idee von der Gleichwertigkeit der Menschen. Beide Seiten sind demnach politisch motiviert, der Rückgriff auf „die Wissenschaft" fungiert bei beiden als Deckmantel der eigenen Positionen.

---

114 Das Szenario ist angelehnt an das berühmte Saatgut-Beispiel von Richard Lewontin. Lewontin, S. 95.
115 Rushton/Jensen 2010, S. 218.

## Literatur

Amelang, Manfred/Bartussek, Dieter/Stemmler, Gerhard/Hagemann, Dirk: Differentielle Psychologie und Persönlichkeitsforschung. Kohlhammer 2006 (6. Auflage).
Billig, Michael: Die Rassistische Internationale. Frankfurt/M. 1981.
Blech, Jörg: Fakten zu Sarrazins Thesen. Die Mär von der vererbten Dummheit. 30.08.2010. URL: www.spiegel.de/wissenschaft/mensch/0,1518,714558,00.html Stand: 18.09.2011.
Bourdieu, Pierre: Soziologische Fragen. Frankfurt/M. 1993.
Brigham, Carl C.: A study of American Intelligence. Princeton 1923.
Cattell, Raymond B.: Is national intelligence declining? The Eugenic Review, 3/1936, S. 181–203.
Cattell, Raymond B.: The fight for our national intelligence. London 1937.
Cattell, Ramond B.: Interview with Raymond B. Cattell. 1984. URL: www.eugenics.net/papers/eb7.html Stand: 13.09.2011
Cattell, Raymond B.: How good is your country? What you should know. Mankind Quarterly Monograph Series 5, Institute for the Study of Man 1994.
Ceci, Stephen: How Much Does Schooling Influence General Intelligence and Its Cognitive Components? A Reassessment of the Evidence. In: Developmental Psychology, 27/1991, S. 703–722.
Deppe, Frank/Salomon, David/Solty, Ingar: Imperialismus. Köln 2011.
Dickens, William/Flynn, James Robert: Black Americans reduce the racial IQ gap: Evidence from standardization samples. In: Psychological Science, 17/2006, S. 913–920.
Engels, Friedrich: Dialektik der Natur. In: Marx-Engels-Werke, Bd. 20. Ost-Berlin 1962.
Enzensberger, Hans Magnus: Im Irrgarten der Intelligenz – Ein Idiotenführer. Frankfurt am Main 2007.
Eysenck, Hans J.: Vererbung, Intelligenz und Erziehung. Zur Kritik der pädagogischen Milieutheorie. Stuttgart 1975 a.
Eysenck, Hans J.: Die Ungleichheit der Menschen. Ist Intelligenz erlernbar? München 1975 b.
Eysenck, Hans J.: Vorwort. In: Krebs, Pierre (Hrsg.): Das unvergängliche Erbe. Alternativen zum Prinzip Gleichheit. Tübingen 1981, S. 9–12.
Fischer, Claude/Hout, Michael/Sánchez Jankowski, Martin/Lucas, Samuel/Swidler, Ann/Voss, Kim: Inequality by Design. Princeton 2006.
Flynn, James Robert: Massive IQ gains in 14 Nations: What IQ-Tests really measure. In: Psychological Bulletin, 101/1987, S. 171–191.
Flynn, James Robert: What is Intelligence? Beyond the Flynn Effect. New York 2007.
Galton, Francis. Hereditary Talent and Character. Macmillan's Magazine, 12/1865, S. 157–166 (Teil 1).
Galton, Francis: Hereditary Genius: An Inquiry into its Laws and Consequences. Amherst (NY) 2006.
Galton, Francis: Measurement of character. Fortnightly Review, 36/1884, S. 179–185.
Gamma, Alex: Vom Unsinn der Erblichkeit. In: Schweizer Archiv für Neurologie und Psychiatrie, 159/2008, S. 42–45.

Gottfredson, Linda: Mainstream Science on Intelligence: An Editorial with 52 Signatories, History, and Bibliography, 13.12.1994. Nachdruck in: Intelligence, 1/1997, S. 13–23.

Gould, Stephen J.: Der falsch vermessende Mensch. Basel u. a. 1983.

Greenfield, Patricia: You can't take it with you. Why Ability Assessments don't cross Cultures. In: American Psychologist, 52/1997, S. 1115–1124.

Greve, Werner: „Absoluter Unsinn" – Der Psychologe Werner Greve spricht im Interview über die Intelligenz-These von Thilo Sarrazin. 31.08.2010. URL: www.fr-online.de/panorama/psychologe-ueber-sarrazin--absoluter-unsinn-,1472782,4601682.html Stand: 18.09.2011.

Gütt, Arthur/Rüdin, Ernst/Ruttke, Falk: Gesetz zur Verhütung erbkranken Nachwuchses vom 14. Juli 1933. Mit Auszug aus dem Gesetz gegen gefährliche Gewohnheitsverbrecher und über Maßregeln der Sicherung und Besserung vom 24. Nov. 1933. München 1934.

Hearnshaw, Leslie: Cyril Burt: Psychologist, Ithaca (NY) 1979.

Holzkamp, Klaus: Hochbegabung. Wissenschaftlich verantwortbares Konzept oder Alltagsvorstellung? In: Schriften I. Hamburg 1997, S. 55–71.

Jensen, Arthur: A Conversation with Arthur Jensen, 8/1992. URL: www.amren.com/ar/1992/08/ Stand: 20.09.2011

Jensen, Arthur: Charles Spearman: Founder of the London School. 2000. URL: www.galtoninstitute.org.uk/Newsletters/GINL0003/charles_spearman.htm Stand: 12.09.2011.

Joseph, Jay: The Gene Illusion. New York 2004.

Kamin, Leon J.: The science and politics of I.Q. Potomac (MD) 1974.

Kühl, Stefan: Die Internationale der Rassisten. Aufstieg und Niedergang der internationalen Bewegung für Eugenik und Rassenhygiene im 20. Jahrhundert. Frankfurt, New York 1997.

Lewontin, Richard C./Rose, Steven/Kamin, Leon J.: Die Gene sind es nicht ... Biologie, Ideologie und menschliche Natur. Weinheim 1988.

Mehler, Barry: Beyondism: Raymond B. Cattell and the New Eugenics. 1997. URL: www.ferris.edu/isar/bios/Cattell/genetica.htm Stand: 15.09.2011

Neubauer, Aljoscha/Stern, Elsbeth: Lernen macht intelligent. München 2009.

OECD: PISA 2009, Ergebnisse: Zusammenfassung. 2010.

Pearson, Karl: National life from the standpoint of science. London 1905 (2. edition).

Pearson, Karl: Socialism in theory and practice. London 1887 (2. edition).

Pearson, Karl: The Life, Letters and Labours of Francis Galton. London 1914.

Rindermann, Heiner/Rost, Detlef: Intelligenz von Menschen und Ethnien. Was ist dran an Sarrazins Thesen? 07.09.2010. URL: www.faz.net/artikel/C30512/intelligenz-von-menschen-und-ethnien-was-ist-dran-an-sarrazins-thesen-30306026.html. Stand: 18.09.2011

Rindermann, Heiner: Was messen internationale Schulleistungsstudien? Schulleistungen, Schülerfähigkeiten, kognitive Fähigkeiten, Wissen oder allgemeine Intelligenz? In: Psychologische Rundschau 57/2006, S. 69–86.

Rosselli, Monica/Ardila, Alfredo: The Impact of Culture and Education on Non-verbal Neuropsychological Measurements: A Critical Review. In: Brain and Cognition, 52/2003, S. 326–333.

Rost, Detlef: Interpretation und Bewertung pädagogisch-psychologischer Studien. Weinheim 2005.
Rost, Detlef: Intelligenz – Fakten und Mythen. Weinheim 2009.
Roth, Gerhard: Gene und Erziehung. Interview in: GEOkompakt, 28/2011, S. 60–70.
Rushton, J. Philippe/Jensen, Arthur R.: The rise and fall of the Flynn Effect as a reason to expect a narrowing of the Black-White IQ gap. In: Intelligence, 38/2010, S. 213–219.
Sarrazin, Thilo: Deutschland schafft sich ab. Wie wir unser Land aufs Spiel setzen. München 2010 (10. Auflage).
Schmidt, Wilfred: William Stern (1871–1938) und Lewis Terman (1877–1956): Deutsche und amerikanische Intelligenz- und Begabungsforschung im Lichte ihrer andersartigen politischen und ideologischen Voraussetzungen. Psychologie und Geschichte. 1/1994, S. 3–25.
Schönemann, Peter: Jensen's g: Outmoded Theories and Unconquered Frontiers. In: Modgil, S./Modgil, C. (Hrsg.): Arthur Jensen: Consensus and Controversy. Barcombe 1987, S. 314–327.
Schönemann, Peter H.: Measurement: The Reasonable Ineffectiveness of Mathematics in the Social Sciences. In: Borg, I./Mohler, P. (Hrsg.): Trends and Perspectives in Empirical Social Research. Berlin und New York 1994, S. 149–160.
Schönemann, Peter H.: On Muddles and Models of Heritability. In: Genetica, 99/1997, S. 97–108.
Schönemann, Peter H.: Psychometrics of Intelligence. In: K. Kemp-Leonard (Hrsg.): Encyclopedia of Social Measurement, 3/2005, S. 193–201.
Semmel, Bernhard: Karl Pearson. Socialist and Darwinist. In: The British Journal of Sociology, 2/1958, S. 111–125.
Spearman, Charles: „General intelligence", objectively determined and measured. In: American Journal of Psychology, 15/1904, 201–293. URL: http://psychclassics.yorku.ca/Spearman Stand: 14.09.2011.
Spearman, Charles E.: The nature of intelligence and the principles of cognition. London 1923.
Stelzl, Ingeborg/Merz, Ferdinand/Ehlers, Theodor/Remer, Herbert: The Effect of Schooling on the Development of Fluid and Crystallized Intelligence: A Quasi-Experimental Study. In: Intelligence, 21/1995, S. 279–296.
Stern, Elsbeth/Guthke, Jürgen: Perspektiven der Intelligenzforschung. Lengerich 2001.
Stern, Elsbeth: Sarrazin-Debatte: Was heißt hier erblich? Die Intelligenzforscherin Elsbeth Stern widerspricht der Verdummungsthese. 02.09.2010. URL: www.zeit.de/2010/36/Intelligenz-Sarrazin. Stand: 18.09.2011.
Stern, William/Wiegmann, Otto: Methodensammlung zur Intelligenzprüfung von Kindern und Jugendlichen. Hamburger Arbeiten zur Begabungsforschung. Beihefte zur Zeitschrift für angewandte Psychologie. Leipzig 1920.
Tucker, William: The Funding of Scientific Racism. Wickliffe Draper and the Pioneer Fund. Urban (IL) 2002.
Weingart, Peter/Kroll, Jürgen/Bayertz, Kurt: Rasse, Blut und Gene. Geschichte der Eugenik und Rassenhygiene in Deutschland, Frankfurt/M. 1988.
Weiss, Volkmar: Die IQ-Falle. Intelligenz, Sozialstruktur und Politik. Graz, Stuttart 2000.

Wicherts, Jelte/Dolan, Conor/Hessen, David/Oosterveld, Paul/Van Baal, G. Caroline M./Boomsma, Dorret/Span, Mark: Are Intelligence Tests measurement-invariant over time? Investigating the Nature of the Flynn-Effect. In: Intelligence, 32/2004, S. 509–537.

Winston, Andrew S.: Science in the Service of the Far Right: Henry E. Garrett, the IAAEE, and the Liberty Lobby Issue. Journal of Social Issues, 1/1998, S. 179–210.

# Genetische Unterschiede? Die Irrtümer des Biologismus

*Diethard Tautz*

Der Mensch ist eine der genetisch homogensten Spezies, die es auf der Erde gibt. Wer Isländern, Ostfriesen oder Juden spezielle Erb-Eigenschaften zuschreibt, wie Thilo Sarrazin es getan hat, hat von den grundlegenden genetischen Zusammenhängen keine Ahnung. Wie auch immer man Intelligenz definieren will: Es ist keine monogenetische Eigenschaft, die nach den Mendelschen Gesetzen vererbt wird. Die Vorstellung, die Intelligenz der Einwohner Deutschlands könne durch Gegenauslese absinken, widerspricht wissenschaftlichen Erkenntnissen.

Wenn ein Laie die Biologie heranzieht, um politisch zu argumentieren, sollte er zuvor Fachleute fragen, ob seine Schlussfolgerungen richtig sind. Das hat Sarrazin offenbar versäumt. Und so kommt es, dass er grundlegende genetische Zusammenhänge falsch verstanden hat. Viele seiner Thesen zur Erblichkeit menschlicher Eigenschaften sind mit den Erkenntnissen der modernen Genetik nicht vereinbar.

Als sich der Verband Biologie, Biowissenschaften und Biomedizin in Deutschland (VBIO e. V.) Anfang September 2010 in einer Pressemitteilung gegen jeden Versuch wandte, die Biologie politisch zu instrumentalisieren – sei es durch Sarrazin oder andere Teilnehmer der öffentlichen Debatte –, bekam der VBIO viele Zuschriften. Sie offenbarten, wie groß das öffentliche Interesse an den von Sarrazin angeschnittenen Themen ist – aber auch, dass es viele Missverständnisse und Fehlinterpretationen gibt. Die Materie ist komplex, und manches, was auf intuitiver Ebene schlüssig und plausibel erscheint, erweist sich bei näherer Auseinandersetzung mit dem Forschungsstand als unzutreffend.

## Genetische Unterschiede zwischen Menschengruppen

Viele der an den VBIO herangetragenen Fragen betreffen die Unterschiede zwischen menschlichen Populationen: Gibt es eine genetische Identität von Volksgruppen? Haben diese Gruppen kollektive, genetisch determinierte

Eigenschaften? Dazu muss man wissen, dass der Genpool bei Menschen außerordentlich gering diversifiziert ist – deutlich geringer als beispielsweise bei Schimpansen oder Gorillas. Evolutionsbiologisch gesehen ist der Mensch eine der genetisch homogensten Spezies, die es auf der Erde gibt.[1]

Die geringen genetischen Unterschiede zwischen den menschlichen Gruppen sind darauf zurückzuführen, dass sich der Mensch erst vor vergleichsweise kurzer Zeit über die Erde ausgebreitet hat. Das genetische Repertoire des heutigen Menschen geht auf eine Gründerpopulation von weniger als 50 000 Individuen zurück. Praktisch alle heute existierenden häufigen Genvarianten gab es bereits in dieser Population, und die meisten davon sind in allen gegenwärtigen Volksgruppen zu finden. Die einzige signifikante Differenzierung, die kürzlich gefunden wurde, ist, dass sich nur die Vorgänger der Europäer und Asiaten mit Genmaterial des Neandertalers vermischt haben, nicht aber die Afrikaner.

Genetische Unterschiede zwischen den heutigen Volksgruppen lassen sich im Wesentlichen nur mit Hilfe von neutralen genetischen Markern (so nennt man variable DNA-Abschnitte) nachweisen, die per definitionem keine Rückschlüsse auf spezifische Eigenschaften erlauben. Neutrale Marker liegen in den großen Bereichen des Erbguts, die nicht codieren. Das heißt: Sie werden nicht in Genprodukte (zum Beispiel Proteine) umgesetzt. Variationen in diesen neutralen Bereichen sind nicht funktional. Sie unterliegen beziehungsweise unterlagen deshalb keinem Selektionsdruck, haben keinen Einfluss auf den Phänotyp (also auf die äußere Erscheinung) und sagen nichts über Eigenschaften aus.

Neutrale genetische Marker verhalten sich – eben weil sie neutral sind – nach statistischen Zufallsprinzipien. Mittels statistischer Methoden kann man anhand der Variation in den neutralen Markern die Frage klären, ob der durchschnittliche Unterschied zwischen Gruppen größer oder kleiner ist als die Varianz innerhalb der Gruppen. Wenn er größer ist, hat man meist ein gutes Argument, dass es sich um unterschiedliche Spezies, Subspezies oder Rassen handeln könnte (auch wenn das nie das einzige Argument ist). Beim Menschen ist der Unterschied zwischen den Gruppen viel kleiner als die Varianz innerhalb der Gruppen, es ergibt sich also kein Kriterium, auf genetischer Basis unterschiedliche Rassen zu definieren. Anders ausgedrückt: Bereits zwischen zwei Mitgliedern einer Volksgruppe kann man circa 89 Prozent aller Unterschiede finden,

---

1 Zu den immer wieder gestellten Fragen über genetische Unterschiede zwischen menschlichen Populationen siehe auch: Barbujar, Guido/Colonna, Vinzenza: Human genome diversity: frequently asked questions. In: Trends in Genetics. Heft 7/2010, S. 285–295. Eine Online-Version ist für nicht-kommerzielle Zwecke verfügbar unter: www2.webmatic.it/workO/s/113/pr-1400-file_it-Barbujani-Colonna.pdf

die man zwischen allen Menschen auf der ganzen Welt findet. In einer erweiterten Stichprobe mit Individuen aus verschiedenen Gruppen würde man (nur noch) etwa 11 Prozent weitere Variationen finden.

Nach statistischer Auswertung neutraler genetischer Marker werden also Gruppen geformt, die zwar den großen geografischen Regionen entsprechen, aber nicht scharf voneinander abzugrenzen sind. Je nachdem, welche genetischen Marker man betrachtet, ergeben sich zudem teilweise voneinander abweichende Gruppen.

Auch die Zuordnung von Individuen zu geografischen Regionen erfolgt statistisch: Nicht jedes Individuum kann eindeutig einer Population zugeordnet werden. Wenn ein Individuum mit Hilfe eines bestimmten Verfahrens einer Population zugeordnet wird, heißt das nicht unbedingt, dass man mit einem anderen Verfahren zum selben Ergebnis gelangt.

Es gibt nur wenige funktionale Unterschiede zwischen Menschengruppen. Ganz offensichtlich gehören dazu die Gene, die Einfluss auf die Hautfarbe haben. Sie sind als lokale Adaptationen entstanden, aus der Balance zwischen Schutz vor UV-Strahlen und der Notwendigkeit, über eine Lichtreaktion Vitamin D in der Haut zu erzeugen. Ein weiteres Beispiel ist eine bei Westeuropäern sehr häufige Genvariante, die es Erwachsenen erlaubt, Milchzucker zu verdauen. Andere funktionale Unterschiede betreffen Resistenzen gegen Krankheitserreger.

Im Vergleich zu dem enormen technischen Aufwand, der betrieben wurde, um Unterschiede zwischen Volksgruppen zu belegen, sind bisher nur sehr wenige spezielle funktionale Anpassungen gefunden worden. Eine genetische Identität (im Sinne von kollektiven, genetisch determinierten Eigenschaften) haben Volksgruppen also nicht. Dennoch gibt es statistisch signifikante Unterschiede, und man kann sich Gedanken darüber machen, was diese bedeuten. Das haben viele Genetiker getan und sind zu dem Schluss gekommen, dass die ganz überwiegende Mehrzahl der Unterschiede durch neutrale, geografisch-historisch bedingte Prozesse zu erklären sind. Verschiedene Volksgruppen lebten eine Zeit lang in jeweils unterschiedlichen Regionen – und diese räumliche Trennung hinterließ genetische Spuren.

**Das Phantom-Gen**

In einem Interview mit der *Welt am Sonntag* behauptete Sarrazin: „Alle Juden teilen ein bestimmtes Gen."[2] Später zog er diese Aussage zurück, fügte aber hinzu, er hätte statt der Juden lieber Ostfriesen oder Isländer als Beispiele heranziehen sollen.[3] Diese Aussagen belegen besonders gut, dass Sarrazin und andere Kommentatoren Grundsätzliches nicht verstanden haben: Keine dieser Gruppen hat ein „Gen" für sich.

Auch wenn man unterstellt, Sarrazin habe lediglich eine „umgangssprachliche Nomenklatur" benutzt, handelt es sich um eine gravierende Fehlinterpretation. Der Begriff „Gen" wird umgangssprachlich mit „vererbbarer Eigenschaft" gleichgesetzt, und so ist Sarrazin auch verstanden worden. Bei den israelischen Studien, auf die Sarrazin sich bezieht, werden Unterschiede zwischen Volksgruppen statistisch erfasst, indem man eine große Anzahl an neutralen Markern miteinander vergleicht. Unterschiede ergeben sich dann in Bezug auf die Häufigkeit des Vorkommens verschiedener Varianten (Fachbegriff: Allele) dieser Marker. So können – als hypothetisches Beispiel – die beiden Varianten A und a bei Juden mit einer Häufigkeit von 70 zu 30 Prozent vorkommen und bei Ostfriesen mit einer Häufigkeit von 30 zu 70 Prozent. Sie sind damit genetisch unterscheidbar, aber eben nur statistisch und nicht als Individuen. Zudem muss nochmals betont werden, dass mit neutralen Markern keine Eigenschaften verbunden sind und sie deshalb auch nicht als „Gen" bezeichnet werden, sondern meist als „Lokus" (das heißt: eine eingrenzbare Region im Genom).

Den israelischen Genetikern geht es in erster Linie nicht um spezifische Eigenschaften, sondern gewissermaßen um Ahnenforschung: Die Studien sollen die „Idee eines jüdischen Volkes mit gemeinsamer genetischer Historie" stützen. Sie versuchen zu zeigen, dass die beiden großen kulturell unterschiedlichen Gruppen von Juden einen gemeinsamen Populationsursprung hatten.[4] Manche Historiker hatten das bezweifelt. Dass das „jüdische Volk" kollektive, genetisch

---

2 Sarrazin, Thilo: „Ich bin kein Rassist". Interview in: *Welt am Sonntag*, 29. 8. 2010. Auf die Frage, ob es eine „genetische Identität" gebe, antwortete Sarrazin: „Alle Juden teilen ein bestimmtes Gen, Basken haben bestimmte Gene, die sie von anderen unterscheiden."
3 In der Sendung „Hart aber fair" vom 1. 9. 2010 bezeichnete Sarrazin seine Aussage als „Riesenunfug", fügte aber hinzu: „Mir fiel zuerst das Beispiel der Juden ein, weil ich dazu kurz vorher einen Aufsatz gelesen hatte. Ich hätte sagen sollen: Ostfriesen oder Isländer, dann wär's kein Thema gewesen."
4 Ostrer, Harry u. a.: Abraham's Children in the Genome Era. In: The American Journal of Human Genetics, Heft 6/2010, S. 850–859. doi:10.1016/j.ajhg.2010.04.015

determinierte Eigenschaften hat – dies zu behaupten läge wohl auch den israelischen Genetikern fern.

**Erblichkeit von Intelligenz**

Die Genetik spielt in alle Eigenschaften des Menschen hinein, und das ist bei der Intelligenz nicht anders. Allerdings gehört die „Intelligenz" zu den am wenigsten fassbaren Eigenschaften, weil es dafür noch nicht mal eine einheitliche Definition gibt. Leider spiegelt die Verwendung des Begriffs „Intelligenz-Quotient" (IQ) eine einfache Definition vor. Tatsächlich besteht jeder IQ-Test aus einer Kombination von Tests, die unterschiedliche Kompetenzen ansprechen. Manche Menschen haben eine höhere Kompetenz beim Umgang mit Zahlen als mit Sprache, andere sind besonders gut in visueller Vorstellungskraft. Musikalische, künstlerische oder soziale Fähigkeiten werden in den Standardtests meist gar nicht getestet.

Für etwas, das man nicht klar definieren kann, kann man auch keine klare Aussage zur Vererblichkeit machen. Fest steht aber: Ein einzelnes „Intelligenz-Gen" gibt es nicht, deshalb kann man diese Eigenschaft auch nicht mit den einfachen Mendelschen Regeln beschreiben. Mendel beobachtete Eigenschaften der Erbse, die nur durch jeweils ein Gen determiniert werden – also monogenetische Eigenschaften. Nachdem er die monogenetischen Erbgänge verstanden hatte, konnte Mendel relativ einfache Vorhersagen über die Ausprägung von Merkmalen in den nächsten Generationen machen. Intelligenz wird aber wie viele andere unserer Eigenschaften nicht nur von einem, sondern von vielen Genen bestimmt. Intelligenz ist polygenetisch vererbt. Eine einfache Vorhersage der Merkmalsverteilung solcher polygenetischen Eigenschaften in nachfolgenden Generationen wie bei Mendels Erbsen ist nicht möglich. Außerdem hat man bei den polygenetischen Eigenschaften auch noch nicht im Einzelfall verstanden, wie die verschiedenen Gene aufeinander wirken. Ist die Ausprägung rein additiv oder interagieren die Genprodukte noch auf andere Weise miteinander? Die Vererbung der meisten unserer Eigenschaften ist also außerordentlich komplex, da viele Gene wirken und zusätzlich eine Umweltkomponente greift.

Wenn eine Eigenschaft, die polygenetisch bedingt ist, eindeutig gemessen werden kann (Körpergröße, Lebensalter), dann können auch die sie beeinflussenden Genvarianten entdeckt werden. Im Falle der Eigenschaft „Lebensalter" ist es durch aufwendige Vergleiche von Gruppen, die unterschiedlich lange lebten, gelungen, einige korrelierte Genvarianten zu entdecken. Dies sind aber keine „Altersgene". Sie beeinflussen als Variante nur wenige Prozent der Eigenschaft „Alter", und es ist auch völlig unklar, in welcher Kombination mit anderen Varianten sie das tun. Im Falle der „Intelligenz" ist man noch nicht mal an diesem Punkt.

Deshalb kann man keine konkreten Vorhersagen über die Vererblichkeit von Intelligenz zwischen oder innerhalb von Volksgruppen machen. Insbesondere ist Sarrazins Aussage, dass Kinder „… gemäß den Mendelschen Gesetzen die intellektuelle Ausstattung ihrer Eltern (erben)"[5], aus wissenschaftlicher Sicht unsinnig. Mendelsche Gesetze beziehen sich nur auf monogenetische Erbgänge, also eben gerade nicht auf intellektuelle Eigenschaften. Durch die Neukombination des Genmaterials in jeder Generation ist jedes Kind einzigartig, und insbesondere in Bezug auf „Intelligenz" lassen sich keine Vorhersagen für das Individuum machen. „Dumme" Eltern können durchaus „kluge" Kinder bekommen, ebenso wie „kluge" Eltern „dumme" Kinder haben können.

Die klassischen Intelligenzforscher – meist handelt es sich um Psychologen – versuchen seit langem, den erblichen Anteil von Intelligenzunterschieden prozentual zu bestimmen und nennen Zahlen zwischen 50 bis 80 Prozent. Auf diese Schätzungen bezieht sich auch Sarrazin. Dies ist aber eine rein akademische Debatte um statistische Anteile, aus der sich insbesondere für Individuen und deren unterschiedliche Begabungen keine Vorhersagen ableiten lassen. Welcher Anteil der „Intelligenz" durch Umwelt (oder Kultur) bedingt ist, hängt zudem auch von dem gewählten Messverfahren ab. Aus Sicht der Genetik ist es unsinnig, mit solchen Prozentzahlen zu hantieren, wenn noch nicht mal geklärt ist, über was genau man eigentlich spricht.

## Intelligenz verschiedener Volksgruppen

Dass es bei Volksgruppen genetische Unterschiede in Bezug auf Intelligenzleistungen geben könnte, ist nach dem gegenwärtigen Stand der Genetik nicht zu erwarten. Intelligenz wird von vielen Genregionen beeinflusst, die in jedem Individuum neu zusammengewürfelt werden. Die genetische Rekombination kann zu großen Unterschieden innerhalb einer Gruppe führen, wirkt aber gleichzeitig im Vergleich zwischen Gruppen wie ein Puffer. Wissenschaftlich formuliert: Die Varianz innerhalb der Gruppe übersteigt die Unterschiede zwischen Gruppen bei weitem. Selbst wenn es zu lokalen Veränderungen der Häufigkeit von

---

5  Sarrazin, Thilo: Deutschland schafft sich ab. München 2010, S. 175.

Genvarianten kommen sollte (wie beispielsweise durch Inzucht in Alpentälern), würden diese Verteilungsunterschiede im Falle von Rückkreuzungen schnell wieder ausgeglichen. Dafür reicht bereits ein sehr geringer Genfluss. Es ist daher davon auszugehen, dass jede Volksgruppe grundsätzlich das gleiche genetische Potenzial für Intelligenzleistungen hat.

Dass es bei Intelligenzleistungen messbare Unterschiede gibt, liegt daran, dass die Intelligenztests durch kulturelle Vorerfahrungen beeinflusst werden. Jede Volksgruppe, die einen Intelligenztest auf der Basis ihrer eigenen Kultur entwickeln würde, würde feststellen, dass die meisten anderen Kulturen durchschnittlich schlechtere Leistungen zeigen würden als die Mitglieder des eigenen Kulturkreises. Da aber kulturelle Traditionen nicht genetisch festgeschrieben sind, können sie sich innerhalb einer Generation verändern: Die Großmutter mag dem Enkel beim Kopfrechnen oder bei der Rechtschreibung haushoch überlegen sein, während sie mangels einschlägiger Erfahrungen bestimmte („Intelligenz"-)Leistungen am Computer nicht erbringen kann.

### Die These vom Absinken der kollektiven Intelligenz

Führt eine überdurchschnittliche Geburtenrate von „unterdurchschnittlich Intelligenten" dazu, dass die kollektive Intelligenz in Deutschland absinkt? Offenbar denken viele, dass es sich hier um eine der grundsätzlich richtigen Kernthesen in Sarrazins Buch handelt.

Die Vererbung polygenetischer Merkmale wie Intelligenz ist komplex. So ergibt sich eine vielschichtige Dynamik der individuellen und kollektiven Intelligenzmerkmale.

Die Frage, welche Faktoren in einer sympatrisch (also im gleichen Areal) lebenden Population zu funktionalen genetischen Veränderungen oder zu einer Strukturierung der Population beitragen können, gehört zu den aktivsten Forschungsfeldern der Evolutionsbiologie, mit der sich unter anderem auch meine Forschungsgruppe beschäftigt. Die aktuelle Wissenschaft geht davon aus, dass es selbst bei günstigen Kombinationen von Faktoren immer noch hunderte von Generationen dauert, bis sich neue genetische Eigenschaften in Populationen durchsetzen können. Zu diesen Faktoren gehört unter anderem die „Geschlossenheit" beziehungsweise Isolation der Population.

Das bedeutet aber: Selbst wenn Deutschland in einem abgeschiedenen Alpental läge, wäre mindestens bei den nächsten hundert Generationen nicht mit großen funktionalen genetischen Veränderungen zu rechnen. Doch die in

Deutschland lebende Bevölkerung ist Teil der globalisierten Weltbevölkerung. Es findet ein ständiger Genaustausch mit anderen Populationen statt, sodass sich die Genpools gegeneinander ausgleichen.

Es gibt keinen einfachen Zusammenhang zwischen der Reproduktionsrate einer Bevölkerungsgruppe und Veränderungen der Frequenz von Genvarianten, insbesondere nicht im Kontext komplexer Merkmale und kontinuierlichem Genfluss. Die These, dass sich die durchschnittliche „Intelligenz" von Bevölkerungsgruppen aufgrund unterschiedlicher Reproduktionsraten kurzfristig verschieben könnte, entbehrt jeglicher wissenschaftlicher Grundlage.

**Literatur**

Barbujar, Guido/Colonna, Vinzenza: Human genome diversity: frequently asked questions. In: Trends in Genetics. Heft 7/2010, S. 285–295. http://www2.webmatic.it/workO/s/113/pr-1400-file_it-Barbujani-Colonna.pdf

Cavalli-Sforza, Luigi Luca/Cavalli-Sforza, Francesco: The Great Human Diasporas. The History of Diversity and Evolution. New York 1995.

Englbrecht, Claudia/Tautz, Diethard: Was wissen wir über genetische Variation in menschlichen Populationen? In: Biologie in unserer Zeit 1/2011 (41), S. 12–13.

Fischer, Ernst Peter: Genom. Eine Einführung. Frankfurt 2011.

https://genographic.nationalgeographic.com/genographic/lan/de/index.html

http://learn.genetics.utah.edu/

http://www.ornl.gov/sci/techresources/Human_Genome/publicat/primer2001/primer11.pdf

Ostrer, Harry u. a.: Abraham's Children in the Genome Era. In: The American Journal of Human Genetics, Heft 6/2010, S. 850–859. doi:10.1016/j.ajhg.2010.04.015

Ridley, Matt: Genome. The Autobiography of a Species in 23 Chapters. New York 2006.

Sarrazin, Thilo: Deutschland schafft sich ab. München 2010.

Sarrazin, Thilo: „Ich bin kein Rassist". Interview in: *Welt am Sonntag*, 29. 8. 2010.

Wells, Spencer: Die Wege der Menschheit. Eine Reise auf den Spuren der genetischen Evolution. Frankfurt 2003.

Wells, Spencer: Deep Ancestry. Inside The Genographic Project. Washington 2006.

# Über Bildung, Einwanderung und Religionszugehörigkeit

*Coskun Canan*

„Sind Muslime dümmer?", fragte eine Zeitung während der Sarrazin-Debatte und spitzte damit die These zu, der kulturell-religiöse Hintergrund von Muslimen sei bildungsfeindlich. Wer sich die Bildungsdaten ansieht, stellt fest: Beim Bildungserfolg kommt es nicht auf Religionszugehörigkeit, sondern vor allem auf sozio-strukturelle Faktoren an. Iranische Flüchtlinge beispielsweise sind mit hohen Qualifikationen eingewandert – und geben ihre bildungsrelevanten Ressourcen an die nachfolgenden Generationen weiter. Die Kinder klassischer Arbeitsmigranten hingegen haben in der Schule mit Startnachteilen zu kämpfen, egal, ob es sich um russlandstämmige Aussiedler oder um türkische Mitbürger in Deutschland oder um mexikanische Einwanderer in den USA handelt.

Als Ralf Dahrendorf und Hansgert Peisert vor etwa fünfzig Jahren die Bildungssituation in Deutschland beschrieben, nannten sie vier benachteiligte Gruppen: Arbeiterkinder, Mädchen, Landkinder und katholische Kinder. Die Autoren waren allerdings unsicher, welchen Stellenwert die Konfessionszugehörigkeit hat: „Angesichts dieser Differenzen wird bei der Frage nach den Ursachen für eine geringere Ausbildungsbeteiligung der Katholiken oftmals die Konfessionszugehörigkeit als solche in Erwägung gezogen. Mit großer Wahrscheinlichkeit dürfte die Konfessionszugehörigkeit in diesem Zusammenhang jedoch nur ein Sekundärmerkmal anderer sozialer Kriterien sein, über deren Einfluss auf die Ausbildungsbeteiligung weniger Zweifel herrscht: Arbeiter, Landbewohner, Mitglieder aus kinderreichen Familien u. a."[1]

Offenbar handelte es sich um ein statistisches Artefakt, welches daraus resultierte, dass Katholiken in der Arbeiterschaft und Landbevölkerung überdurchschnittlich stark vertreten waren. Entsprechend spielte die Konfessions-

---

1 Peisert, Hansgert: Soziale Lage und Bildungschancen in Deutschland. In: Dahrendorf, Ralf (Hrsg.): Studien zur Soziologie. München 1967, S. 81. Siehe dazu auch Dahrendorf, Ralf: Bildung ist Bürgerrecht. Hamburg: 1965, S. 52 f.

zugehörigkeit in der Bildungsforschung später keine Rolle mehr.[2] Auch in den PISA-Studien taucht diese Kategorie nicht auf.

Vor diesem Hintergrund ist es umso erstaunlicher, dass Thilo Sarrazin die Religionszugehörigkeit als eigenständigen Faktor bei der Erklärung von Bildungsungleichheit heranzieht. Diesmal sind es Muslime, denen mangelhafte Bildungsbeteiligung bescheinigt wird. Und im Unterschied zu früheren Bildungsdebatten wird eine strukturelle Benachteiligung der betreffenden Gruppe von vornherein ausgeschlossen: „Diskriminierung scheidet als Grund für die mangelhaften Erfolge der muslimischen Migranten im Bildungs- und Beschäftigungssystem aus, denn andere Migrantengruppen, die – aus Fernost oder Indien kommend – eher noch fremdartiger aussehen als Türken und Araber, schneiden teilweise sogar besser ab als die Deutschen." Der relative Misserfolg im Bildungssystem betreffe muslimische Migranten unterschiedlicher Herkunft gleichermaßen, behauptet Sarrazin.[3] „Überall in Europa gibt es analoge Integrationsprobleme mit muslimischen Migranten. Die These meines Buches ist: Dies liegt offenbar am islamisch-kulturellen Hintergrund. Ich kenne keine andere Erklärung."[4]

Um die Situation von „muslimischen Migranten" in Deutschland zu beschreiben, zieht Sarrazin Daten des Mikrozensus 2007 heran, die allerdings gar keine Auskunft über Religionszugehörigkeiten geben. Als „muslimische Migranten" definiert er Personen mit Migrationshintergrund in Bosnien und Herzegowina, der Türkei, dem Nahen und Mittleren Osten sowie Afrika.[5] Damit subsumiert er auch mehrheitlich nicht-muslimische Länder wie Georgien, Israel und die mehrheitlich nicht-muslimischen Länder in Afrika unter die Kategorie „muslimisch", während mehrheitlich muslimisch geprägte süd- und südostasiatische Länder wie Pakistan oder Afghanistan gar nicht berücksichtigt werden. In Sarrazins Statistik zählen 20 Prozent der in Deutschland lebenden Personen mit türkischem Migrationshintergrund, die nicht als muslimisch bezeichnet werden können, zur Gruppe der Muslime; das sind etwa 600 000 Menschen. Umgekehrt

---

2 Müller, Walter: Erwartete und unerwartete Folgen der Bildungexpansion. In: Friedrichs, Jürgen u. a. (Hrsg.): Die Diagnosefähigkeit der Soziologie. Sonderheft 38/1998 Kölner Zeitschrift für Soziologie und Sozialpsychologie. Opladen 1998, S. 91. Vgl. auch Klieme, Eckhard/Artelt, Cordula/Hartig, Johannes/Jude, Nina/Köller, Olaf/Prenzel, Manfred/Schneider, Wolfgang und Petra Stanat (Hrsg.): PISA 2009 Bilanz nach einem Jahrzehnt. Münster 2010.
3 Sarrazin, Thilo: Deutschland schafft sich ab. München 2010, S. 287 ff.
4 Sarrazin, Thilo: „Sind Muslime dümmer?" Interview in: *Die Zeit,* 26. 8. 2010.
5 Sarrazin S. 261. Hier verwendet Sarrazin die Bezeichnung Migranten sowohl für zugewanderte als auch in Deutschland geborene Personen. Diese Verwendung ist falsch, da die Bezeichnung Migranten sich nur auf Personen mit einer Migrationserfahrung bezieht.

fallen circa 200 000 Muslime mit süd- und südostasiatischem Migrationshintergrund unter den Tisch.[6] Das sind keine statistischen „Peanuts".

Zur methodischen Unschärfe[7] bei der Kategorisierung „muslimischer Migranten" passt, dass Sarrazin die Heterogenität zwischen den Sunniten, Aleviten und Schiiten ausblendet. Das ist möglicherweise kein Zufall, denn die Ergebnisse einer gesonderten Betrachtung der drei großen Gruppen innerhalb der Muslime in Deutschland vertragen sich nicht mit Sarrazins Vorstellung von einem monolithischen „islamisch-kulturellen Hintergrund".

**Konfessionelle Gruppen im Vergleich**

Die derzeit wohl umfassendste Studie über Muslime mit Migrationshintergrund in Deutschland ist „Muslimisches Leben in Deutschland"[8] vom Bundesamt für Migration und Flüchtlinge (BAMF). Für die Studie wurden deutschlandweit 6 000 Personen ab 16 Jahren mit Migrationshintergrund in vor allem mehrheitlich muslimisch geprägten Ländern befragt.[9] Die Bildungsbeteiligung der befragten Personen sieht folgendermaßen aus[10]:

---

6   Haug, Sonja/Müssig, Stephanie/Stichs, Anja: Muslimisches Leben in Deutschland. Bundesamt für Migration und Flüchtlinge. Forschungsbericht 6. Nürnberg 2009, S. 81. URL: http://www.bamf.de/SharedDocs/Anlagen/DE/Publikationen/Forschungsberichte/fb6-muslimisches-leben.pdf;jsessionid=DCDD65BC3F9E219D42675C5DC678BF2F.2_cid111?__blob=publicationFile. Stand: 07.08.2011. Die Zahl 600 000 Nicht-Muslime mit türkischem Migrationshintergrund beruht auf eigener Berechnung. Sie wurde auf der Basis der ca. 2,5 Millionen Muslime mit türkischem Migrationshintergrund (entspricht ca. 80 % der Personen mit türkischem Migrationshintergrund) berechnet. Der Schätzwert 2,5 Mio liegt im 95 %-Konfidenzintervall [2,45 Mio; 2,68 Mio]. Angaben zur Bildungsbeteiligung beziehen sich auf Personen, die zum Zeitpunkt der Befragung nicht in schulischer Ausbildung waren.
7   Zum unwissenschaftlichen Umgang Sarrazins mit statistischen Quellen siehe auch: Foroutan, Naika (Hrsg.)/Schäfer, Korinna/Canan, Coskun/Schwarze, Benjamin: Sarrazins Thesen auf dem Prüfstand – Ein empirischer Gegenentwurf zu Thilo Sarrazins Thesen zu Muslimen in Deutschland, W-Serie der Humboldt-Universität zu Berlin, Berlin, 2011. URL: http://www.heymat.hu-berlin.de/. Stand: 07.08.2011.
8   Haug/Stichs/Müssig 2009.
9   In der Stichprobe befinden sich auch mehrheitlich nicht-muslimische Länder: „In einigen Fällen werden auch Herkunftsländer einbezogen, in denen der Anteil der Muslime zwar niedriger liegt, aus denen aber eine große Zahl an Zuwanderern in Deutschland und insofern eine relevante Zahl an Muslimen lebt, wie im Fall der Russischen Föderation." Haug/Stichs/Müssig 2009, S. 40.
10  Vgl. Haug/Stichs/Müssig 2009, S. 211.

*Grafik 1*   Bildungsbeteiligung der Personen mit Migrationshintergrund ab 16 Jahren nach Konfessionszugehörigkeit

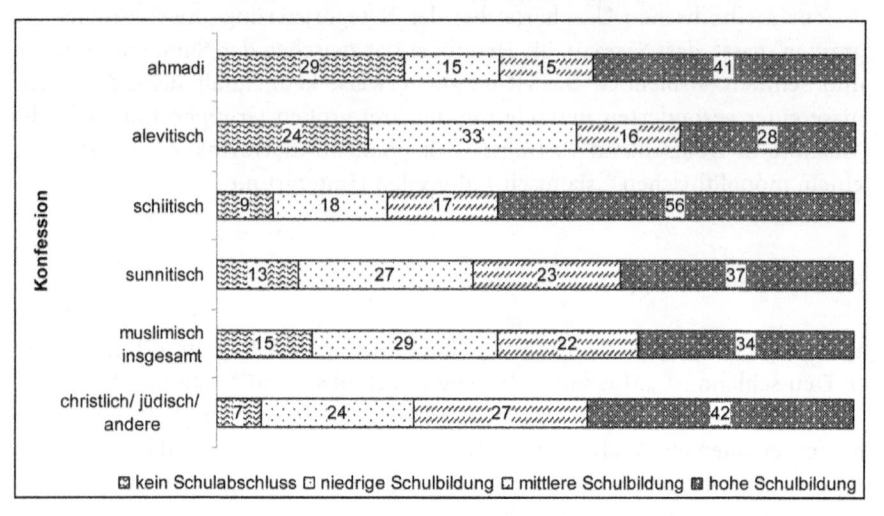

| Konfession | kein Schulabschluss | niedrige Schulbildung | mittlere Schulbildung | hohe Schulbildung |
|---|---|---|---|---|
| ahmadi | 29 | 15 | 15 | 41 |
| alevitisch | 24 | 33 | 16 | 28 |
| schiitisch | 9 | 18 | 17 | 56 |
| sunnitisch | 13 | 27 | 23 | 37 |
| muslimisch insgesamt | 15 | 29 | 22 | 34 |
| christlich/ jüdisch/ andere | 7 | 24 | 27 | 42 |

Aus der Grafik wird deutlich, dass verschiedene Religionsgruppen innerhalb der muslimischen Religionsgemeinschaft unterschiedliche Muster der Bildungsbeteiligung aufweisen. So erzielen 56 Prozent der schiitischen Muslime eine hohe Schulbildung[11], während dieser Wert bei den sunnitischen Muslimen bei 34 Prozent liegt.

Des Weiteren konnten Unterschiede festgestellt werden, die sich auf das Herkunftsland beziehen. So geben beispielsweise 81 Prozent der Muslime mit iranischem Migrationshintergrund, 28 Prozent der Muslime mit türkischem Migrationshintergrund und 54 Prozent der Muslime mit süd- oder südostasiatischem Migrationshintergrund an, eine hohe Schulbildung zu haben.[12] Personen, die ebenfalls aus diesen Herkunftsländern stammen, aber einer christlichen, jüdi-

---

11  Haug/Stichs/Müssig 2009, S. 210.
12  Muslime mit iranischem Migrationshintergrund sind zu 95 Prozent schiitisch; Muslime mit türkischem Migrationshintergrund sind zu 78 Prozent sunnitisch und 17 Prozent alevitisch,; Muslime mit süd- oder südostasiatischem Migrationshintergrund sind zu 60 Prozent sunnitisch und 28 Prozent ahmadi. Vgl. Haug/Stichs/Müssig 2009, S. 99.

schen oder sonstigen Religionsgemeinschaft[13] angehören und einen Migrationshintergrund aufweisen, erreichen zu 42 Prozent eine hohe Schulbildung. Aus diesen Ergebnissen schließen die Autoren der Studie: „Ein direkter Zusammenhang zwischen der Zugehörigkeit zur muslimischen Religionsgemeinschaft und der Bildung lässt sich dabei angesichts der großen Unterschiede zwischen den Muslimen aus verschiedenen Herkunftsländern nicht feststellen. Die Unterschiede im Bildungsniveau zwischen den Religionen und Konfessionen hängen vor allem mit der historischen Gegebenheit der Anwerbung von Arbeitsmigranten aus der Türkei, dem ehemaligen Jugoslawien sowie Marokko und Tunesien zusammen. Diese Arbeitsmigranten und ihre Familienangehörigen stammten überwiegend aus bildungsfernen sozialen Schichten."[14]

Während es sich also bei den zugewanderten Muslimen aus der Türkei vorwiegend um klassische Arbeitsmigranten mit niedrigen Bildungs- oder Berufsqualifikationen handelte, die vor allem für die Metallindustrie und das Baugewerbe angeworben wurden, waren zugewanderte Muslime aus dem Iran meist politische Flüchtlinge – und oftmals sehr gut ausgebildet.[15]

Betrachtet man nun die Allgemeinbevölkerung mit und ohne Migrationshintergrund ab 18 Jahren (ALLBUS 2008[16], siehe Grafik 2) nach Religionszugehörigkeit und Bildungsbeteiligung, fallen drei Befunde ins Auge:

- Erstens sind Muslime[17] im oberen Bildungssektor gleichermaßen vertreten wie Angehörige der evangelischen oder katholischen Kirche – was damit erklärt werden kann, dass gut ausgebildete Muslime zugewandert sind und die nachfolgenden Generationen ebenfalls hohe Bildungswerte erzielen.[18]

---

13 Christliche, jüdische und andere Religionsgemeinschaften werden in der Studie nicht separat ausgewiesen.
14 Haug/Stichs/Müssig 2009, S. 220.
15 Haug/Stichs/Müssig 2009, S. 123.
16 Die Allgemeine Bevölkerungsumfrage der Sozialwissenschaften (ALLBUS)URL: http://www.gesis.org/allbus. Stand: 10.08.2011. Eigene Berechnungen. Die ALLBUS-Stichprobe umfasst 3500 Personen. Ca. 100 Personen sind muslimisch. Auch die ALLBUS Daten unterstreichen das typische Muster der Bildungsbeteiligung bei muslimischen Personen. Und zwar: Muslimische Personen (mit Migrationshintergrund) sind zwar im höheren Bildungssegment stark präsent, aber gleichzeitig gibt es auch sehr viele, die gar keinen Schulabschluss haben. Vgl. auch: Brettfeld, Katrin/Wetzels, Peter: Muslime in Deutschland. Hamburg 2007. URL: http://www.bmi.bund.de/cae/servlet/contentblob/139732/publicationFile/14975/Muslime%20in%20Deutschland.pdf. Stand: 07.08.2011.
17 Die Heterogenität bzw. verschiedene Konfessionen innerhalb der Gruppe der Muslime wurden bei der Umfrage nicht berücksichtigt.
18 Haug/Stichs/Müssig 2009, S. 218.

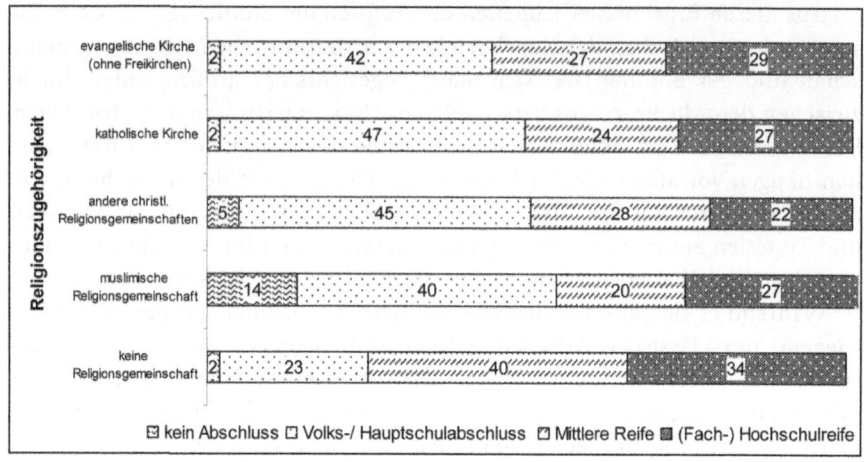

*Grafik 2*     Bildungsbeteiligung der Allgemeinbevölkerung mit und ohne Migrationshintergrund ab 18 Jahren nach Religionszugehörigkeit

| Religionszugehörigkeit | kein Abschluss | Volks-/Hauptschulabschluss | Mittlere Reife | (Fach-) Hochschulreife |
|---|---|---|---|---|
| evangelische Kirche (ohne Freikirchen) | 2 | 42 | 27 | 29 |
| katholische Kirche | 2 | 47 | 24 | 27 |
| andere christl. Religionsgemeinschaften | 5 | 45 | 28 | 22 |
| muslimische Religionsgemeinschaft | 14 | 40 | 20 | 27 |
| keine Religionsgemeinschaft | 2 | 23 | 40 | 34 |

- Zweitens sind Muslime im unteren Bildungssektor überrepräsentiert. Dabei dürfte es sich vor allem um Personen der ersten Generation von Arbeitsmigranten und deren nachgezogene Familien handeln, die sehr oft keine schulische Bildung aufweisen.
- Drittens schneiden Personen, die keiner Religionsgemeinschaft angehören, im mittleren und oberen Bildungssektor am besten ab. Dieser Befund könnte damit zusammenhängen, dass mit steigender schulischer Bildung eine stärkere individuelle „Entzauberung der Welt durch Wissen"[19] einhergeht, die dazu führt, dass Personen mit Abitur eher aus der Kirche austreten oder sich keiner Religionsgemeinschaft zugehörig fühlen.[20] Leider ist die Bildungsbeteiligung der Gruppe der Personen mit Migrationshintergrund, die keiner Religionsgemeinschaft angehören, nicht berichtet.

---

19 Birkelbach, Klaus: Die Entscheidung zum Kirchenaustritt zwischen Kirchenbindung und Kirchensteuer. In: Zeitschrift für Soziologie, 28/1999, S. 141.
20 Vgl. ebd., S. 136–153. Vgl. auch: Lois, Daniel: Wie verändert sich die Religiosität im Lebensverlauf? Eine Panelanalyse unter Berücksichtigung von Ost-West-Unterschieden. In: Kölner Zeitschrift für Soziologie und Sozialpsychologie 63/2011, S. 83–110. Und: Pollack, Detlef/Pickel, Gert: Deinstitutionalisierung des religiösen und religiöse Individualisierung in Ost- und Westdeutschland. In: Kölner Zeitschrift für Soziologie und Sozialpsychologie 55/2003, S. 447–474.

Die Studien zeigen, dass aus der Zugehörigkeit zur muslimischen Religionsgemeinschaft oder zu muslimischen Gruppen keine Rückschlüsse auf die Bildungsbeteiligung gezogen werden können. Vielmehr scheinen sozio-strukturelle Faktoren eine wichtige Rolle zu spielen. Diese These wird von Forschungsergebnissen aus anderen Einwanderungsgesellschaften gestützt. Detailliertere Ergebnisse einer repräsentativen Langzeitstudie aus Großbritannien, bei der in der ersten Welle 15 000 Schüler der achten Jahrgangsklasse mit verschiedener Religionszugehörigkeit befragt wurden, ergeben folgendes Bild:

> „The [...] analyses indicate that faith group is relatively unimportant in explaining differences in educational attainment within ethnic groups. Where large differences in attainment between faith groups exist, they are usually proxies for other factors."[21]

Wenn es also wesentliche Unterschiede der Bildungsbeteiligung zwischen religiösen Gruppen gibt (beispielsweise zwischen Hindus, Muslimen und Sikhs mit indischem Migrationshintergrund), dann sind das Proxies für andere Faktoren. Oder, anders ausgedrückt: Die religiöse Zugehörigkeit stellt ein unbedeutendes sekundäres Merkmal der unterschiedlichen Bildungsbeteiligung dar, das sich aus der Zusammensetzung anderer Merkmale ergibt. Bei solchen Merkmalen handelt es sich vor allem um sozio-strukturelle Variablen wie die Bildungsabschlüsse der Eltern und das damit zusammenhängende bildungsrelevante Engagement der Eltern, den schulischen und nachbarschaftlichen Kontext, die familiäre Situation (Ein-Eltern-Haushalt) oder die ökonomischen Umstände und damit zusammenhängende Faktoren wie beispielsweise der Besitz eines Computers oder der Zugang zu Nachhilfeunterricht.

### Unterschiedliche Herkunftsregionen – unterschiedliche Bildung?

Was wissen wir über die Bildungsbeteiligung von Gruppen mit unterschiedlichem regionalem Migrationshintergrund in Deutschland? Sarrazin hatte ja den guten Bildungserfolg von „Migrantengruppen aus Fernost" angeführt, um

---

21 Strand, Steve: Minority ethnic pupils in the Longitudinal Study of Young People in England. DCSF Research Report RR-002. Department for Children, Schools and Families, London 2007, S. 76. URL: https://www.education.gov.uk/publications/eOrderingDownload/DCSF-RR002.pdf. Stand: 07. 08. 2011.

zu belegen, dass Kinder mit Migrationshintergrund im deutschen Schulsystem dieselben Chancen haben wie Kinder ohne Migrationshintergrund.[22]

Dass es quantitative Unterschiede in der Bildungsbeteiligung zwischen Gruppen von Personen mit unterschiedlichem regionalem Migrationshintergrund gibt, ist bekannt. Für einige Gruppen der Geburtskohorte 1981–1986[23] ist die Bildungsbeteiligung in der Grafik 3 dargestellt.

Die Gruppen der Personen mit italienischem und türkischem Migrationshintergrund[24] haben eine gleiche Bildungsstruktur (Hauptschulabschluss als häufigster Bildungsabschluss, dann mittlere Reife, Abitur/Fachhochschulreife und ohne Schulabschluss).

Auch die Bildungsstruktur von (Spät-)Aussiedlern beziehungsweise Nachkommen von (Spät-)Aussiedlern und Personen ohne Migrationshintergrund weist Ähnlichkeiten auf. Bei Personen mit vietnamesischem und iranischem beziehungsweise irakischem Migrationshintergrund ist es etwas heterogener: Auffällig ist, dass diese Gruppen bei sehr hohen Bildungswerten im oberen Bildungssegment (46 Prozent und 50 Prozent bei Abitur/Fachhochschulreife) auch starke Anteile im unteren Bildungssegment aufweisen (11 Prozent beziehungsweise 15 Prozent haben keinen Schulabschluss).[25]

Die Ursachen für Unterschiede in der Bildungsbeteiligung zwischen verschiedenen Bevölkerungsgruppen sind dank internationaler und nationaler

---

22 Sarrazin S. 287. Vgl. hierzu Ramírez-Rodríguez, Rocío/Dohmen, Dieter: Ethnisierung von geringer Bildung. In: Quenzel, Gudrun/Hurrelmann, Klaus (Hrsg.): Bildungsverlierer. Neue Ungleichheiten. Wiesbaden 2010, S. 289–311.
23 Die Geburtskohorte 1981–1986 entspricht Personen im Alter von 23–28 Jahren im Mikrozensus 2009. Sie wurde als jüngste Kohorte gewählt, um die aktuelle Bildungssituation in Deutschland für die ausgewählten Gruppen darzustellen. Für Personen ab 23 Jahren kann man mit großer Wahrscheinlichkeit davon ausgehen, dass diese ihre schulische Ausbildung beendet haben.
24 Der Migrationshintergrund in der amtlichen Statistik kann nicht mit der ethnischen Zugehörigkeit, die sich auf die Selbstbezeichnung der Personen stützen müsste, gleichgesetzt werden. Entsprechend können z. B. in die Kategorie der Personen mit türkischem Migrationshintergrund auch Personen kurdischer Herkunft fallen. Der Migrationshintergrund wird anhand von Variablen wie Zuwanderung, Staatsangehörigkeit und Einbürgerung der Person, aber auch der Eltern definiert. Vgl. Statistisches Bundesamt: Bevölkerung und Erwerbstätigkeit. Fachserie 1 Reihe 2.1 Bevölkerung mit Migrationshintergrund. Ergebnisse des Mikrozensus 2009. Wiesbaden 2010.
25 Diese Verteilung könnte mehrere Gründe haben. Möglich sind heterogene (Migrations-)Bedingungen innerhalb der gleichen Gruppe – zum Beispiel Ausstattung mit bildungsrelevanten Ressourcen, Aufenthaltsdauer, Einreisealter bei (Neu-)Zuwanderung etc. Vgl. auch Esser, Hartmut: Migration, Sprache und Integration. AKI-Forschungsbilanz 4. Berlin 2006. URL: http://www2000.wzb.eu/alt/aki/files/aki_forschungsbilanz_4.pdf. (Stand: 15.09.2011)

*Grafik 3* Bildungsbeteiligung verschiedener Gruppen von Personen mit Migrationshintergrund der Geburtskohorte 1981–1986

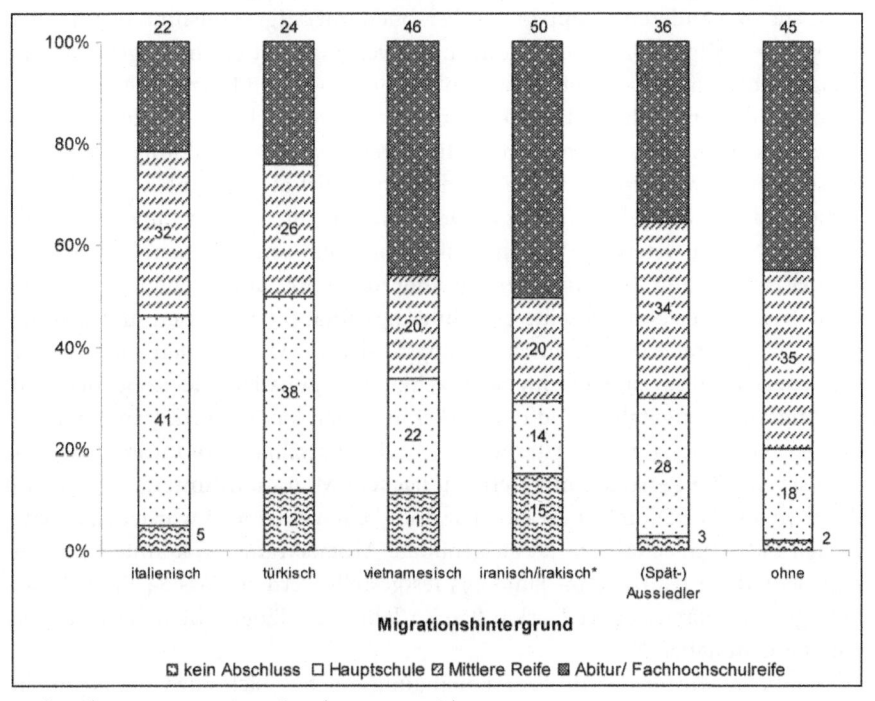

| Migrationshintergrund | kein Abschluss | Hauptschule | Mittlere Reife | Abitur/Fachhochschulreife |
|---|---|---|---|---|
| italienisch | 5 | 41 | 32 | 22 |
| türkisch | 12 | 38 | 26 | 24 |
| vietnamesisch | 11 | 22 | 20 | 46 |
| iranisch/irakisch* | 15 | 14 | 20 | 50 |
| (Spät-) Aussiedler | 3 | 28 | 34 | 36 |
| ohne | 2 | 18 | 35 | 45 |

Quelle: Mikrozensus 2009, eigene Berechnungen, gewichtet

Bildungsstudien hinreichend erforscht.[26] So hat im deutschen Bildungssystem der familiäre Hintergrund eines Schülers einen starken Einfluss auf seine Bildungsbeteiligung.[27] Kinder mit Migrationshintergrund werden in vielen Fällen doppelt benachteiligt, nämlich immer dann, wenn sie aus Familien mit niedriger sozio-struktureller Ausstattung kommen und zusätzlich migrationsbedingte

---

26 Vgl. hierzu: Schimpl-Neimanns, Bernhard: Soziale Herkunft und Bildungsbeteiligung. Empirische Analysen zu herkunftsspezifischen Bildungsungleichheiten zwischen 1950 und 1989. In: Kölner Zeitschrift für Soziologie und Sozialpsychologie 52/2000, S. 636–669. Und: Heath, Anthony F./Rothon, Catherine/Kilpi, Elina: The second generation in Western Europe: education, unemployment, and occupational attainment. Annual Review of Sociology 34/2008, S. 211–235.
27 Ehmke, Timo/Jude, Nina: Soziale Herkunft und Kompetenzerwerb. In: Klieme, Eckhard u. a. (Hrsg.): PISA 2009 Bilanz nach einem Jahrzehnt. Münster 2010, S. 234–251.

Nachteile wie fehlende Sprachkenntnisse aufweisen.[28] Entsprechend fällt der Bildungsnachteil bei manchen Gruppen von Personen mit Migrationshintergrund stark aus. Bei anderen Gruppen von Personen mit Migrationshintergrund, die günstigere (Migrations-)Bedingungen aufweisen, existiert hingegen ein Bildungsnachteil nicht – einige Gruppen können sogar Bildungsvorteile im Vergleich zu Personen ohne Migrationshintergrund verzeichnen. Die unterschiedliche Ausstattung der verschiedenen Migrantengruppen mit bildungsrelevanten Ressourcen zum Zeitpunkt der Zuwanderung führt also zu unterschiedlichen Mustern der Bildungsbeteiligung in Deutschland: Die meisten Zugewanderten aus dem Nahen Osten, bei denen es sich vor allem um politische Flüchtlinge handelt, waren zum Zeitpunkt der Zuwanderung sehr gut ausgebildet. Auch die (Spät-)Aussiedler konnten eine gute Bildungssituation aufweisen und wurden zudem nach ihrer Ankunft durch bildungsfördernde Maßnahmen wie zum Beispiel speziell auf sie zugeschnittene Sprachkurse begünstigt. Die große Mehrheit der Migranten aus Italien und der Türkei hingegen kamen im Zusammenhang mit der Anwerbung von „Gastarbeitern" nach Deutschland und waren eher bildungsfern.[29] Bei Personen mit vietnamesischem Migrationshintergrund, die in der ehemaligen DDR meist für einfache Tätigkeiten eingesetzt wurden, handelte es sich indes um schulisch gut ausgebildete Arbeitskräfte. So konnte bei einer repräsentativen Umfrage im Jahr 1995 festgestellt werden, dass 84 Prozent der Befragten vietnamesischer Herkunft zehn Jahre und länger die Schule in Vietnam besucht haben.[30]

Ähnliche Muster der Bildungsbeteiligung ergeben sich auch für Personen mit Migrationshintergrund in den USA oder Großbritannien. So erreichen Kinder aus Familien mit mexikanischem Migrationshintergrund unterdurchschnittliche und Kinder aus Familien mit chinesischem Migrationshintergrund überdurchschnittliche Bildungswerte. Die ersten Generationen von mexikanischen Zuwanderern kamen überwiegend als unqualifizierte Arbeitskräfte, während

---

28 Vgl. Geißler, Rainer/Weber-Menges, Sonja: Bildungsungleichheit – Eine deutsche Altlast. Die bildungssoziologische Perspektive. In Barz, Heiner (Hrsg.): Handbuch Bildungsfinanzierung. Wiesbaden 2010, S. 155–165.
29 Vgl. Woellert, Franziska/Kröhnert, Steffen/Sippel, Lilli/Klingholz, Reiner: Ungenutzte Potenziale. Zur Lage der Integration in Deutschland. Berlin 2009.
30 Mehrländer, Ursula/Ascheberg, Carsten/Ueltzhöffer, Jörg: Repräsentativuntersuchung '95. Situation der ausländischen Arbeitnehmer und ihrer Familienangehörigen in der Bundesrepublik Deutschland. Forschungsbericht 263 der Friedrich-Ebert-Stiftung. Berlin 1996, S. 490.

chinesische Zuwanderer zum Zeitpunkt des Zuzuges meist sehr gut ausgebildet waren.[31]

In Großbritannien sieht das Bild nicht anders aus. Für Zuwanderer aus Pakistan und Bangladesch kann man eine eher mangelnde Ausstattung mit bildungsrelevanten Ressourcen beobachten, wohingegen Zuwanderer aus Indien unter deutlich günstigeren Vorzeichen nach Großbritannien gekommen sind.[32]

## Bildungsdynamik bei Personen mit türkischem Migrationshintergrund

Dass die „Probleme der muslimischen Migranten auch bei der zweiten und dritten Generation auftreten, sich also quasi vererben"[33], wie Sarrazin behauptet, lässt sich anhand der Bildungsdaten nicht belegen.

Fundierte Aussagen über die Bildungsbeteiligung im Zeitverlauf kann man lediglich zur Gruppe der Personen mit türkischem Migrationshintergrund treffen.[34] Da diese Gruppe nur zu 80 Prozent der muslimischen Religionsgemeinschaft angehört, und diese 80 Prozent nur einen Teil der Muslime in Deutschland stellen (63 Prozent[35]), sind Rückschlüsse auf die Bildungsbeteiligung von Muslimen unzulässig.

Im Folgenden wird ein Geburtskohortenvergleich für die Gruppe der Personen mit türkischem Migrationshintergrund durchgeführt und der intergenerationale Bildungsverlauf für türkische Staatsangehörige in Deutschland dargestellt.

Betrachtet man die Grafik 4, sieht man deutliche positive Tendenzen für Frauen und Männer mit türkischem Migrationshintergrund. Der Anteil der Personen ohne Schulabschluss geht für beide Gruppen stark zurück, und der Anteil der Personen mit höherer Schulbildung nimmt stark zu. Frauen der jüngsten Geburtskohorte überholen die Männer in der höheren Schulbildung (25 Prozent versus 23 Prozent) und Männer haben geringere Anteile in der Gruppe der Personen ohne Schulabschluss (10 Prozent versus 14 Prozent).

---

31 Haller, William/Portes, Alejandro/Lynch, Scott M.: Dreams Fulfilled, Dreams Shattered: Determinants of Segmented Assimilation in the Second Generation. In: Social Forces 83/2011, S. 733–762.
32 Heath, Anthony/Li, Yaoun: Period, life-cycle and generational effects on ethnic minority success in the labour market. In: Kölner Zeitschrift für Soziologie und Sozialpsychologie 48/2008, S. 277–306.
33 Sarrazin S. 284.
34 Andere Gruppen können aufgrund von niedrigen Fallzahlen nicht im gleichen Maße analysiert werden.
35 Haug/Stichs/Müssig 2009, S. 96.

*Grafik 4*    Bildungsbeteiligung von Personen mit türkischem Migrationshintergrund nach Geschlecht und Geburtskohorten (in Prozent)

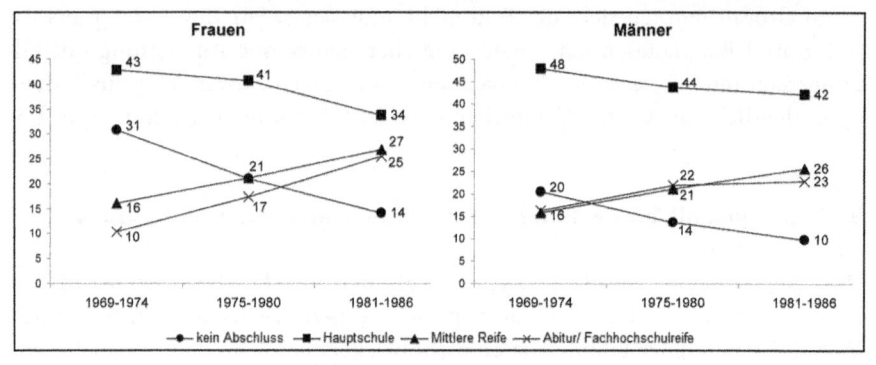

**Frauen**

| Kohorte | kein Abschluss | Hauptschule | Mittlere Reife | Abitur/Fachhochschulreife |
|---|---|---|---|---|
| 1969-1974 | 16 | 43 | 31 | 10 |
| 1975-1980 | 17 | 41 | 21 | — |
| 1981-1986 | 14 | 34 | 27 | 25 |

**Männer**

| Kohorte | kein Abschluss | Hauptschule | Mittlere Reife | Abitur/Fachhochschulreife |
|---|---|---|---|---|
| 1969-1974 | 16 | 48 | 20 | — |
| 1975-1980 | 14 | 44 | 21 | 22 |
| 1981-1986 | 10 | 42 | 26 | 23 |

Quelle: Mikrozensus 2009, eigene Berechnungen, gewichtet

Dass die Bildungsbeteiligung derart stark zunimmt, hat auch damit zu tun, dass der Anteil der Zugewanderten an der Gesamtheit der Personen mit türkischem Migrationshintergrund abgenommen hat. Denn zugewanderte Personen mit türkischem Migrationshintergrund haben im Vergleich zu einheimischen im Allgemeinen niedrigere Bildungswerte. Vor allem Personen, die im späten Kindesalter oder im Jugendalter nach Deutschland kamen, weisen schlechte Bildungswerte auf z. B. 36 % der Zugewanderten mit türkischem Migrationshintergrund, die zum Zeitpunkt der Zuwanderung 11–20 Jahre alt waren, haben keinen Schulabschluss.[36]

Deshalb ist es aufschlussreich, sich die Entwicklung in der Bildungsbeteiligung von hier geborenen Personen mit türkischem Migrationshintergrund gesondert anzusehen.

Dabei wird deutlich (siehe Grafik 5): Die Bildungsbeteiligung der einheimischen Männer mit türkischem Migrationshintergrund nimmt über die Geburtskohorten hinweg nicht wesentlich zu.[37] Ein ganz anderes Bild ergibt sich

---

36 Die Zahl der (Neu-)Zugewanderten sank von 283 000 (Geburtskohorte 1969 bis 1974) auf 93 000 (1981 bis 1986). Die Zahl der einheimischen Personen mit türkischem Migrationshintergrund stieg derweil von 64 000 auf 140 000. (Quelle: Mikrozensus 2009, eigene Berechnungen, gewichtet)

37 Interessant ist in diesem Zusammenhang, dass sich das Qualifikationsniveau der (Neu-)Zugewanderten mit einem Einreisealter von über 20 Jahren über die Geburtskohorten hinweg erhöht hat: Bei (neu-)zugewanderten Männern mit einem Einreisealter von über 20 Jahren stieg

*Grafik 5*  Bildungsbeteiligung von Einheimischen mit türkischem Migrationshintergrund nach Geschlecht und Geburtskohorten (in Prozent)

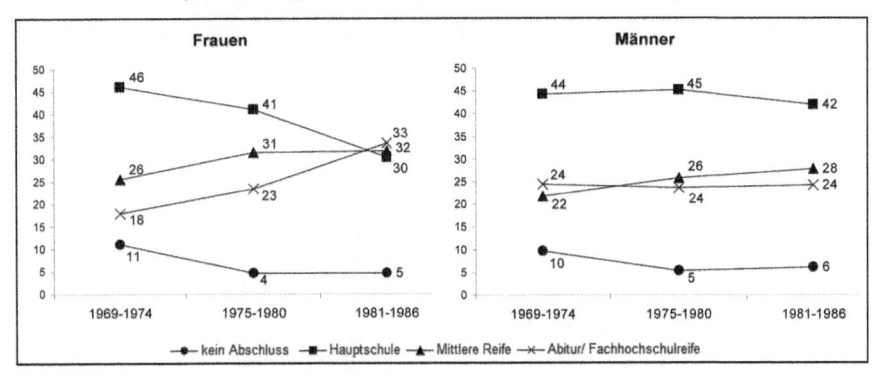

Quelle: Mikrozensus 2009, eigene Berechnungen, gewichtet

hingegen für hier geborene Frauen mit türkischem Migrationshintergrund. Sie können deutliche Bildungserfolge über die Geburtskohorten hinweg erzielen. So erreichen Frauen der jüngsten Geburtskohorte zu 33 Prozent eine höhere Schulbildung, während dieser Wert für die älteste Geburtskohorte bei 18 Prozent liegt.

Für die jüngste Geburtskohorte kann man sogar beobachten, dass sich die Bildungsstruktur innerhalb der Gruppe der einheimischen Frauen mit türkischem Migrationshintergrund – bei vorhandenen Abständen in den Bildungswerten – derjenigen der einheimischen Personen ohne Migrationshintergrund angleicht. Den größten Anteil innerhalb dieser Gruppe bilden Personen mit einem höheren Schulabschluss, danach folgen Personen mit mittlerem, niedrigem und zuletzt ohne Schulabschluss.

Bisher wurden Geburtskohorten miteinander verglichen. Zum intergenerationalen Verlauf der Bildungsbeteiligung für Personen mit Migrationshintergrund gibt es derzeit lediglich eine Studie zu ausländischen Personen in Deutschland – die aber ja immerhin einen Teil der Gruppe der Personen mit Migrationshintergrund bilden.[38] Die in der Studie untersuchten ausländischen Personen erzielen

---

der Anteil von Personen mit Abitur-/Fachabitur von 17 (1969 bis 1974) auf 33 Prozent (1981 bis 1986). Bei den Frauen liegen die entsprechenden Werte bei 11 (1969 bis 1974) und 32 % (1981 bis 1986). (Quelle: Mikrozensus 2009, eigene Berechnungen, gewichtet).

38  Vgl. Woellert/Kröhnert/Sippel/Klingholz 2009, S. 21.

*Grafik 6*      Bildungsbeteiligung türkischer Personen

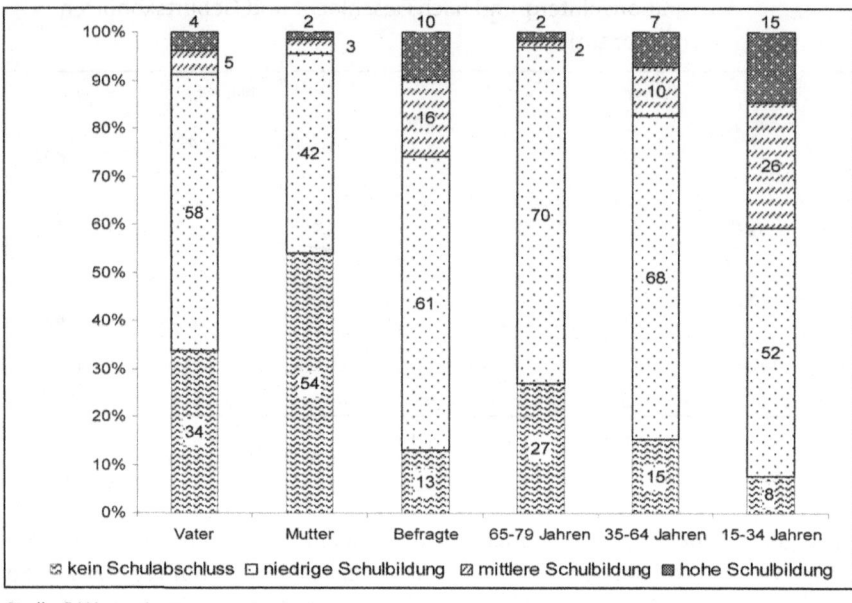

| | Vater | Mutter | Befragte | 65-79 Jahren | 35-64 Jahren | 15-34 Jahren |
|---|---|---|---|---|---|---|
| hohe Schulbildung | 4 | 2 | 10 | 2 | 7 | 15 |
| mittlere Schulbildung | 5 | 3 | 16 | 2 | 10 | 26 |
| niedrige Schulbildung | 58 | 42 | 61 | 70 | 68 | 52 |
| kein Schulabschluss | 34 | 54 | 13 | 27 | 15 | 8 |

Quelle: RAM 2006/07

im Vergleich zur Elterngeneration sehr starke Bildungsfortschritte. Bei Türken sind die Anteile der Personen mit höherer Schulbildung 7 beziehungsweise 2,5-mal höher als bei den Müttern beziehungsweise Vätern. Außerdem weisen jüngere türkische Befragte deutlich bessere Bildungswerte als ältere auf (siehe Grafik 6). Das gleiche Muster der Bildungsbeteiligung ist auch bei Italienern, Griechen und Polen zu erkennen: Die Anteile der Personen mit höherer Schulbildung steigen und die Anteile der Personen ohne Schulabschluss fallen.[39]

Auch Gruppen von Personen mit Migrationshintergrund, die eher schlechte Startbedingungen haben, erzielen also Bildungsfortschritte in der zweiten Ge-

---

39 Babka von Gostomski, Christian: Repräsentativbefragung „Ausgewählte Migrantengruppen in Deutschland 2006/2007" (RAM). Zur Situation der fünf größten in Deutschland lebenden Ausländergruppen. Basisbericht: Tabellenband. Nürnberg 2010, S. 16 ff. URL: http://www.bamf.de/SharedDocs/Anlagen/DE/Downloads/Infothek/Sonstige/forschungsbericht-008-basisbericht-tabellenband.pdf?__blob=publicationFile. Stand: 18.08.2011.

neration.⁴⁰ Wie lässt sich diese Bildungsdynamik erklären? Dass sich Migranten, die selbst keine guten Chancen für eine gute Schulbildung und berufliche Ausbildung hatten, für ihre Kinder bessere Lebenschancen wünschen, ist ein international zu beobachtendes Phänomen.⁴¹ Auch Familien mit türkischem Migrationshintergrund in Deutschland haben einer Studie zufolge im Vergleich zu Familien ohne Migrationshintergrund eine höhere Bildungsaspiration, was dazu führen kann, dass ein Teil des sozio-strukturellen und migrationsbedingten Nachteils wettgemacht wird. So wechseln – bei gleichen sozio-strukturellen Ausgangsbedingungen – Kinder aus Familien mit türkischem Migrationshintergrund häufiger auf anspruchsvollere Schulen als Kinder aus Familien ohne Migrationshintergund.⁴²

**Start auf niedrigerem Niveau**

Viele der von Dahrendorf und Peisert vor 40 Jahren beschriebenen Probleme wurden durch die Bildungsreformen der Jahre 1965 bis 1975 behoben oder doch immerhin gemildert.⁴³ Relevant geblieben ist das Problem einer im internatio-

---

40 Woellert/Kröhnert/Sippel/Klingholz 2009. Oder: Kristen, Cornelia/Granato, Nadia: The educational attainment of the second generation in Germany Social origins and ethnic inequality. In: Ethnicities 7/2007, S. 343–366. Vgl. auch Alba, Richard/Kasinitz, Philip/Waters, Mary C.: The Kids Are (Mostly) Alright: Second-Generation Assimilation. Comments on Haller, Portes and Lynch. In: Social Forces 83/2011, S. 764–774. Und: Dustmann, Christian/Theodoropoulosy, Nikolaos: Ethnic minority immigrants and their children in Britain. In: Oxford Economic Papers 62/2010, 209–233. Ganz allgemein zur zweiten Generation in Europa: Vgl. Heath/Rothon/Kilpi 2008: 211–235.

41 Kao, Grace: Do Immigrant Minority Parents Have More Consistent College Aspirations for Their Children? In: Social Science Quarterly 91/2010, S. 1083–1102. Vgl. auch Kristen, Cornelia/Dollmann, Jörg: Sekundäre Effekte der ethnischen Herkunft: Kinder aus türkischen Familien am ersten Bildungsübergang. In: Becker, Birgit/Reimer, David (Hrsg.): Vom Kindergarten bis zur Hochschule. Die Generierung von ethnischen und sozialen Disparitäten in der Bildungsbiographie. Wiesbaden 2010, S. 117–143.

42 Dollmann, Jörg: Türkischstämmige Kinder am ersten Bildungsübergang. Primäre und sekundäre Herkunftseffekte. Wiesbaden 2010, S. 153. Und: Gresch, Cornelia/Becker, Michael: Sozial- und leistungsbedingte Disparitäten im Übergangsverhalten bei türkischstämmigen Kindern und Kinder aus (Spät-)Aussiedlerfamilien. In: Maaz, Kai u. a. (Hrsg): Der Übergang von der Grundschule in die weiterführende Schule: Leistungsgerechtigkeit und regionale, soziale und ethnisch-kulturelle Disparitäten. Bonn 2010, S. 181–200. URL: http://www.bmbf.de/pub/bildungsforschung_band_ vierunddreissig.pdf. Stand: 18.08.2011.

43 Lundgreen, Peter: Schule im 20. Jahrhundert. In: Zeitschrift für Pädagogik, Beiheft 42/2000. Vgl. auch Herrlitz, Hans-Georg/Hopf, Wulf/Titze, Hartmut/Cloer, Ernst: Deutsche Schulgeschichte von 1800 bis zur Gegenwart. Eine Einführung. Weinheim und München, 1993, S. 168 ff.

nalen Vergleich noch immer geringen sozialen Durchlässigkeit des deutschen Bildungssystems.

Das betrifft auch Personen mit türkischem Migrationshintergrund, deren Familien mit geringen bildungsrelevanten Ressourcen ausgestattet sind. Im Geburtskohortenvergleich lässt sich für einheimische Männer mit türkischem Migrationshintergrund eine Stagnation der Bildungsbeteiligung beobachten. Die Bildungsstruktur in dieser Gruppe unterscheidet sich von der einheimischen Bevölkerung ohne Migrationshintergrund erheblich. Im Unterschied zu den Männern kann man für einheimische Frauen mit türkischem Migrationshintergrund im Geburtskohortenvergleich deutliche Zuwächse bei der Bildungsbeteiligung feststellen, sodass eine Angleichung der Bildungsstruktur dieser Gruppe und der Gruppe der einheimischen Personen ohne Migrationshintergrund stattfindet. Entsprechend bilden in Deutschland geborene Frauen mit türkischem Migrationshintergrund gegenwärtig die treibende Kraft für erfolgreiche Bildungsbeteiligung in der Gruppe der Personen mit türkischem Migrationshintergrund.

Das Verhalten der Bildungsaufsteiger wird entscheidend sein für die Entwicklung der Bildungsbeteiligung in der Zukunft. Viel wird davon abhängen, ob und inwiefern sie bildungsrelevante Ressourcen für soziale Netzwerke innerhalb der „ethnischen" Gemeinde zur Verfügung stellen. Die Erfahrungen in anderen Einwanderungsgesellschaften zeigen, dass durch Bildungserfolge von Einzelnen bildungsrelevante Ressourcen innerhalb der Netzwerke akkumuliert werden können. Der Aufstieg einiger begünstigt den Aufstieg der nachfolgenden Geburtskohorten oder Generationen.[44]

Der Bildungsanstieg von Personen mit türkischem Migrationshintergrund ist auf einem im Vergleich zum Bevölkerungsdurchschnitt niedrigeren Niveau gestartet – was mit den Umständen der Einwanderung zusammenhängt. Türken und beispielsweise auch Italiener sind ab den 1960er Jahren überwiegend im Zusammenhang mit der gezielten Anwerbung von Arbeitern ins Land gekommen. So ist es kein Zufall, dass Personen mit türkischem und italienischem Migrationshintergrund eine ganz ähnliche Bildungsstruktur aufweisen. Die Religionszugehörigkeit hat dem deutschen und internationalen Forschungsstand zufolge keinen nennenswerten Einfluss auf die Bildungsbeteiligung.

---

44  Vgl. Portes, Alejandro/Rumbaut, Ruben: Legacies: The Story of the Immigrant Second Generation. California 2001, S. 62 f.

## Literatur

Alba, Richard/Kasinitz, Philip/Waters, Mary C.: The Kids Are (Mostly) Alright: Second-Generation Assimilation. Comments on Haller, Portes and Lynch. In: Social Forces 83/2011, S. 764–774.

Babka von Gostomski, Christian: Repräsentativbefragung „Ausgewählte Migrantengruppen in Deutschland 2006/2007" (RAM). Zur Situation der fünf größten in Deutschland lebenden Ausländergruppen. Basisbericht: Tabellenband. Nürnberg 2010. URL: http://www.bamf.de/SharedDocs/Anlagen/DE/Downloads/Infothek/Sonstige/forschungsbericht-008-basisbericht-tabellenband.pdf?__blob=publicationFile. Stand: 18.08.2011.

Birkelbach, Klaus: Die Entscheidung zum Kirchenaustritt zwischen Kirchenbindung und Kirchensteuer. In: Zeitschrift für Soziologie, 28/1999, S. 136–153.

Brettfeld, Katrin/Wetzels, Peter: Muslime in Deutschland. Hamburg 2007. URL: http://www.bmi.bund.de/cae/servlet/contentblob/139732/publicationFile/14975/Muslime%20in%20Deutschland.pdf. Stand: 07.08.2011.

Dahrendorf, Ralf: Bildung ist Bürgerrecht. Hamburg 1965.

Dollmann, Jörg: Türkischstämmige Kinder am ersten Bildungsübergang. Primäre und sekundäre Herkunftseffekte. Wiesbaden 2010.

Dustmann, Christian/Theodoropoulos, Nikolaos: Ethnic minority immigrants and their children in Britain. In: Oxford Economic Papers 62/2010, 209–233.

Ehmke, Timo/Jude, Nina: Soziale Herkunft und Kompetenzerwerb. In: Klieme, Eckhard u.a. (Hrsg.): PISA 2009 Bilanz nach einem Jahrzehnt. Münster 2010, S. 234–251.

Esser, Harmut: Migration, Sprache und Integration. AKI-Forschungsbilanz 4. Berlin 2006. URL: http://www2000.wzb.eu/alt/aki/files/aki_forschungsbilanz_4.pdf. Stand: 15.09.2011.

Foroutan, Naika (Hrsg.)/Schäfer, Korinna/Canan, Coskun/Schwarze, Benjamin: Sarrazins Thesen auf dem Prüfstand – Ein empirischer Gegenentwurf zu Thilo Sarrazins Thesen zu Muslimen in Deutschland, W-Serie der Humboldt-Universität zu Berlin, Berlin, 2011. URL: http://www.heymat.hu-berlin.de/. Stand: 07.08.2011.

Geißler, Rainer/Weber-Menges, Sonja: Bildungsungleichheit – Eine deutsche Altlast. Die bildungssoziologische Perspektive. In Barz, Heiner (Hrsg.): Handbuch Bildungsfinanzierung. Wiesbaden 2010, S. 155–165.

Gresch, Cornelia/Becker, Michael: Sozial- und leistungsbedingte Disparitäten im Übergangsverhalten bei türkischstämmigen Kindern und Kinder aus (Spät-)Aussiedlerfamilien. In: Maaz, Kai u.a. (Hrsg): Der Übergang von der Grundschule in die weiterführende Schule: Leistungsgerechtigkeit und regionale, soziale und ethnisch-kulturelle Disparitäten. Bonn 2010, S. 181–200. URL: http://www.bmbf.de/pub/bildungsforschung_band_vierunddreissig.pdf. Stand: 18.08.2011.

Haller, William/Portes, Alejandro/Lynch, Scott M.: Dreams Fulfilled, Dreams Shattered: Determinants of Segmented Assimilation in the Second Generation. In: Social Forces 83/2011, S. 733–762.

Haug, Sonja/Müssig, Stephanie/Stichs, Anja: Muslimisches Leben in Deutschland. Bundesamt für Migration und Flüchtlinge. Forschungsbericht 6. Nürnberg 2009.

URL: http://www.bamf.de/SharedDocs/Anlagen/DE/Publikationen/Forschungsberichte/fb6-muslimisches-leben.pdf;jsessionid=DCDD65BC3F9E219D42675C5DC678BF2F.2_cid111?__blob= publicationFile. Stand: 07. 08. 2011.

Heath, Anthony F./Rothon, Catherine/Kilpi, Elina: The second generation in Western Europe: education, unemployment, and occupational attainment. Annual Review of Sociology 34/2008, S. 211–235.

Heath, Anthony/Li, Yaoun: Period, life-cycle and generational effects on ethnic minority success in the labour market. In: Kölner Zeitschrift für Soziologie und Sozialpsychologie 48/2008, S. 277–306.

Herrlitz, Hans-Georg/Hopf, Wulf/Titze, Hartmut/Cloer, Ernst: Deutsche Schulgeschichte von 1800 bis zur Gegenwart. Eine Einführung. Weinheim und München, 1993.

Kao, Grace: Do Immigrant Minority Parents Have More Consistent College Aspirations for Their Children? In: Social Science Quarterly 91/2010, S. 1083–1102.

Klieme, Eckhard/Artelt, Cordula/Hartig, Johannes/Jude, Nina/Köller, Olaf/Prenzel, Manfred/Schneider,Wolfgang und Petra Stanat (Hrsg.): PISA 2009 Bilanz nach einem Jahrzehnt. Münster 2010.

Kristen, Cornelia/Granato, Nadia: The educational attainment of the second generation in Germany. Social origins and ethnic inequality. In: Ethnicities 7/2007, S. 343–366.

Kristen, Cornelia/Dollmann, Jörg: Sekundäre Effekte der ethnischen Herkunft: Kinder aus türkischen Familien am ersten Bildungsübergang. In: Becker, Birgit/Reimer, David (Hrsg.): Vom Kindergarten bis zur Hochschule. Die Generierung von ethnischen und sozialen Disparitäten in der Bildungsbiographie. Wiesbaden 2010.

Lois, Daniel: Wie verändert sich die Religiosität im Lebensverlauf? Eine Panelanalyse unter Berücksichtigung von Ost-West-Unterschieden. In: Kölner Zeitschrift für Soziologie und Sozialpsychologie 63/2011, S. 83–110.

Lundgreen, Peter: Schule im 20. Jahrhundert. In: Zeitschrift für Pädagogik, Beiheft 42/2000.

Mehrländer, Ursula/Ascheberg, Carsten/Ueltzhöffer, Jörg: Repräsentativuntersuchung '95. Situation der ausländischen Arbeitnehmer und ihrer Familienangehörigen in der Bundesrepublik Deutschland. Forschungsbericht 263 der Friedrich-Ebert-Stiftung. Berlin 1996.

Müller,Walter: Erwartete und unerwartete Folgen der Bildungexpansion. In: Friedrichs, Jürgen u. a. (Hrsg.): Die Diagnosefähigkeit der Soziologie. Sonderheft 38/1998 Kölner Zeitschrift für Soziologie und Sozialpsychologie. Opladen 1998. S. 81–112.

Peisert, Hansgert: Soziale Lage und Bildungschancen in Deutschland. In: Dahrendorf, Ralf (Hrsg.): Studien zur Soziologie. München 1967.

Pollack, Detlef/Pickel, Gert: Deinstitutionalisierung des religiösen und religiöse Individualisierung in Ost- und Westdeutschland. In: Kölner Zeitschrift für Soziologie und Sozialpsychologie 55/2003, S. 447–474.

Portes, Alejandro/Rumbaut, Ruben: Legacies: The Story of the Immigrant Second Generation. California 2001.

Ramírez-Rodríguez, Rocío/Dohmen, Dieter: Ethnisierung von geringer Bildung. In: Quenzel, Gudrun/Hurrelmann, Klaus (Hrsg.): Bildungsverlierer. Neue Ungleichheiten. Wiesbaden 2010, S. 289–311.

Sarrazin, Thilo: Deutschland schafft sich ab. Wie wir unser Land aufs Spiel setzen. 1. Auflage. München 2010.
Sarrazin, Thilo: „Sind Muslime dümmer?" Interview in: Die Zeit, 26. 8. 2010.
Schimpl-Neimanns, Bernhard: Soziale Herkunft und Bildungsbeteiligung. Empirische Analysen zu herkunftsspezifischen Bildungsungleichheiten zwischen 1950 und 1989. In: Kölner Zeitschrift für Soziologie und Sozialpsychologie 52/2000, S. 636–669.
Stanat, Petra/Bergann, Susanne: Geschlechtsbezogene Disparitäten in der Bildung. In: Tippelt, Rudolf/Schmidt, Bernhard (Hrsg.): Handbuch Bildungsforschung. Opladen 2009, S. 513–527.
Statistisches Bundesamt: Bevölkerung und Erwerbstätigkeit. Fachserie 1 Reihe 2.1 Bevölkerung mit Migrationshintergrund. Ergebnisse des Mikrozensus 2009. Wiesbaden 2010. URL: http://www.destatis.de/jetspeed/portal/cms/Sites/destatis/Internet/DE/Content/Publikationen/Fachveroeffentlichungen/Bevoelkerung/MigrationIntegration/Migrationshintergrund2010220097004,property=file.pdf. Stand: 07. 08. 2011.
Strand, Steve: Minority ethnic pupils in the Longitudinal Study of Young People in England. DCSF Research Report RR-002. Department for Children, Schools and Families, London 2007. URL: https://www.education.gov.uk/publications/eOrderingDownload/DCSF-RR002.pdf . Stand: 07. 08. 2011.
Woellert, Franziska/Kröhnert, Steffen/Sippel, Lilli/Klingholz, Reiner: Ungenutzte Potenziale. Zur Lage der Integration in Deutschland. Berlin 2009.

**Datenverzeichnis und sonstige Quellen**

Die Allgemeine Bevölkerungsumfrage der Sozialwissenschaften (ALLBUS). URL: http://www.gesis.org/allbus. Stand: 10. 08. 2011.
Forschungsdatenzentren der Statistischen Ämter des Bundes und der Länder, Mikrozensus 2009.

#  III Hintergrund: Der Streit um die „natürliche" Ordnung der Gesellschaft

# Die Angst vor dem Abstieg – Malthus, Burgdörfer, Sarrazin: eine Ahnenreihe mit immer derselben Botschaft

*Thomas Etzemüller*

Es waren schon immer die „Falschen", die am meisten Kinder bekamen. Hätten die Niedergangspropheten vergangener Jahrhunderte Recht behalten, müsste sich Deutschland schon unzählige Male abgeschafft haben. Doch der „Volkstod" lässt auf sich warten. Land und Leute sind wohlauf. Wie seinen historischen Vorläufern geht es auch Thilo Sarrazin nicht um das Wohlergehen der Bevölkerung, sondern um die Verteidigung bürgerlicher Vorrechte durch die Exklusion missliebiger Sozialgruppen.

Es gibt Dinge, die werden unverdrossen immer aufs Neue entdeckt. Egal, wer sich schon darüber entsetzt hat, egal, wie oft die Prognosen fehlgeschlagen sind: Der Untergang des eigenen Volkes lässt sich immer noch mit Lust inszenieren – seit über zweihundert Jahren schon. Die „Falschen" bekommen zu viele Kinder? Ein alter Hut. Man lese nur Thomas Robert Malthus' „Essay on the Principle of Population" von 1798, da ist das sogar als Naturgesetz formuliert worden. Unterschichten und Ausländer sollen die Hauptverantwortlichen für den drohenden Zerfall der Gesellschaft sein? Das meinte Friedrich Burgdörfer schon 1930 erkannt zu haben, und er schrieb zwei Jahre darauf den Bestseller „Volk ohne Jugend". Die Uhr steht auf kurz vor zwölf? Da ist Herwig Birg noch pessimistischer. Seiner Metapher zufolge hat sie bereits 30 Jahre nach zwölf geschlagen. Der große Tabubruch? Jede dieser Kassandras hielt sich für diejenige, die endlich das große Schweigekartell zerschlagen und die Wahrheit in die Öffentlichkeit geschrien habe. Aber was ist daraus geworden? Malthus' Gesetz? Längst widerlegt. Burgdörfer? Diskreditiert – er hatte sich mit den falschen Leuten eingelassen. Birg? Ist selbst den Schwarzsehern mittlerweile zu pessimistisch geworden. Und Sarrazin? Gießt gerade den alten Wein in neue Schläuche und verdient gutes Geld damit.

Immerhin steht Sarrazin in einer illustren Ahnenreihe britischer Sozialphilosophen und deutscher Demographen. Wie schafft man es, darin aufgenommen zu werden? Das Rezept ist nicht ganz einfach anzumischen, aber schon mehrfach erprobt. Voraussetzung ist eine über lange Jahre geschickt vermarktete Biografie, das Bild des knallharten, erfolgreichen Berliner Finanzsenators, der nebenbei unangenehme Wahrheiten verkündete. Sarrazin hat durch seine ruppigen Kommentare immer wieder Proteststürme ausgelöst und sich eine solide Reputation als Misanthrop erarbeitet. Aber die Medien mochten das, und irgendwann galt er als derjenige, der kein Blatt vor den Mund nimmt. Dann musste eine These gefunden werden. Knallig reicht nicht, davon gibt es auf dem Buchmarkt zu viel. Es muss hysterisch sein: Nicht weniger als der Untergang der Deutschen – aus eigenem Verschulden. Das kennt das Publikum, weil die Medien und Autoren wie Herwig Birg uns seit 20 Jahren mit diesem Thema verstören. Wichtig für das Buch ist der Duktus der Sachlichkeit. Die Burgdörfers, Birgs und Sarrazins geben vor, aufzuklären, fundiert auszuführen, was Medien nur populistisch verkürzt anreißen können. Der Text darf gerne hölzern geschrieben sein, das beglaubigt den Anschein der Redlichkeit. Umfangreiche Statistiken, lange Fußnoten und extensive Zitate aus wissenschaftlichen Arbeiten untermauern die Seriosität des Autors. Der Stil gibt vor zu argumentieren, Positionen gegeneinander abzuwägen und dann nüchterne Schlüsse zu ziehen. Doch darf das Buch nicht halb so abgewogen sein, wie es vorgibt, denn wirklich abgewogene Bücher verkaufen sich schlecht. Es muss also einen Sack geben, auf den Autor und Leser gemeinsam einhauen können, und in diesem Sack stecken „die Anderen". Im Falle der demographischen Katastrophe sind das stets: die Unterschichten und die Ausländer.

Das ist ein Gegner, in dem die Leser sich nicht wiedererkennen müssen, deshalb ist er attraktiv. Die Allianz zwischen Autor und Lesern wird außerdem gefestigt, indem lauthals ein „Schweigekartell" beklagt wird, das nun gebrochen werden müsse. Auf der anderen Seite nämlich wird ein unheiliges Bündnis ausgemacht. Es besteht aus denen, die böswillig den Bestand des Volkes aufs Spiel setzen, sowie denjenigen Experten, die die Probleme, die unser Autor endlich zu benennen wagt, schlichtweg leugnen. „Wir" gegen „die" – erst wenn diese Frontstellung erfolgreich gezogen ist, lässt sich der publizistische Erfolg kalkulieren. Dass solche Bücher dann in großen Publikumsverlagen erscheinen und mehrere Auflagen erreichen, dass sie stapelweise in den Eingangsbereichen der Buchhandelsketten aufgebaut sind, dass den Autoren ganze Seiten in den Leitmedien eingeräumt werden und sie in jeder erdenklichen Talkshow auftreten – all das kann der Rede vom Schweigekartell nichts anhaben. Denn es gibt ja immer Experten, Publizisten, Leser, Buchhändler und Politiker, die widersprechen oder die brisanten Thesen gar ignorieren. Irgendwann erreichen Verkaufszahlen und Publizität dann einen Punkt, an dem selbst kritische Experten ein solches Buch nicht mehr ignorieren können und Stellung beziehen müssen. Diese Stellungnahmen können vernichtend ausfallen, doch in der Öffentlichkeit entsteht der Eindruck, dass mittlerweile eine „Auseinandersetzung" begonnen hat, und die scheint zu belegen, dass der Autor wohl doch nicht so unrecht hatte, einen „Nerv getroffen" oder zumindest eine überfällige Debatte angestoßen hat.

Sarrazin hat das Rezept mit Hilfe seiner Lektorin angerührt und Erfolg gehabt. Was kann man da tun, wenn man ihm nicht einfach folgen will? Schauen wir zunächst einmal das Buch an. Sarrazin gibt sich streng empirisch, zitiert zahlreiche wissenschaftliche Studien und schreibt in einer oberflächlich betrachtet nüchternen, argumentierenden Sprache. Schaut man genauer hin, stellt man fest, dass er die Literatur einseitig interpretiert, von den möglichen Prognosevarianten durchweg die negativen wählt und dass die empirische Basis äußerst dünn ist. Macht man sich daran, das Narrativ seines Textes zu sezieren, erkennt man, wie er mit Analogieschlüssen arbeitet, reine Behauptungen aufstellt und Einzelfälle generalisiert. Nur drei exemplarische Beispiele: „Geht das so weiter – und warum sollte sich etwas ändern an diesem Trend, der schon über vier Jahrzehnte anhält –, dann wird nach drei Generationen, also in 90 Jahren, die Zahl der Geburten in Deutschland bei rund 200 000 bis 300 000 liegen."[1] Durch die einfache Frage, warum sich etwas ändern sollte, wird der Abwärtstrend objektiviert, die Frage wird unter der Hand zur Behauptung verwandelt, dass sich nichts ändern werde. Einziges „Argument" dafür sind „vier Jahrzehnte", so als sei damit eine unabänderliche Stabilität für weitere 90 Jahre bewiesen – kurz darauf prophezeit er sogar einen Rückgang der Einwohnerzahl auf 3 Millionen in 300 Jahren.[2] Zwar gibt Sarrazin zu, dass es sich bei solchen Aussagen nicht um Prognosen handelt, also eine *Vorhersage* der Zukunft, sondern um Modellrechnungen. „Es gibt nämlich keine wissenschaftlich zuverlässige Methode, Geburtenverhalten und Zuwanderung über mehrere Jahrzehnte zuverlässig vorherzusagen." Aber dann kommt es: „Die Modellrechnung [über den Bevölkerungsanteil von Migranten in Deutschland] bestätigt in der Tendenz die bereits zitierte Aussage von Vural Öger, im Deutschland des Jahres 2100 werde es 35 Millionen Türken und ungefähr 20 Millionen Deutsche geben."[3] Mit anderen Worten: Vorhersagen sind nicht möglich, doch eine theoretische Modellrechnung kann Vorhersagen in der Tendenz bestätigen, und damit ist das angeblich

---

1 Sarrazin, Thilo: Deutschland schafft sich ab. Wie wir unser Land aufs Spiel setzen. München [13]2010, S. 8.
2 Ebd., S. 18. „Einwohner" – heißt das, dass der Rest des Landes entleert ist, oder rechnen „Ausländer" nicht zu „Einwohnern"?
3 Beide Zitate ebd., S. 359 f.

künftige Verhältnis von 35 zu 20 Millionen zur künftigen Realität erklärt, also doch vorhergesagt.

An anderer Stelle zitiert Sarrazin zustimmend Darwin über die Vererbung von Unterschieden: „So ist z. B. [sagt Darwin] die erbliche Überlieferung von geistigen Eigenschaften bei unseren Hunden, Pferden und anderen Haustieren unbestreitbar. Außer speziellen Neigungen und Gewohnheiten werden *sicher* auch allgemeine Intelligenz, Mut, bösartiges und gutes Temperament usw. vererbt. Beim Menschen beobachten wir Ähnliches in fast jeder Familie."[4] Das Wörtchen „sicher" bedeutet: „Ich weiß es nicht". Das ist ein Klassiker der narrativen Kunst. Man gibt mit diesem Wörtchen zu, einen Zusammenhang nicht belegen zu können; weil es sich aber so leicht überlesen lässt, kann man sein Nichtwissen *durch die Leser* vertuschen und zu einer gesicherten Behauptung verwandeln lassen. Die nämlich lesen oft „sicher **auch**". Der zweite Klassiker ist die Analogie zwischen Tierwelt und menschlichen Gesellschaften. Wenn man in der Tierwelt etwas beobachtet, so die Annahme, dann muss es in der menschlichen Gesellschaft ja auch so sein. Besonders Naturwissenschaftler verstehen diese Parallelen ins Absurde zu treiben, etwa wenn die Beobachtung von Spitzmaus, Berglemming, Wildkaninchen und Präriehund gegen die „1968er" zeigen sollte, dass das politische Streben nach Egalität den Schutz für die Weibchen und die natürlichen Hierarchien zerstören werde.[5] Einen Beweis für solche kausalen Zusammenhänge bleiben alle Autoren, und mit ihnen Sarrazin, schuldig. Die soziale Welt der menschlichen Gesellschaft gehorcht anderen Regeln als die natürliche Welt der Tiere; „bösartige" oder „gute" Eigenschaften sind keine Universalien der Natur, sondern menschliche Kategorien; und inwieweit soziale Eigenschaften vererbt oder durch Sozialisation erworben werden, ist noch ungeklärt – von daher ist der Sprung vom Tierleben auf die moderne Welt mehr als gewagt.

Schließlich verdreht Sarrazin sogar ungeniert die Zahlen: „Selbst Kritiker der Interpretation [dass Frauen mit Universitätsabschluss weniger Kinder bekommen] bestreiten jedoch nicht, dass der Anteil der kinderlosen Universitätsabsolventinnen die 40-Prozent-Marke übersteigt, sie weisen allerdings darauf hin, dass er bei Fachhochschülern niedriger liegt."[6] Und dann verweist er auf zwei Aufsätze, die das glatte Gegenteil behaupten: „Die in der Öffentlichkeit vielfach diskutierte Zahl, nach der etwa 40 % aller Akademikerinnen kinderlos sind, ist

---

4  Ebd., S. 350 (Hervorh. von mir).
5  Frank, Fritz: APO und Establishment aus biologischer Sicht. Oldenburg, Hamburg 1969.
6  Sarrazin 2010, S. 90.

nicht haltbar. Sie basiert auf einer nicht aussagekräftigen Altersabgrenzung und Missverständnissen darüber, wer bei der Auswertung der Daten des amtlichen Mikrozensus zur Gruppe der Akademikerinnen zu zählen ist. [...] Der Anteil von dauerhaft kinderlosen Akademikerinnen liegt danach unter 30 %", und selbst von den *west*deutschen *Universitäts*absolventinnen, auf die Sarrazin sich beschränkt hat, bekommen nur 34,5 % keine Kinder – das wiederum fällt laut Statistik im Vergleich zu anderen Frauen kaum ins Gewicht.[7] Mit anderen Worten: Nichts an Sarrazins Behauptung stimmt.

Man muss Sarrazins Buch also sehr genau lesen, um die perfiden Tricks zu sehen, mit denen er aus oberflächlich plausiblen Argumenten und im Einzelnen durchaus korrekt beschriebenen Problemen ein Negativbild zeichnet und mit dem Schleier der argumentierenden Redlichkeit umhüllt. An seinem Buch ist nichts redlich. Es komponiert ein bewusst einseitiges Krisenszenario: „Unsere Gesellschaft schrumpft, sie wird älter, heterogener und gemessen an Bildungsindikatoren weniger leistungsfähig. Dass in Deutschland überdurchschnittlich viele Kinder in sogenannten bildungsfernen Schichten mit häufig unterdurchschnittlicher Intelligenz aufwachsen, lässt uns schon aus rein demographischen Gründen durchschnittlich dümmer werden. Der Anteil der Menschen, der aufgrund mangelhafter Bildung sowie intellektueller Mängel nur schwer in das moderne Arbeitsleben integriert werden kann, nimmt strukturell zu."[8] Bleibe außerdem die Geburtenrate der Migranten „dauerhaft höher als die der autochthonen Bevölkerung, so werden Staat und Gesellschaft im Laufe weniger Generationen von den Migranten übernommen."[9]

Ein Historiker, der so etwas liest, blickt zurück. Er geht in die Bibliotheken und stößt auf den schon erwähnten Malthus, auf Burgdörfer, auf Birg und zahlreiche andere Autoren, die sich über das sogenannte Bevölkerungsproblem ausgelassen haben. Er liest sie, und rasch erscheinen Sarrazins Thesen als altbacken. Aber er stellt sich eine wichtigere Frage: Warum hat Sarrazin Gedanken, die seit zweihundert Jahren durchgekaut werden, erneut erfolgreich vermarkten können, warum erscheinen sie weiterhin als brisant? Weil die Probleme nach wie vor drängend sind? Oder weil die Bevölkerungsfrage seit langem einer verbor-

---

7   Schmitt, Christian/Wagner, Gerd G.: Kinderlosigkeit von Akademikerinnen überbewertet. In: DIW-Wochenbericht 73 (2006), S. 313–317, hier S. 313 f.; vgl. auch Schmitt, Christian/Winkelmann, Ulrike: Wer bleibt kinderlos? Sozialstrukturelle Daten zur Kinderlosigkeit von Frauen und Männern. In: Feministische Studien 23 (2005), S. 9–23. – Die Autoren weisen zudem darauf hin, dass Kinderlosigkeit oft durch männliche Partner, nicht allein durch Frauen bedingt ist.
8   Sarrazin 2010, S. 100.
9   Ebd., S. 259.

genen gesellschaftspolitischen Agenda dient, die Sarrazins Buch erneut bedient? Spricht eigentlich Sarrazin selbst, oder spricht etwas *durch ihn hindurch,* ein uralter Diskurs? Um das zu klären, sollte man zuerst Sarrazins Ahnen lesen (I.), um zu sehen, was sie gemeinsam haben (II.). Wenn Sarrazin dann als Wiedergänger erscheint, lässt sich klären, worum es in der Debatte um die angebliche demographische Katastrophe tatsächlich zu gehen scheint – nämlich, so behaupte ich, um die soziale Ordnung der Gesellschaft, um die Exklusion missliebiger Sozialgruppen und um die Verteidigung einer bürgerlichen Schicht, die sich bedroht fühlt (III.).

## I. Eine Ahnenreihe

Beginnen wir also mit dem Urvater aller demographischen Katastrophendiskurse, mit dem britischen Nationalökonomen und Sozialphilosophen Thomas Robert Malthus (1766–1834). 1798 veröffentlichte er die erste Auflage eines Buches, das Bevölkerungsexperten bis heute zitieren, weil es so einflussreich geworden ist: „An Essay on the Principle of Population". Malthus' These war, dass immer nur eine begrenzte Menge an Nahrungsmitteln produziert werden kann. Die Zahl der Menschen ist also nicht beliebig vermehrbar, bei zu hohen Geburtenraten drohen Elend und Not. Die Nahrungsmittelproduktion lasse sich zwar steigern, jedoch – und hier entwickelte Malthus eine berühmte Formel – nur in *linearer* Progression (1, 2, 3, 4, 5, …). Die Bevölkerung allerdings tendiere dazu, sich in *exponentieller* Progression zu vermehren (1, 2, 4, 8, 16, …). Unmittelbar wird einsichtig, wie die Schere zwischen einer immer rascher wachsenden Bevölkerung und einem abgehängten Nahrungsspielraum geradezu gesetzmäßig größer wird – bis regelmäßig die Natur zuschlägt und die überschüssige Menschenzahl durch Krankheit, Seuchen, Hungersnöte unerbittlich reduziert. Für Malthus gab es „keine Möglichkeit, dem Gewicht dieses Gesetzes, das die gesamte belebte Natur durchdringt, auszuweichen. Weder eine erträumte Gleichheit noch landwirtschaftliche Maßnahmen von äußerster Reichweite könnten seinen Druck auch nur für ein einziges Jahrhundert zurückdrängen. Deshalb scheint dieses Gesetz auch entschieden gegen die mögliche Existenz einer Gesellschaft zu sprechen, deren sämtliche Mitglieder in Wohlstand, Glück und verhältnismäßiger Muße leben".[10]

---

10  Malthus, Thomas Robert: Das Bevölkerungsgesetz. München 1977 [urspr. 1798], S. 19.

Er meinte, ein *Naturgesetz* zu formulieren – doch am Ende des Zitates hatte er es unversehens in eine normative Aussage über die *Sozialordnung* der Gesellschaft verwandelt. Das menschliche Elend wurzelte, Malthus zufolge, nicht etwa in einer ungerechten Sozial- und Wirtschaftsordnung, sondern ausschließlich im ewigen Missverhältnis von Nahrung und Menschenzahl; das Bevölkerungswachstum aber gründete stets in der leichtsinnigen Lebensweise der Unterschichten. Gehe es ihnen materiell gut, würden sie ohne Weitsicht und Verantwortung Kinder zeugen. Bald würden die Nahrungsmittel knapp, beginne der Hunger seine fürchterliche Ernte, die Bevölkerungszahl schrumpfe wieder, die Situation entspanne sich, die Kinder würden erneut zahlreicher – und der Zirkel werde erneut durchlaufen. Sozialhilfe, um das Elend zu bekämpfen, lehnte Malthus ab. Sie werde unmittelbar und nachhaltig den Fleiß der Menschen hemmen, die Geburtenrate steigern und das daraus resultierende Elend geradezu hervorrufen. Außerdem entzögen die Elenden den „würdigeren" Mitgliedern der Gesellschaft die Nahrungsmittel.

In Großbritannien brummte damals die Wirtschaft. Die Industrie benötigte Arbeitskräfte, zahlte miserable Löhne und bot fürchterliche Arbeitsbedingungen; der Wohnungsmarkt stand dem in nichts nach. Es hätte also Anlass gegeben, wie das wenige Jahrzehnte darauf Karl Marx und Friedrich Engels taten, die bestehende Wirtschaftsordnung zu kritisieren und tiefgreifende Reformen zu fordern. Malthus hatte damit nichts am Hut, aber auch keine wirklichen Antworten. Er setzte vielmehr auf die Moral: „Ein Arbeiter, der heiratet, ohne in der Lage zu sein, eine Familie zu unterhalten, kann in gewisser Weise als Feind seiner Arbeitskollegen betrachtet werden."[11] Deshalb sollten Heiraten unterbunden, die Freizügigkeit auf dem Arbeitsmarkt hergestellt und die Landwirtschaft gefördert werden, um wenigstens „die Notwendigkeit großer, verheerender Seuchen, die den Überschuss [an Menschen] beseitigen müssten, entbehrlich" zu machen.[12] Das war nicht viel mehr als Kosmetik, und fünf Jahre darauf, nach heftiger Kritik durch seine Gegner, zeigte er sich in der zweiten Auflage seines Buches etwas optimistischer. Durch ein kalkuliertes Heirats- und Reproduktionsverhalten, sei es durch Enthaltsamkeit außerhalb der Ehe, sei es durch aufgeschobene Eheschließungen, könnten die Menschen Einfluss auf die Bevölkerungsentwicklung nehmen und so der natürlichen Tendenz zur Übervölkerung entgehen.[13]

---

11  Ebd., S. 46.
12  Ebd., S. 63.
13  Vgl. Malthus, Thomas Robert: An Essay on the Principle of Population; or A View of its past and present Effects on Human Happiness; With an Inquiry into our Prospects respecting the

Der „Essay" wurde ein Klassiker. Er erschien in zahllosen Auflagen und Neudrucken in ganz Europa und zog seit Mitte des 19. Jahrhunderts immer weitere Kreise. Er setzte sich in den Diskussionen von Experten und Laien fest, jeder holte sich aus dem Buch an Argumenten, was ihm passte.[14] Schließlich war das umfangreiche, in mehreren Auflagen stark veränderte Buch auf *eine* zentrale These reduziert worden, nämlich die des angeblich unumstößlichen „Bevölkerungsgesetzes". So konnte das Buch allein durch seine stete Präsenz in allen Debatten bis heute den Ton setzen, egal ob man zu Malthus' Gegnern oder Anhängern gehört(e). Und in diesem Buch finden wir angelegt, was den Bevölkerungsdiskurs seit dem 19. Jahrhundert strukturieren sollte: Zuerst einmal den katastrophischen Gestus, also die Behauptung, dass man im Grunde dem Problem immer nur hinterherlaufe. Als zweites die Verbindung von Bevölkerungszahl, Ressourcen und Territorium. Das heißt: Nur wenn man Geburtenrate und Nahrungsproduktion auf einen abgegrenzten Raum bezieht, kann man feststellen, ob es zu viele Menschen für die Ressourcenbasis gibt. Drittens die differenzierte Betrachtung der Fertilität, die Unterscheidung in Menschen, die zu wenige Kinder (Mittelschicht), und solche die zu viele (Unterschichten) bekommen; dazu gehört auch die Klassifizierung als „würdige" und „unwürdige" Mitglieder der Gesellschaft. Viertens werden angeblich natürliche Entwicklungen auf gesellschaftspolitische Zustände gespiegelt; diese Projektion wird moralisch aufgeladen: Laster als Grund für das Elend. Schließlich wird die Unsichtbarkeit der bedrohlichen Entwicklungen postuliert, Experten müssen sie den Laien durch sprachliche und graphische Techniken visualisieren – etwa über das Bild der linear/exponentiellen Progression von Nahrungsspielraum und Geburtenrate.

Machen wir einen Sprung über hundert Jahre hinweg und in ein anderes Land. In Schweden gab es den Arzt Herman Lundborg (1868–1943), der 1921 das erste rassenbiologische Forschungsinstitut der Welt begründen sollte. Er war bereits 1913 bei seinen deutschen Kollegen bekannt geworden, weil er ein Mammutwerk über den allmählichen biologischen und sozialen Verfall eines südschwedischen Bauerngeschlechtes publiziert hatte – zuerst auf Deutsch, 1920 dann in seinem Heimatland.[15] 1921 publizierte er erneut in Deutschland, eine

---

future Removal or Mitigation of the Evils which it occasions. Cambridge, New York, Oakleigh 1992 [urspr. 1803].
14 Vgl. Fuhrmann, Martin: Volksvermehrung als Staatsaufgabe? Bevölkerung und Ehepolitik in der deutschen politischen und ökonomischen Theorie des 18. und 19. Jahrhunderts. Paderborn 2002, S. 311–412.
15 Lundborg, Herman: Medizinisch-biologische Familienforschungen innerhalb eines 2232köpfigen Bauerngeschlechtes in Schweden (Provinz Blekinge). Jena 1913.

Broschüre über das Problem der Rassenbiologie.[16] Der Text ist aufschlussreich, denn er zeigt, wie international die Diskussion um die angebliche demographische Katastrophe damals ausfiel, wie wenig die Rede von „minderwertigen" Menschen eine nationalsozialistische Erfindung gewesen ist.[17] Außerdem beschrieb Lundborg in seinem Text das Bevölkerungsproblem auf eine typische Weise. Er begann, wie alle seine Mitstreiter, die moderne Gesellschaft für die vermeintlichen Probleme verantwortlich zu machen. Individualisierung und Konsum resultierten in einer „Politik der leeren Wiege", dem 0-1-2-Kindsystem. Die Eltern bekämen höchstens zwei Kinder, meist nur ein oder gar kein Kind. Die Industrie sei die größte Volks- und Rassenverderberin, weil sie den biologisch wertvollen Bauernstamm schlucke, der sein Glück in den Städten und Großbetrieben versuche und dort an den elenden Lebensbedingungen zugrunde gehe. Ledige Arbeiter verjuxten ihr Einkommen und wollten keine Kinder, die Familien darbten und könnten sich keine Kinder leisten. Der „Rassenselbstmord" drohe. Der Geburtenrückgang führe zu Immigration und dann zu Rassenmischungen. Das wiederum führe zu einer Schädigung der Erbanlagen, und selbst unter günstigen Umweltbedingungen müsse ein Volk nun degenerieren. Weder die Gene von „rasseuntauglichen" Völkern noch von Verbrechern, Vagabunden oder Geistesschwachen könnten verbessert werden. Falsche Humanität helfe diesen Personen wahllos bei der Fortpflanzung, und deshalb müsse unbedingt eine eugenische Grenze gezogen werden zwischen dem Recht auf Leben, und dem Recht, Leben zu spenden. Ersteres gebühre allen, Letzteres nicht.

Letztlich schrieb Lundborg über die Klassenfrage. Die Oberschicht war ihm eugenisch wertlos, weil sie kaum Kinder zeuge, außerdem verweichliche sie zunehmend. In der Unterschicht steige der Bodensatz „menschlicher Schlacke", und zwischen beiden Schichten drohte die wertvolle, ländlich-bürgerliche Mittelschicht langsam, aber sicher zerrieben zu werden: „Da die Mittelklasse zusammenschrumpft, und die Oberklasse, welche in überwiegender Zahl in den Städten wohnt, nur wenig Nachkommen hat, ist es ja klar, dass das Volk proletarisiert wird und insgesamt eine schlechtere Rassenbeschaffenheit als vor der Industrialisierung annimmt. Es entsteht mit anderen Worten ein ganzes Heer von mehr oder weniger schwach ausgerüsteten Individuen, und diese machen bald ihren Willen geltend. Geht es nicht im Guten, greifen sie zu revolutionären

---

16 Lundborg, Herman: Rassenbiologische Übersichten und Perspektiven. Jena 1921.
17 Vgl. Kühl, Stefan: Die Internationale der Rassisten. Aufstieg und Niedergang der internationalen Bewegung für Eugenik und Rassenhygiene im 20. Jahrhundert. Frankfurt/Main, New York 1997.

oder anarchistischen (bolschewistischen) Methoden und machen kurzen Prozess mit allen, die dagegen sind; das heißt, die höheren Klassen müssen es ausbaden. Es kommt ein Schreckensregiment. Alles gerät in Unordnung. Die Kultur sinkt. Das Volk entartet nun rasch und geht seinem Untergange entgegen. Neue Völker drängen sich ein. Es kann dann besser oder auch schlechter werden".[18]

Etwa ein Jahrzehnt darauf publizierte der deutsche Statistiker Friedrich Burgdörfer (1890–1967) mehrere Bücher, von denen „Volk ohne Jugend" zu einem weiteren Klassiker der Bevölkerungsfrage wurde. Burgdörfer hatte seit 1921 leitende Positionen im Statistischen Reichsamt in Berlin inne. Er war für die Volkszählungen von 1925, 1933 und 1939 sowie für die Reform der deutschen Bevölkerungsstatistik verantwortlich; von 1939 bis 1945 war er Präsident des Bayrischen Statistischen Landesamtes. Danach dauerte es wegen seiner zu großen Nähe zum „Dritten Reich" eine Weile, bis er zu alten Ehren gekommen war.[19] Bereits in der Zwischenkriegszeit galt er als führender Bevölkerungsstatistiker Deutschlands, er kannte die Materie also, als er 1930 „Familie und Volk" publizierte.[20] Ziel des Büchleins war die *„Rettung und Erhaltung des Volkes durch Rettung und Erhaltung der erbgesunden, kinderfrohen und kinderreichen Familien!"*[21]

Zunächst einmal beschrieb Burgdörfer die Krise. Das deutsche Volk habe aufgehört, ein wachsendes Volk zu sein, es stehe im Begriff sich durch Unfruchtbarkeit selbst auszutilgen. Für die meisten europäischen Länder machte er eine höhere Nettogebärleistung der Frauen aus als für Deutschland; in Deutschland dagegen sei der Fortpflanzungswille erschlafft, bereits 8,5 Millionen Kinder als Nachwuchs fehlten. Die Quelle versiege, aber das bleibe der Bevölkerung verborgen. Dazu die Folgen des Ersten Weltkrieges: Tote, weniger Ehen, weniger Geburten; zwischen 1915 und 1919 „blieben 3 1/2 Millionen Kinder, deren Geburt unter normalen Verhältnissen zu erwarten war, ungeboren."[22] Zugleich lebten die Menschen immer länger, die Zahl der Alten nehme zu, deshalb weitere sich die Spitze der Bevölkerungspyramide immer stärker aus, während die Basis schrumpfe. Unaufhaltsam verwandele sich diese Pyramide eines „gesunden" Bevölkerungsbaus – wenig Alte, viele junge Arbeitskräfte – erst zur „Glocke" und dann zur „Urne" eines morschen Gebildes. Immer mehr Greisen stünden immer

---

18   Lundborg, 1921, S. 26 f.
19   Bryant, Thomas: Friedrich Burgdörfer (1890–1967). Eine diskursbiographische Studie zur deutschen Demographie im 20. Jahrhundert. Stuttgart 2010.
20   Burgdörfer, Friedrich: Familie und Volk. Berlin 1930. Ähnlich: Ders.: Der Geburtenrückgang und seine Bekämpfung. *Die Lebensfrage des deutschen Volkes*. Berlin 1929.
21   Burgdörfer 1930, S. 7 (Hervorh. im Orig.).
22   Ebd., S. 12.

*Abbildung 1*

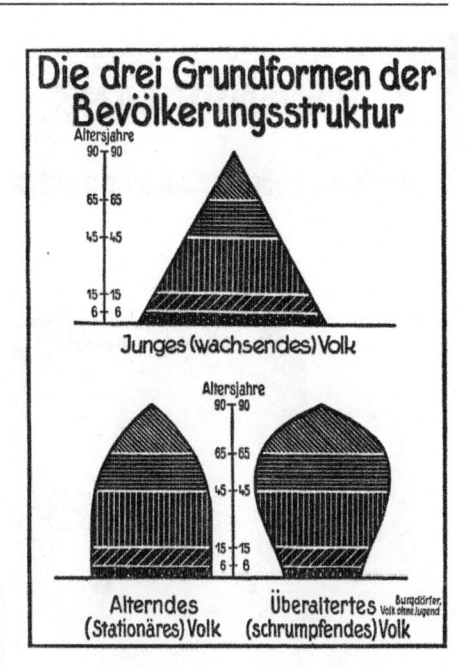

**Die drei Grundformen der Bevölkerungsstruktur**

Junges (wachsendes) Volk

Alterndes (Stationäres) Volk

Überaltertes (schrumpfendes) Volk

Aus: Burgdörfer, Friedrich: Volk ohne Jugend. Geburtenschwund und Überalterung des deutschen Volkskörpers. Ein Problem der Volkswirtschaft – der Sozialpolitik – der nationalen Zukunft. Berlin 1932, S. 112.

weniger Kinder gegenüber (Abb. 1). Deren Versorgungslast für die Alten steige kontinuierlich an. Besonders scharf sei das Problem in den Großstädten ausgeprägt, wo die Geburtenrate weit unter der zur Selbstreproduktion notwendigen Ziffer liege. Die Großstädte wüchsen zwar, aber nur durch die Zuwanderung aus dem Umland. „Wie gewaltige Saugpumpen ziehen die Großstädte die besten Kräfte des Volkes" an, schrieb Burgdörfer dramatisierend im Jahre 1932,[23] und 1930: „Die Großstadt lebt – volkspolitisch betrachtet – ganz wesentlich von der Blutabgabe des Landvolkes."[24]

Allerdings wiesen die Statistiken Jahr für Jahr einen ordentlichen, wenn auch schrumpfenden Geburtenüberschuss und in absoluten Zahlen eine stetig wachsende Bevölkerung aus. Kein Grund zur Panik, war deshalb auch die Meinung nicht weniger Experten. Für Burgdörfer aber zeichnete die Statistik ein trügerisches Bild. Die „Lebensbilanz des deutschen Volkes" musste vom Fachmann

---

23 Burgdörfer, Friedrich: Volk ohne Jugend. Geburtenschwund und Überalterung des deutschen Volkskörpers. Ein Problem der Volkswirtschaft, der Sozialpolitik, der nationalen Zukunft. Berlin 1932, S. 38.
24 Burgdörfer 1930, S. 24 f.

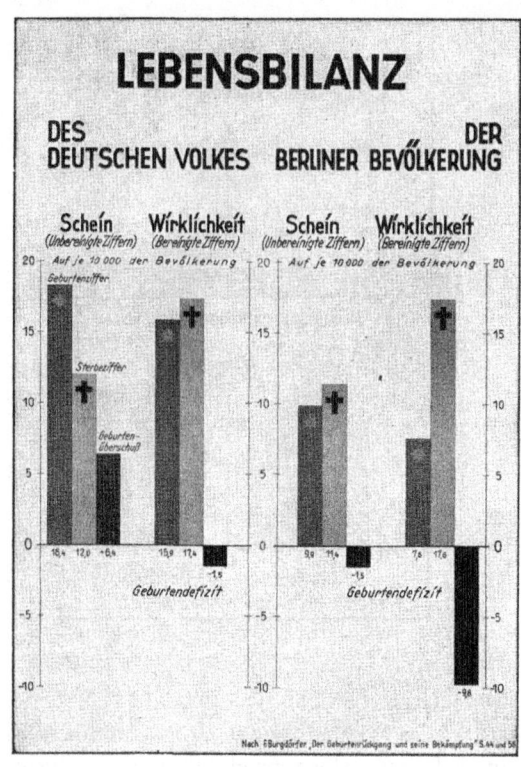

*Abbildung 2*

Aus: Burgdörfer, Friedrich: Familie und Volk. Berlin 1930, S. 28.

bereinigt werden, denn hinter den Ziffern, so Burgdörfer, verberge sich wegen der unterschiedlichen Alterszusammensetzung zu verschiedenen Zeiten eine unterschiedliche „Gebär-" beziehungsweise „Sterbekraft". Es mögen 1 000 Kinder geboren werden und ein statistisches Plus ausmachen, wenn aber zugleich 2 000 Greise, die keine Kinder mehr bekommen, nicht stürben, verwandele sich das Plus tatsächlich in ein Minus, weil die Gebärkraft sinke. Um diese bereinigten Zahlen zu erhalten, waren aufwendige mathematische Berechnungen nötig, aber auch hier half die Grafik, das Problem auf einen Blick in all seinen fatalen Konsequenzen zu erfassen (Abb. 2).

Burgdörfers Schreckensszenario findet kein Ende. Die Familien hielten die Zahl ihrer Nachkommen willentlich klein; selbst in der Landbevölkerung, die *noch* fast doppelt so viele Kinder wie die Stadtbevölkerung zeuge, sinke die Geburtenrate. Drei bis vier Kinder im Schnitt pro Familie wären vonnöten, denn mit dem „Zweikindsystem" sterbe die Bevölkerung in etwa 300 Jahren aus. Der qualitativ hochwertige, kulturtragende Volksteil (Mittelschicht und Landvolk) merzten sich aus, während sich der „unterdurchschnittlich begabte Volksteil" fruchtbar vermehre.[25] Das werde negative Folgen für Wirtschaft, Politik, Altersversorgung und das gesamte öffentliche Leben haben, und natürlich würden die Plätze, die ein Volk durch Selbstdezimierung geräumt hat, nicht leer bleiben. „Andere, geburtenfreudigere Völker werden sie besetzen", wie man im Osten am „stillen Kampf des deutschen Volkstums mit dem geburtenfreudigeren slawischen Volkstum" beobachten könne.[26] Es ging also um nichts weniger als „die *Behauptung des deutschen Volks- und Kulturbodens durch das deutsche Volk und für das deutsche Volk*."[27]

Um diese kritische Entwicklung umzukehren, empfahl Burgdörfer eine konservative, geburtensteigernde Sozial- und Familienpolitik. Grundsätzlich sollte die *Familie* als Zelle des Staates und des Volkes gestärkt werden, nicht das Individuum. Durch eine Steuerreform musste das „Junggesellenprivileg" beseitigt werden, denn die indirekten Steuern wögen gezielte Lohnsteuererleichterungen für die Familien auf. Durch die Wohnbaupolitik sollten die engen, stickigen Großstädte aufgelockert werden, außerdem war die Großstadtbevölkerung durch planmäßigen Siedlungsbau wieder auf das Land zurückzuführen, mit dem Boden zu verwurzeln und zur freien und gesunden Entfaltung zu bringen. Sozialhilfe würde einerseits Notsituationen vorbeugen und helfen, einen bescheidenen Lebensstandard zu wahren, andererseits durfte sie nicht so hoch ausfallen, dass die Fruchtbarkeit zu einem risikolosen oder gar profitablen Geschäft würde. Der Wille zu Selbstverantwortung und zu Opfern dürfe durch materielle Hilfen nicht abgetötet werden, die Lasten dürften nur soweit erleichtert werden, dass sie mit gutem Willen zu tragen seien. Einfachheit und Sparsamkeit härteten ab. Die „Doppelbelastung" der Mütter wollte Burgdörfer beseitigt sehen, indem weibliche Erwerbstätigkeit unterbunden werde. Frauen sollten sich wieder dem „natürlichen" Hausfrauen- und Mutterberuf widmen können und Kinder bekommen; so würden Familienleben, Volk und Arbeitsmarkt gesunden.

Burgdörfers fragwürdige Leistung war es, die drohende Katastrophe wortmächtig zu beschwören und kongenial zu illustrieren. Anders als Malthus hatte er mit der Schwierigkeit zu kämpfen, dass die Bedrohung an Präsenz verlor. Malthus' Elendsgestalten waren jedermann sichtbar gewesen, er hatte nur die

---

25 Ebd., S. 39.
26 Beide Zitate ebd., S. 40.
27 Ebd. (Hervorh. im Orig.).

verborgenen Gründe aufzuzeigen. Burgdörfer musste gegen das Oberflächenbild einer Statistik ankämpfen, die zu zeigen schien, dass alles in bester Ordnung war, weil die Bevölkerung unaufhaltsam wuchs. Er musste nicht nur die Gründe, sondern sogar die vermeintliche Katastrophe selbst sichtbar machen. Das ist ihm beeindruckend gelungen. Außerdem fügten Autoren wie er oder Lundborg der Debatte noch einen wichtigen Aspekt hinzu. Malthus' Katastrophenszenario hatte sich ausschließlich innerhalb des Vereinigten Königreichs abgespielt, hier trieben sich die Menschen selbst ins Elend. Seine Nachfolger machten dagegen eine Umwelt aus, die nicht die Menschen, sondern die Nation bedrohte. Das Problem war paradox geworden. Es hatte eine soziale und eine nationale Seite bekommen. Einerseits bekamen die Unterschichten zu viele Kinder und drohten innerhalb einer Nation die überkommenen sozialen Hierarchien zu zerstören, also die bürgerliche Gesellschaft. Andererseits sank die Geburtenrate einer Nation insgesamt. Deshalb war die zweite Sorge, dass künftig die Bevölkerung schrumpfen werde und die „Minderwertigen" des eigenen Volkes durch immigrierende „Minderwertige" Verstärkung erhalten würden. Ging es bei Malthus noch um Verelendung und moralische Fragen, so war Burgdörfer bei einem regelrechten Überlebenskampf der Nation angekommen. „Völkerselbstmord" und „Volkstod" blieben bis nach dem Zweiten Weltkrieg gängige Vokabeln;[28] heute heißt es etwas neutraler „Selbstabschaffung".

Man könnte nun zahllose Texte referieren und Zitate aneinanderreihen, es wäre nicht klar, ob sie aus Deutschland, Schweden, den USA, aus dem späten 19. Jahrhundert, dem frühen 20. Jahrhundert oder der Nachkriegszeit stammen.[29] Nur zwei Beispiele noch, um die Ahnenreihe Sarrazins abzurunden. Im Winter des Jahres 2005 erschien in der *Frankfurter Allgemeinen Zeitung* eine zehnteilige Artikelserie, der „Grundkurs Demographie" des Bielefelder Demographen Herwig Birg (* 1939). Die Artikel sollten die Leser mit den Grundzügen der Bevölkerungswissenschaft vertraut machen, tatsächlich aber beschrieben auch sie ein einziges Katastrophenszenario: Deutschland weise die niedrigste Geburtenrate Europas auf, dafür den weltweit höchsten Anteil kinderloser Männer und Frauen. Stärker als in anderen Ländern würden fehlende Geburten durch Einwanderung ersetzt. Um aber die negativen Folgen der schrumpfenden Bevölkerung für Wirtschaft und Sozialsysteme ausgleichen zu können, müssten bis zum

---

28  Vgl. z. B. Schwidetzky, Ilse: Das Problem des Völkertodes. Eine Studie zur historischen Bevölkerungsbiologie. Stuttgart 1954.
29  Ausführlich Etzemüller, Thomas: Ein ewigwährender Untergang. Der apokalyptische Bevölkerungsdiskurs im 20. Jahrhundert. Bielefeld 2007.

Jahre 2050 etwa 188 Millionen Ausländer einwandern und bleiben. Einwanderer bekämen zwar mehr Kinder als Deutsche, schnitten allerdings in den Schulen schlechter ab, beanspruchten die Sozialkassen stärker und bildeten eine neue Art ethnischer Unterschicht. Das berge soziale Konflikte. Dazu kämen der Generationenkonflikt (die Jungen müssen immer mehr Alte versorgen) und regionale Konflikte (Ostdeutschland verliert seine Jugend an den Westen) sowie die Spaltung der Gesellschaft in zwei Teilgesellschaften, eine mit und eine ohne Kinder. Die Zahl der Alten explodiere, die der Jungen implodiere. Deutschlands Bevölkerung schrumpfe, die Bevölkerung der EU werde schrumpfen, die der afrikanischen Mittelmeerländer und der Türkei aber wachse rapide. Die seit dreißig Jahren Nichtgeborenen, die selbst bei bester Familienpolitik keine Kinder mehr in die Welt setzen könnten, verschärften die Situation. Ihre Zahl potenziere sich; der ganze Prozess sei irreversibel. Niemand könne sagen, „ob die Schrumpfung schließlich auch die noch blühenden Regionen einholen und das ganze Land mit einer lähmenden Tristesse überziehen wird."[30] Seit Jahrzehnten hätten Wissenschaftler das der Öffentlichkeit mitzuteilen versucht, aber „Deutschland hat von seinem Recht auf Nichtwissen in extensiver Weise Gebrauch gemacht und wird dafür teuer bezahlen." Es sei, so Birgs pessimistische Folgerung, „dreißig Jahre nach zwölf".[31]

Sein Kollege Josef Schmid (*1937) hatte es 1984 unverblümt so formuliert: „Ihre mangelnde Integration, ihre nationale und kulturelle Identitätskrise, die Ausländer erleiden, ihr Qualifikationsmangel, der Berufschancen mindert, – [sic] alles zusammengenommen lässt den Kriminalitätsanstieg fast logisch erscheinen. Dieser Zustand verstärkt sich noch durch Ablehnung und Diskriminierung seitens der Deutschen. [...] Der Bevölkerungsdruck Afrikas und Asiens wird auf den Grenzen der Bundesrepublik lasten wie derjenige Lateinamerikas an der Südgrenze der USA. Die Bundesrepublik wird sich als weithin wirkender sozialpolitischer Magnet ohnehin einem ständigen Einsickerungsprozeß ausgesetzt sehen, der sich jedoch nicht zum Dammbruch ausweiten darf. Das Unbehagen des deutschen Durchschnittsbürgers am Ausländerzustrom, das noch keineswegs Ausländerfeindlichkeit bedeuten muss, sollte als Willensbekundung eines Souveräns geachtet und nicht vorschnell als Humanitätsmangel verdäch-

---

30 Birg, Herwig: Grundkurs Demographie – neunte Lektion. In: *Frankfurter Allgemeine Zeitung*, 3.3.2005.
31 Birg, Herwig: Grundkurs Demographie – letzte Lektion. In: *Frankfurter Allgemeine Zeitung*, 4.3.2005.

tigt werden."[32] Und 1995: „Orientalisch-südliche Großfamilien [...] können in einem solchen System, das mit ihnen gar nicht rechnet, als Kooperative auftreten und ein Familieneinkommen erzielen, wie es bis in die einheimische Mittelschicht hinein unbekannt ist. [...] Nun lächelt in Frankreich die algerische Frau, wenn sie die für die europäische Französin erdachten enormen Leistungen für das dritte Kind kassiert, wo sie selbst mit fünf eigenen Kindern rechnet. [...] Die Mischung aus Güte und Überheblichkeit, die hinter einer unbesehenen Einbürgerung steckt, verkennt, dass damit beide Lager in eine Identitätskrise geraten, bei deren Heilungsversuchen sie sich verfeinden werden. Dann würden unsere Straßen wieder Aufmarschgebiet wie zur Weimarer Zeit, nur mit veränderten Gestalten und Themen."[33]

## II. Der Bevölkerungsdiskurs

Eine Ahnenreihe aufzustellen, ist eine Sache. Aber was *bedeutet* sie? Wenn Sarrazin nur wiederholt, was vor 100, 200 Jahren gesprochen wurde, dann scheint ja, so könnte man meinen, das Problem ernst zu sein, und gelöst wurde es offenbar noch immer nicht. Zwar ist es etwas widersprüchlich, wenn Burgdörfer, Birg und Sarrazin *unisono* behaupte(te)n, sie würden die Dinge jeweils als Erste anzusprechen wagen. Doch andererseits: Wenn einem eine solche Ahnenreihe nachgewiesen wird, dann unterstreicht das ja nur die Bedeutung der eigenen Mahnungen und Warnungen – vorausgesetzt die Lesart stimmt, dass es wirklich die demographisch-nationale Katastrophe gibt und seit Jahrhunderten vergeblich vor ihr gewarnt wurde. Es gibt nämlich noch eine andere Lesart, und die läuft darauf hinaus, dass wir es mit einem Diskurs zu tun haben, der durch die Menschen hindurch spricht, sie sprechen macht. Das mag eine etwas ungewohnte Perspektive sein, gehen wir doch davon aus, dass Wissenschaftler und Publizisten wissen, was sie sagen, und dass sie bewusst sprechen. Die Diskursanalyse dagegen postuliert, dass sich in einer Gesellschaft bestimmte Formen des Sagbaren ausbilden. Dass es Tabus gibt, nicht alles sagbar ist – oder nur um den Preis einer erheblichen sozialen Ächtung –, ist geläufig. Auch wissen wir, dass man in bestimmten Situationen bestimmte Dinge sagen sollte, um Erfolg zu haben:

---

32 Schmid, Josef: Bevölkerungsveränderungen in der Bundesrepublik Deutschland. Eine Revolution auf leisen Sohlen. Stuttgart u. a. 1984, S. 33, 38.
33 Schmid, Josef: Eine Mischung aus Güte und Überheblichkeit. Die Weltfremdheit der deutschen Einwanderungs-Debatte und die Gefahren fortschreitender Ethnifizierung. In: *Frankfurter Allgemeine Zeitung*, 8. 11. 1995.

Komplimente an den Chef beispielsweise. Wie wichtig diese Regeln sind, merkt man, wenn sie (unwissentlich) gebrochen werden. Es gibt jedoch, und darauf hebt die Diskursanalyse ab, eine dritte Form von Regeln, und zwar diejenigen, die auf eine bestimmte Weise *sprechen machen*, ohne dass die Sprechenden das durchschauen.[34] Diese Regeln entstehen in ganz alltäglichen Praktiken. Seit dem späten Mittelalter, um nur ein Beispiel knapp anzureißen, klassifizieren Lehrer, Ärzte, Biologen, Statistiker oder Militärs. Klassifizierungen sind ein sinnvolles Instrument, um Dinge zu ordnen und damit leichter handhabbar zu machen. Aber damit ist Experten das Klassifizieren derart in Fleisch und Blut übergegangen, dass sie es auch gar nicht mehr hinterfragen können. Die Volkszählungen des Deutschen Kaiserreichs und der Weimarer Republik fielen immer differenzierter aus. Immer genauer wurden Kategorien wie Wohnort, Altersklasse, Beruf, Geschlecht, Sozialschicht oder Geburtenrate ausgefeilt und korreliert. Für Statistiker war diese Arbeit so selbstverständlich, dass sie 1933 auftragsgemäß die „Juden" als Kategorie einführten und nüchtern aus der übrigen Bevölkerung aussonderten.[35] Selbst das war nicht einmal typisch deutsch, denn noch 1952 plante Lundborgs rassenbiologisches Institut (unter der Leitung seines Nachfolgers), die Daten jüdischer Rekruten mit dem „allgemeinen schwedischen Material" zu vergleichen[36] – als seien „Juden" und „Schweden" grundsätzlich unterschiedliche Entitäten. 1945 waren sich die deutschen Statistiker keiner Schuld bewusst, denn dass die nationalsozialistische Diktatur ihre Daten zur Durchführung der Vernichtungspolitik verwendeten, war ja nicht der „objektiven" Technik der Statistik und den „objektiv" Daten erhebenden Statistikern anzulasten.

Zahlen mögen nicht lügen, doch die Form ihrer Verarbeitung lässt etwas Neues entstehen. So gibt ein Diskurs heterogenen Aussagen eine gemeinsame Form, und diese Formgebung ist im selben Moment eine Praxis, denn die durch den Diskurs gestiftete neue Ordnung von Aussagen erzeugt Effekte in der Gesellschaft, die jenseits der ursprünglichen Intentionen und Entstehungszusammenhänge liegen. Ein Diskurs richtet die Welt zu. Er lässt Gruppen entstehen

---

34 Zur Diskursanalyse vgl. Landwehr, Achim: Historische Diskursanalyse. Frankfurt/Main, New York 2008; Maset, Michael: Diskurs, Macht und Geschichte. Foucaults Analysetechniken und die historische Forschung. Frankfurt/Main, New York 2002.
35 Vgl. Volkszählung. Die Bevölkerung des Deutschen Reichs nach den Ergebnissen der Volkszählung 1933: Die Glaubensjuden im Deutschen Reich. In: Statistik des Deutschen Reichs, Bd. 451, H. 5. Berlin 1935; Volkszählung. Die Bevölkerung des Deutschen Reichs nach den Ergebnissen der Volkszählung 1939: Die Juden und jüdischen Mischlinge im Deutschen Reich. In: Statistik des Deutschen Reichs, Bd. 552, H. 4. Berlin 1944.
36 Universitätsarchiv Uppsala, Statens rasbiologiska institutet, B3:1, 23. 5. 1952.

und behaftet sie mit Wertungen. Für Eugeniker war es seit dem 19. Jahrhundert selbstverständlich, den „Volkskörper" wie ein Arzt als „krank" zu diagnostizieren und nach den „Krankheitsherden" zu suchen – etwa „Asoziale" oder „Juden". Soziales Verhalten oder Religionszugehörigkeit wurden biologisiert; Statistiker und Behörden erfassten diese Gruppen, dann konnten sie ihrer Bearbeitung durch die Politik zugeführt werden, also Zwangssterilisierungen, Vernichtung oder, in der Nachkriegszeit, der Internierung in „Asozialenlagern". Entscheidend ist dabei, dass Diskurse nicht von einzelnen Individuen abhängen. Sie formatieren vielmehr individuell übergreifend die Art, wie eine Gesellschaft sich selbst beobachtet. Von daher sind Diskurse keine Ideologien, sondern sie erscheinen als etwas Naturgegebenes, sie sind für Individuen, die sich innerhalb eines Diskurses befinden, nicht beobachtbar. Wichtig ist außerdem, dass sie sich nicht um nationale Grenzen und politische Systeme scheren. „Asoziale" wurden auch in Demokratien wie Schweden, Großbritannien und den USA als „Problem" wahrgenommen und teilweise zwangssterilisiert, auch nach 1945 noch. Und bedeutsam ist schließlich, dass Diskurse durch die kleinsten alltäglichen Praktiken entstehen, also wenn der Statistiker unreflektiert „Juden" und „Deutsche" unterschied oder ein Kreisarzt jeden Tag aufs Neue „gesundes" oder „asoziales" Verhalten diagnostizierte.

In dieser Lesart bekommt Sarrazins Ahnenreihe plötzlich eine ganz andere Bedeutung. Schaut man sich nämlich ein hinreichend großes *sample* an Texten zur Bevölkerungsfrage an, die im 20. Jahrhundert verfasst wurden, so tauchen praktisch überall dieselben Elemente auf, wenn auch in unterschiedlichen Mischungsverhältnissen.[37] Es ist eine spezifische Matrix, die diese Texte formatiert und dafür gesorgt hat, dass die demographische Entwicklung als geradezu unaufhaltsame *Katastrophe* geschildert wird, nicht als *grundsätzlich lösbares Problem*. Entsprechend sieht die Folgerung aus: Geradezu zwangsläufig muss verbal auf „minderwertige" Teile der Bevölkerung eingedroschen werden, die angeblich für den Niedergang der Nation verantwortlich sind. Also:

1) Die Vorhersagen ähneln sich. Zahllose Autoren beklagen die sinkende Geburtenrate. Es gibt immer weniger junge Menschen; aufgrund der höheren Lebenserwartung überleben aber immer mehr Alte. Friedrich Burgdörfer hatte dieses Szenario, wie gesehen, graphisch kongenial gefasst. Bis heute prägt dieses Bild die Diskussion, zusammen mit den fallenden Kurven (Abb. 3). Diese zeigen einen Anstieg der absoluten Bevölkerungszahl, die freilich in naher Zukunft drastisch abfallen wird. In den 1930er Jahren wurde die Halbierung der Bevöl-

---

37 Ausführlich: Etzemüller 2007, S. 69–81.

*Abbildung 3*   **Die Tendenz der Volkszahl**
(Schematische Darstellung)

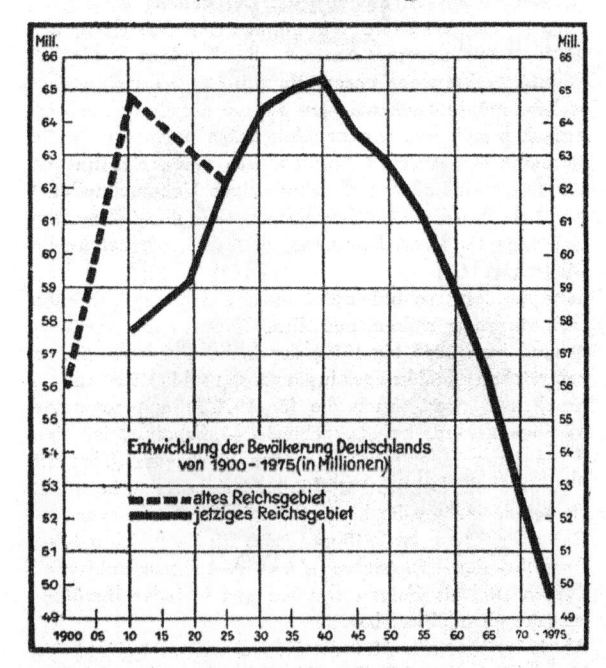

Entwicklung der Bevölkerung Deutschlands von 1900-1975 (in Millionen)
- - - altes Reichsgebiet
——— jetziges Reichsgebiet

Aus: Kahn, Ernst: Der internationale Geburtenstreik. Umfang, Ursachen, Wirkungen, Gegenmaßnahmen? Frankfurt/Main 1930, S. 91.

kerung für das Jahr 1950 prognostiziert, nach der Jahrtausendwende für das Jahr 2050. Einwanderer könnten das Problem nicht lösen, da nur eine unrealistisch hohe Zuwanderung die Geburtenausfälle kompensieren könne; sie potenzierten zudem zwangsläufig die sozialen Probleme. Dass seriöse demographische Vorhersagen nur für etwa 20 Jahre möglich sind, dass keine der Prognosen sich bislang materialisiert hat, dass Überalterung nicht notwendig das Morschwerden eines Volkes und Zuwanderung nicht automatisch „Überfremdung" bedeuten, wird geflissentlich übersehen.

2) Alle Texte gehen – zumeist implizit – von Raumeinheiten aus, von Territorien und deren Grenzen zu Nachbarräumen. Das konstituiert ein bestimmtes Verhältnis zwischen Räumen, weil in diesen nämlich eine bestimmte Bevölkerung behaust ist. Diese Bevölkerung wird – wie der Raum – als eine homogene Einheit gedacht. Man muss keine Texte aus dem „Dritten Reich" lesen, um mit

## Die Verlagerung des europäischen Bevölkerungs-Schwerpunktes in Millionen

Abbildung 4

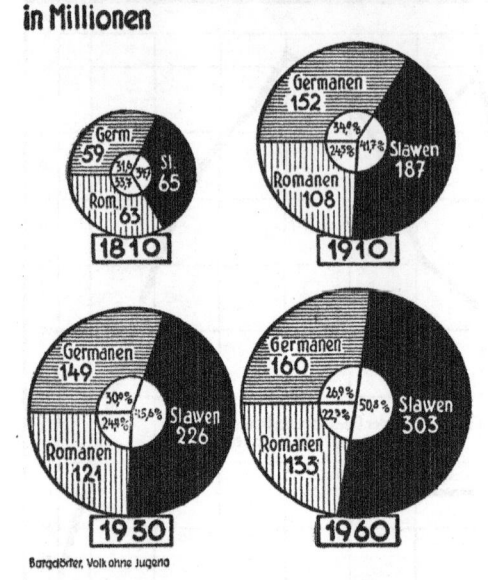

[1810: Germ. 59, Sl. 65, Rom. 63]
[1910: Germanen 152, Slawen 187, Romanen 108; 34,0%, 24,3%, 41,7%]
[1930: Germanen 149, Slawen 226, Romanen 121; 30,0%, 24,8%, 45,6%]
[1960: Germanen 160, Slawen 303, Romanen 133; 26,9%, 22,3%, 50,8%]

Burgdörfer, Volk ohne Jugend

Aus: Burgdörfer, Friedrich: Volk ohne Jugend. Geburtenschwund und Überalterung des deutschen Volkskörpers. Ein Problem der Volkswirtschaft – der Sozialpolitik – der nationalen Zukunft. Berlin 1932, S. 387.

wünschenswerter Klarheit präsentiert zu bekommen, dass der Begriff „Bevölkerung" auch heute noch die ethnisch Eingesessenen eines Staates bezeichnet. Herwig Birg beispielsweise schloss noch im Jahre 2009 Migranten der dritten Generation aus der „Ursprungsbevölkerung" aus.[38] Im frühen 20. Jahrhundert versuchte man, das Ideal einer „reinen, nordischen Rasse" zu verteidigen, heute will man die „einheimische" Bevölkerung vor „Überfremdung" schützen. Erst durch den Raum kann die Grenze zwischen Innen und Außen, Gemeinschaft und Fremden gezogen werden. Vom 19. Jahrhundert bis heute konstituiert die Grenze, die Gemeinschaft und Raum zugleich gegen Andere abgrenzt, das bevölkerungspolitische Denken. (Abb. 4)

---

[38] Birg, Herwig: Integration und Migration im Spiegel harter Daten. In: *Frankfurter Allgemeine Zeitung*, 9. 4. 2009.

3) Damit entsteht eine spezifische Korrelation von Raum und Bevölkerung mit einer statischen und einer dynamischen Komponente. Jeder Raum hat seine Bevölkerung. Im Idealfall ist das ein balanciertes Verhältnis zwischen Raum und Bevölkerung, in der Realität besteht Fluktuation zwischen den Räumen. Diese Fluktuation verdankt sich einem spezifischen Gefälle, denn es gibt angeblich übervölkerte Räume, die einen Bevölkerungsdruck auf den Nachbarraum entwickeln, und Räume, die einen Sog ausüben, entweder weil sie untervölkert oder weil sie wirtschaftlich attraktiv sind. In den frühen 1920er Jahren wurde eine „Überflutung" durch die geburtenstarken Slawen befürchtet, die in ein entleertes Deutschland drängen würden, nach dem Zweiten Weltkrieg kam die Rede von der „Menschenlawine" auf, die aus der „Dritten Welt" in die Sozialstaaten Europas donnern werde.[39] Parallel entleerte sich das Land angeblich in die Städte hinein, die als „Würgerin[nen] jungen Lebens" bezeichnet wurden,[40] weil sie „wie ein Vampyr alle begabten Menschen, oft gerade die gesunden, kräftigsten und wertvollsten Menschen vom Lande in die Stadt hinein [saugen], um sie dann dort in 1 bis 2 Generationen zu vernichten."[41] So dramatisch kann man heute nicht mehr schreiben, aber der Nachhall klang vor wenigen Jahren in der Klage mit, dass die Wölfe der Lausitz mehr Nachwuchs als die Menschen bekämen und im entseelten Pfälzerwald wieder der Luchs hause.[42] Stets wird eine Balance zwischen „Raum" und „Bevölkerung" beschworen, die nicht durch Migration gefährdet werden dürfe.[43] Ohne diese Relation von Raum und Bevölkerung wären weder das Konstrukt von Über- und Untervölkerung noch das Bedrohungsszenario unkontrollierter Bevölkerungsbewegungen möglich; Gegenmittel muss sein, dass sich eine „angestammte" Bevölkerung innerhalb ihres Raumes reproduziert und den Raum dadurch füllt.

4) Die demographische Frage ist auf merkwürdige Weise mit der Eugenik/Genetik verkoppelt. In der Bevölkerungsdiskussion ging und geht es nie allein um die Quantität der Bevölkerung, sondern immer auch um deren Qualität. Es

---

39 Exemplarisch Wirsing, Giselher: Die Menschenlawine. Der Bevölkerungszuwachs als weltpolitisches Problem. Stuttgart 1956; vgl. zusammenfassend Wichterich, Christa: Menschen nach Maß – Bevölkerung nach Plan. Die Neue Weltordnung der Fortpflanzung. In: Dies. (Hrsg.): Menschen nach Maß. Bevölkerungspolitik in Nord und Süd. Göttingen 1994, S. 9–37.
40 Helmut, Otto (Hrsg.): Volk in Gefahr. Der Geburtenrückgang und seine Folgen für Deutschlands Zukunft. München 1933, S. 46.
41 Gütt, Arthur: Bevölkerungs- und Rassenpolitik. Berlin ²1938, S. 55.
42 Kröhnert, Steffan/Olst, Nienke van/Klingholz, Reiner: Deutschland 2020 – die demographische Zukunft der Nation. Berlin 2004, S. 21.
43 Vgl. z. B. Schmid, Josef: Das verlorene Gleichgewicht. Eine Kulturökologie der Gegenwart. Stuttgart, Berlin, Köln 1992.

ist stets eine wichtige Frage, *wer* Kinder bekommt und wer nicht, welche Kinder *erwünscht* sind und welche nicht. Sozial „wertvolle" Menschen aus der Mittel- und Oberschicht bekommen nach Ansicht der Demographen zu wenige Kinder, sozial „minderwertige"– das waren früher „Proletarier", Bettler und „Geistesschwache", heute sind es die „bildungsfernen" Schichten verfetteter *couch potatoes* – zu viele. Weil man bis in die 1950er Jahre davon ausging, dass sich biologische Defekte – und dazu zählten etwa Epilepsie, Geistesstörungen, Gaumenspalten, Trunksucht, asoziales Verhalten, Eigensinn, Geiz und dergleichen mehr – vererbten, musste das eugenisch gefährliche „Menschenmaterial" an der Fortpflanzung gehindert werden. Gegenwärtig dreht es sich dagegen um das „Humankapital" der Gesellschaft. Die notwendigen Investitionen in dieses Kapital seien sträflich vernachlässigt worden. Durch die Geburtenausfälle habe sich eine gewaltige Investitionslücke aufgetan, obwohl doch eine moderne Nation hoch qualifizierte Arbeitskräfte, kompetente Konsumenten, verantwortliche Eltern, partizipationsfähige Bürger und aktive Mitglieder einer Zivilgesellschaft benötige, um den „Anschluss an die Welt" nicht zu verpassen[44] – kostenträchtige körperlich-genetische Defekte sollen sie nicht aufweisen. Nach wie vor wird „Bevölkerung" also in einem spezifischen Raster diskutiert: als Ressource und als Bedrohung – ihre Quantität und Qualität. Das ist die Matrix, die das Reden über Bevölkerung in Westeuropa und den USA Anfang, Mitte und Ende des 20. Jahrhunderts prägt. Es gibt zwar Differenzen, aber die wiegen nicht schwer.[45]

5) Im Zentrum der Debatte stehen seit jeher mehr oder weniger explizit fast ausschließlich die Frauen, denn von ihnen erwartet man den geeigneten Nachwuchs. Es sind Frauen, die angeblich keine Kinder bekommen wollen, weil sie lieber arbeiten oder dem Luxus frönen. Es sind Frauen, auf die sozialpolitische Programme zugeschnitten wurden, und in der Regel wurden und werden sie sterilisiert – sei es, weil sie oder ihre Ehegatten als „asozial" galten, sei es, um in der „Dritten Welt" das Bevölkerungswachstum zu brechen. In der „Dritten Welt" macht der Westen sie für die Übervölkerung haftbar, im Westen macht er sie für die „Nettogebärleistung" der Nation verantwortlich. Dort versucht man, Frauen mit teilweise schmutzigen Tricks dazu zu bringen, weniger Kinder zu zeugen, hier werden sie mit immer neuen Richtzahlen konfrontiert, wie viele Kinder sie gebären müssten, um das „natürliche" Bevölkerungswachstum sicherzustellen

---

44 Kaufmann, Franz Xaver: Schrumpfende Gesellschaft. Vom Bevölkerungsrückgang und seinen Folgen. Frankfurt/Main 2005, S. 72–82, 105–109.
45 Vgl. für das frühe 20. Jahrhundert Weipert, Matthias: „Mehrung der Volkskraft". Die Debatte über Bevölkerung, Modernisierung und Nation 1890–1933. Paderborn 2006.

(ihre Geburtenrate soll in Deutschland auf 1,6 Kinder gesteigert werden, die sie zudem in möglichst jungen Jahren bekommen sollen); bleiben die Kinder aus, werden sie, nicht ihre Partner, auf ihre Motive befragt. Qualitativ sind die Frauen der Industrienationen das Ziel immer ausgeklügelterer diagnostischer Methoden, die immer feinere Risikoabschätzungen zulassen und immer genauere genetische Normalitätskurven der noch ungeborenen Kinder zeichnen. Frauen müssen dann bei drohenden Behinderungen ihr „Verantwortungsbewusstsein" zeigen. Männer tauchen im Bevölkerungsdiskurs als *Objekte* kaum auf, nur als Autoren all dieser Diagnosen und Vorgaben.[46]

## III. In Verteidigung der bürgerlichen Gesellschaft

Nun ist keine der zahllosen vorhergesagten Katastrophen eingetroffen. Wieso dann ist der Bevölkerungsdiskurs trotz seines ständigen Scheiterns so erfolgreich? Wieso springen Teile der Öffentlichkeit in unterschiedlichen Ländern und sogar unterschiedlichen politischen Systemen immer wieder auf dieselben nicht verwirklichten Untergangsszenarien an? Zweifellos würden Demographen erheblich an gesellschaftspolitischer Relevanz verlieren, könnten sie nicht glaubhaft den drohenden Untergang stets wieder auf die Agenda setzen. So dient die Apokalypse immer auch der institutionellen Sicherung einer Disziplin. Doch hat die Bevölkerungsfrage möglicherweise weniger mit der Zukunft zu tun als vielmehr mit der Gegenwart?

Der Nationalökonom Julius Wolf hatte bereits 1931 apodiktisch postuliert, „dass die Bevölkerungsfrage von heute in ihrem tiefsten Grunde eine Frage der *Ordnung der Welt* ist."[47] Der demographische Diskurs handelt deshalb, so könnte man zugespitzt behaupten, weniger von Geburtenzahlen – die sind nur das Medium – als von der Ordnung der bürgerlichen Gesellschaft. Seit der Hochindustrialisierung stand nämlich diese bürgerliche Lebenswelt auf dem Spiel, weil sich soziale Strukturen und Lebensstile rapide änderten. In dem Maße, in dem sich das entstehende Bürgertum seine Handlungsspielräume zuvor gegen den Adel erkämpft hatte, sah es sich seit dem 19. Jahrhundert bedroht durch die Forderung nach politischer Partizipation seitens der Arbeiterbewegung sowie durch

---

46 Ausführlicher: Etzemüller, Thomas: Zu traditionell, zu emanzipiert: Frauen als Quell der permanenten demographischen Katastrophe. In: Villa, Paula-Irene/Thiessen, Barbara (Hrsg.): Mütter – Väter: Diskurse, Medien, Praxen. Münster 2009, S. 63–73.
47 Wolf, Julius: Art. „Bevölkerungsfrage". In: Handwörterbuch der Soziologie. Stuttgart 1931, S. 52–66, hier S. 65 (Hervorh. im Orig.).

eine drohende soziale Revolution seitens verelendeter Arbeitermassen. Deshalb lesen sich spätestens seit der Jahrhundertwende zahllose Texte zur Bevölkerungsfrage – in Negativform – wie ein Wertekatalog bürgerlicher Lebensweisen. Selbst eugenische Lehrbücher beschreiben in erster Linie die gegenwärtige *soziale Welt*. Im „Baur – Fischer – Lenz" beispielsweise wurde 1921 die „Akademikerschwemme" beklagt und biologisch begründet, warum man den Zugang der unteren Sozialschichten zu höherer Bildung kanalisieren sollte: Die meisten Menschen seien von Natur aus nicht zum akademischen Leben berufen, ihr Aufstieg rufe Neid bei denen hervor, die es nicht geschafft hätten, das führe zu sozialer Disharmonie, außerdem bekämen Akademiker weniger Kinder.[48]

Immer wieder finden wir in den Texten die Beschreibung einer idealen, harmonischen Welt in der Form ihrer Auflösung. Die Idealwelt wurde früher mit eugenischen Argumenten zur natürlichen Ordnung erhoben, Bevölkerungspolitik sollte sie erhalten beziehungsweise wiederbegründen. Jedes Individuum war in seinem „angestammten" geographischen und sozialen Raum zu fixieren, das Anwachsen bestimmter Schichten war zu verhindern, Geschlechterverhältnisse waren zu zementieren und Fremde vor den Grenzen der Nation zu halten. Soziale und räumliche Bewegungen der Menschen veränderten ihre Erfahrungen und Lebensweisen. Das erhöhte politische und soziale Partizipationsansprüche und bedrohte die patriarchalische Gesellschaftsordnung, vor allem die Dominanz der weißen, männlichen, bürgerlichen Mittelschicht. Deshalb berichten die Texte immer wieder von den verheerenden Auswirkungen *unkontrollierter*, „*widernatürlicher*" Bewegungen. Jeder sollte bloß in *seiner Lebenswelt* an den ihm gebührenden Platz aufsteigen können. Nur so war die ideale Ordnung zu wahren.

Nicht anders sieht es heute aus. Über Jahrzehnte hinweg hatte die Bundesrepublik immer breiteren Schichten ein beispielloses Aufstiegsversprechen geboten und dieses Versprechen weitgehend eingelöst. Mit den 1990er Jahren veränderte sich das Klima. Die Globalisierung der Wirtschaft begann viele Menschen zu verunsichern. Die Leistungsanforderungen an Arbeitnehmer stiegen; mittlerweile bieten selbst Kindertagesstätten „Early Excellence"-Programme an, um den Nachwuchs fit für eine globalisierte, flexibilisierte Welt zu machen. Der solidarische Schutzraum, den Sozialstaat und Arbeitgeber boten, scheint

---

48 Baur, Erwin/Fischer, Eugen/Lenz, Fritz: Grundriss der menschlichen Erblichkeitslehre und Rassenhygiene, 2 Bde. München 1921, Bd. 2, S. 275 f.; vgl. auch Schallmayer, Wilhelm: Vererbung und Auslese im Lebenslauf der Völker. Eine staatswissenschaftliche Studie auf Grund der neueren Biologie. Jena 1903.

sich aufzulösen. Stattdessen, so wird es zumindest oft wahrgenommen, sollen die Menschen sich in „Ich-AGs" umgründen, um sich in der postmodernen Welt auf eigene Faust zu behaupten.[49] Die Angst, abgehängt zu werden, wächst. Dazu kommt die Sorge, durch den Verlust des Arbeitsplatzes in „Hartz IV" zu rutschen. Immer wieder werden in den Medien die Geschichten gut situierter Mittelklassefamilien gebracht, die als „Abschmelzer" den Weg nach unten angetreten haben. Zugleich ist, wie erwähnt, das „Humankapital" der Gesellschaft insgesamt bedroht, wenn immer mehr Menschen physisch und bildungstechnisch als untauglich abgeschrieben werden müssen. Erneut wird gegenwärtig eine Art Vererbungstheorie beschworen. Zwar potenzieren sich nun nicht mehr die Gendefekte „minderwertiger" Schichten durch Fortpflanzung, aber „bildungsferne" Gruppen geben ihr leistungsfeindliches Sozialverhalten und ihr mangelndes Bildungsniveau an die Nachkommen weiter. Die Angst vor sozialem Abstieg, Angst vor heraufwuchernden Unterschichten, die Angst, den Anschluss zu verlieren, als Individuum wie als Nation, die Zurechnung der Probleme auf negativ gewertete Sozialschichten, die Beschreibung der Gegenwart als fast unausweichlicher Katastrophe – das alte Muster, die demographischen als vermeintlich *soziale* Entwicklungen zu skandalisieren, funktioniert nach wie vor.

Einmal mehr zeigt die diskursive Matrix ihre Macht, und von daher ist es wohl nicht verkehrt, Thilo Sarrazin als eine Art Sprechautomaten zu bezeichnen. Durch ihn hindurch äußert sich ein Diskurs, er lässt Sarrazin – wie Malthus, Burgdörfer, Birg und zahlreiche andere – mit Nuancen ein und dasselbe Programm vollziehen, das auf die soziale Hierarchisierung der Gesellschaft, auf soziale Distinktion des Bürgertums und auf die Verfügbarmachung von Menschen für die (post-)industrielle Wirtschaftsordnung zielt. Deutschland müsste sich schon unzählige Male abgeschafft haben, folgt man all den Sarrazins. Doch es existiert wohlhabender und bevölkerungsreicher denn je. Die Sarrazins befürchten die Abschaffung von etwas ganz anderem: der behaglichen Welt der bürgerlichen Gesellschaft. Das aber hat mit Demographien nichts zu tun, das beschreibt ganz einfach nur Angst und soziale Ressentiments. Und deshalb wird die Ahnenreihe mit Thilo Sarrazins Buch gewiss kein Ende gefunden haben.

---

49 Vgl. Bröckling, Ulrich: Das unternehmerische Selbst. Soziologie einer Subjektivierungsform. Frankfurt/Main 2007.

## Literatur

Baur, Erwin/Fischer, Eugen/Lenz, Fritz: Grundriß der menschlichen Erblichkeitslehre und Rassenhygiene, 2 Bde. München 1921.
Birg, Herwig: Integration und Migration im Spiegel harter Daten. In: *Frankfurter Allgemeine Zeitung*, 9.4.2009
Birg, Herwig: Grundkurs Demographie – neunte Lektion. In: *Frankfurter Allgemeine Zeitung*, 3.3.2005.
Birg, Herwig: Grundkurs Demographie – letzte Lektion. In: *Frankfurter Allgemeine Zeitung*, 4.3.2005.
Bröckling, Ulrich: Das unternehmerische Selbst. Soziologie einer Subjektivierungsform. Frankfurt/Main 2007.
Bryant, Thomas: Friedrich Burgdörfer (1890 –1967). Eine diskursbiographische Studie zur deutschen Demographie im 20. Jahrhundert. Stuttgart 2010.
Burgdörfer, Friedrich: Der Geburtenrückgang und seine Bekämpfung. *Die* Lebensfrage des deutschen Volkes. Berlin 1929.
Burgdörfer, Friedrich: Familie und Volk. Berlin 1930.
Burgdörfer, Friedrich: Volk ohne Jugend. Geburtenschwund und Überalterung des deutschen Volkskörpers. Ein Problem der Volkswirtschaft – der Sozialpolitik – der nationalen Zukunft. Berlin 1932.
Etzemüller, Thomas: Ein ewigwährender Untergang. Der apokalyptische Bevölkerungsdiskurs im 20. Jahrhundert. Bielefeld 2007.
Etzemüller, Thomas: Zu traditionell, zu emanzipiert: Frauen als Quell der permanenten demographischen Katastrophe. In: Villa, Paula-Irene/Thiessen, Barbara (Hg.): Mütter – Väter: Diskurse, Medien, Praxen. Münster 2009, S. 63–73.
Frank, Fritz: APO und Establishment aus biologischer Sicht. Oldenburg, Hamburg 1969.
Fuhrmann, Martin: Volksvermehrung als Staatsaufgabe? Bevölkerung und Ehepolitik in der deutschen politischen und ökonomischen Theorie des 18. und 19. Jahrhunderts. Paderborn 2002.
Gütt, Arthur: Bevölkerungs- und Rassenpolitik. Berlin ²1938.
Helmut, Otto (Hg.): Volk in Gefahr. Der Geburtenrückgang und seine Folgen für Deutschlands Zukunft. München 1933.
Kahn, Ernst: Der internationale Geburtenstreik. Umfang, Ursachen, Wirkungen, Gegenmaßnahmen? Frankfurt/Main 1930.
Kaufmann, Franz Xaver: Schrumpfende Gesellschaft. Vom Bevölkerungsrückgang und seinen Folgen. Frankfurt/Main 2005.
Kröhnert, Steffan/Olst, Nienke van/Klingholz, Reiner: Deutschland 2020 – die demographische Zukunft der Nation. Berlin 2004.
Kühl, Stefan: Die Internationale der Rassisten. Aufstieg und Niedergang der internationalen Bewegung für Eugenik und Rassenhygiene im 20. Jahrhundert. Frankfurt/Main, New York 1997.
Landwehr, Achim: Historische Diskursanalyse. Frankfurt/Main, New York 2008.
Lundborg, Herman: Medizinisch-biologische Familienforschungen innerhalb eines 2232köpfigen Bauerngeschlechtes in Schweden (Provinz Blekinge). Jena 1913.

Lundborg, Herman: Rassenbiologische Übersichten und Perspektiven. Jena 1921.
Malthus, Thomas Robert: Das Bevölkerungsgesetz. München 1977 [urspr. 1798].
Malthus, Thomas Robert: An Essay on the Principle of Population; or A View of its past and present Effects on Human Happiness; With an Inquiry into our Prospects respecting the future Removal or Mitigation of the Evils which it occasions. Cambridge, New York, Oakleigh 1992 [urspr. 1803].
Maset, Michael: Diskurs, Macht und Geschichte. Foucaults Analysetechniken und die historische Forschung. Frankfurt/Main, New York 2002.
Sarrazin, Thilo: Deutschland schafft sich ab. Wie wir unser Land aufs Spiel setzen. München $^{13}$2010.
Schallmayer, Wilhelm: Vererbung und Auslese im Lebenslauf der Völker. Eine staatswissenschaftliche Studie auf Grund der neueren Biologie. Jena 1903.
Schmid, Josef: Bevölkerungsveränderungen in der Bundesrepublik Deutschland. Eine Revolution auf leisen Sohlen. Stuttgart u. a. 1984.
Schmid, Josef: Das verlorene Gleichgewicht. Eine Kulturökologie der Gegenwart. Stuttgart, Berlin, Köln 1992.
Schmid, Josef: Eine Mischung aus Güte und Überheblichkeit. Die Weltfremdheit der deutschen Einwanderungs-Debatte und die Gefahren fortschreitender Ethnifizierung. In: *Frankfurter Allgemeine Zeitung*, 8. 11. 1995.
Schmitt, Christian/Wagner, Gerd G.: Kinderlosigkeit von Akademikerinnen überbewertet. In: DIW-Wochenbericht 73 (2006), S. 313–317.
Schmitt, Christian/Winkelmann, Ulrike: Wer bleibt kinderlos? Sozialstrukturelle Daten zur Kinderlosigkeit von Frauen und Männern. In: Feministische Studien 23 (2005), S. 9–23.
Schwidetzky, Ilse: Das Problem des Völkertodes. Eine Studie zur historischen Bevölkerungsbiologie. Stuttgart 1954.
Volkszählung. Die Bevölkerung des Deutschen Reichs nach den Ergebnissen der Volkszählung 1933: Die Glaubensjuden im Deutschen Reich. In: Statistik des Deutschen Reichs, Bd. 451, H. 5. Berlin 1935.
Volkszählung. Die Bevölkerung des Deutschen Reichs nach den Ergebnissen der Volkszählung 1939: Die Juden und jüdischen Mischlinge im Deutschen Reich. In: Statistik des Deutschen Reichs, Bd. 552, H. 4. Berlin 1944.
Weipert, Matthias: „Mehrung der Volkskraft". Die Debatte über Bevölkerung, Modernisierung und Nation 1890–1933. Paderborn 2006.
Wichterich, Christa: Menschen nach Maß – Bevölkerung nach Plan. Die Neue Weltordnung der Fortpflanzung. In: Dies. (Hg.): Menschen nach Maß. Bevölkerungspolitik in Nord und Süd. Göttingen 1994, S. 9–37.
Wirsing, Giselher: Die Menschenlawine. Der Bevölkerungszuwachs als weltpolitisches Problem. Stuttgart 1956.
Wolf, Julius: Art. „Bevölkerungsfrage". In: Handwörterbuch der Soziologie. Stuttgart 1931, S. 52–66.

# Die Rede von der „neuen Unterschicht"

*Fabian Kessl*

Armut ist moralisches Versagen – dieses Deutungsmuster suchen Thilo Sarrazin und seine Mitstreiter in der öffentlichen Debatte zu verankern. Sarrazins angelsächsische Vordenker behaupteten schon in den 1980er Jahren, sozialstaatliche Leistungen seien schuld am Anwachsen einer antriebslosen Unterschicht, die sich auf Existenzminimum-Niveau behaglich eingerichtet habe. Auffällig ist, dass solche „Stop Welfare"-Argumente in Staaten mit ohnehin nur schwach ausgebautem Sozialstaat aufkamen. In klassischen Sozialstaaten wie Norwegen und Schweden ist von einer „neuen Unterschicht" bis heute nicht die Rede.

Mit Verweis auf eine Studie der Friedrich-Ebert-Stiftung[1] zur Gestalt politischer Einstellungsmilieus in Deutschland spricht der damalige SPD-Vorsitzende Kurt Beck in einem Interview im Oktober 2006 davon, dass es „zu viele Menschen in Deutschland (gibt), die keinerlei Hoffnung mehr haben, den Aufstieg zu schaffen. Sie finden sich mit ihrer Situation ab". Das damit benannte Problem sei ein „Unterschichtenproblem", so Beck weiter: Eine bestimmte Gruppe von Armen habe sich „materiell oft arrangiert und ebenso auch kulturell".[2]

Mit dieser Kategorisierung eines Teils der bundesdeutschen Bevölkerungsgruppe als – sozialtransferabhängige und aufstiegsunwillige – „Unterschicht" gibt Beck das Stichwort für eine erste mediale Inszenierung, die durch eine Begegnung zwischen ihm und Henrico Frank, einem zu diesem Zeitpunkt bereits seit mehreren Jahren erwerbslosen Mann, auf dem Mainzer Weihnachtsmarkt Ende 2006 noch einmal dynamisiert wird: Auf dessen Kritik an der veränderten Arbeitsmarktpolitik, die sich in den sogenannten Hartz-Gesetzen manifestiert, entgegnet Beck: „Wenn Sie sich waschen und rasieren, dann haben Sie in drei Wochen einen Job!"

---

1 Vgl. Neugebauer, Gero: Politische Milieus in Deutschland. Die Studie der Friedrich-Ebert-Stiftung. Bonn 2007; auch: Müller-Hilmer, Rita: Gesellschaft im Reformprozess. Bonn 2006. URL: www.fes.de/inhalt/Dokumente/061017_Gesellschaft_im_Reformprozess_komplett.pdf.
2 *Frankfurter Allgemeine Sonntagszeitung*, 8.10.2006.

Becks Unterschichtsdiagnose nahm vorgängige zeitdiagnostische Einschätzungen auf, wie sie nicht zuletzt der Berliner Historiker Paul Nolte[3] in seiner Programmschrift „Generation Reform" geäußert hatte. Die wohlfahrtsstaatlichen Unterstützungssysteme weisen demnach am Anfang des 21. Jahrhunderts eine höchst problematische Dynamik auf: Sie produzieren nach Einschätzung Noltes eine „fürsorgliche Vernachlässigung" der Angebotsnutzer. Es werde eine soziale Lethargie, ein fehlender Aufstiegswille und eine mangelnde Leistungsbereitschaft auf Seiten der Nutzer sozialer Sicherungs- und öffentlicher Dienstleistungsangebote gefördert und damit deren Verantwortung, die eigene prekäre Lage zu überwinden, unterminiert. Ergebnis sei eine passive Fürsorgeklasse – eben „die neue Unterschicht".

Nolte schließt damit wiederum an die Argumentationsmuster US-amerikanischer und britischer Autoren an: Mitte der 1990er Jahre gewann der US-amerikanische Regierungsberater Charles Murray[4] mit der Einschätzung politisch an Einfluss, eine kleine Gruppe von US-amerikanischen Armen, die über ihr Verhalten definiert werden müsse und nicht primär über ihren sozialen Status oder ihre gesellschaftliche Position, sei zu einer ernst zu nehmenden Bedrohung der bestehenden Gesellschaft geworden, da sie die geltenden Werte der US-amerikanischen Gesellschaft beschädigten. Diese Deutung wurde, unter aktiver Mithilfe von Murray selbst, in den 1990er Jahren auch in Großbritannien zunehmend einflussreich.[5]

Mit der Publikation von Thilo Sarrazins Streitschrift „Deutschland schafft sich ab"[6] findet die Implementierung einer solchen Weltsicht im bundesdeutschen Kontext ihren vorläufigen Höhepunkt: Zwar konnte bereits Paul Nolte mit seiner immerhin von der Bundeszentrale für Politische Bildung vertriebenen Programmschrift einige publizistische Aufmerksamkeit erlangen, und die mediale Inszenierung im Anschluss an Kurt Becks Interpretation der Friedrich-Ebert-Studie löste Ende 2006 die erste, kurze mediale Präsenz der Debatte um eine „neue Unterschicht" aus.

---

3   Nolte, Paul: Generation Reform. Jenseits der blockierten Republik. Bonn 2004.
4   Herrnstein, Richard J./Murray, Charles: The Bell Curve. Intelligence and Class Structure in American Life. New York 1994. Siehe auch Murrays zehn Jahre zuvor erschienenes Werk: Murray, Charles: Losing Ground. American Social Policy, 1950–1980. New York 1984.
5   Lister, Ruth: Charles Murray and the Underclass: The Developing Debate. The IEA Health and Welfare Unit: Choice in Welfare No.33. London 1996.
6   Sarrazin, Thilo: Deutschland schafft sich ab. Wie wir unser Land aufs Spiel setzen. München 2010.

Doch erst Sarrazin gelang mit seiner Schrift ein publizistischer Fingerzeig, mit dem die Figur der „neuen Unterschicht" zu einem maßgeblichen Deutungsmuster innerhalb der öffentlichen Diskussionen in Deutschland wurde. Auffällig dabei ist, dass die explizite Figur der „neuen Unterschicht", die in Sarrazins Schrift eine zentrale Rolle spielt, in der Rezeption fast gar nicht mehr auftaucht. Präsent geworden sind aber die damit verbundenen bildungs-, sozial- und insbesondere integrationspolitischen Unterstellungen.

Dass dies nun weitgehend ohne einen Verweis auf die Figur der „neuen Unterschicht" selbst geschieht, ist durchaus kein Zufall. Denn diese Figur ist in hohem Maße unscharf und unbestimmt. Kirk Mann[7] hatte darauf bereits im Rahmen der ersten Auseinandersetzungen im englischsprachigen Raum Anfang der 1990er Jahre hingewiesen: Es bleibe, so Mann damals, völlig unklar, was mit der Rede von der „neuen Unterschicht" gemeint sei. Daher gebe es auch so viele Definitionen des Phänomens wie Sprecher. Loic Wacquant[8] definierte die „neue Unterschicht" entsprechend als ein „wildes Konglomerat – ein Sammelsurium sozialen Versagens". Denn die „neue Unterschicht" beschreibe weder die Gruppe der Armen insgesamt, noch würden damit die Milieus gefasst, die sozialwissenschaftlich schon seit Jahrzehnten als Unterschicht markiert werden – also diejenigen Milieus, deren Angehörigen es sehr schwerfällt, eine bestimmte symbolische Grenze zu überwinden und damit sozial aufzusteigen: Sozialwissenschaftler sprechen hier von einer nur schwer überwindbaren Distinktionsgrenze am potenziellen Übergang von den unteren zu den mittleren Milieus. Doch wenn es Nolte, Murray und Sarrazin weder um die Armen an sich noch um die Armutsmilieus am untersten Rand der Gesellschaft geht, was rücken sie dann in den Blick, wenn sie von einer „neuen Unterschicht" sprechen?

**Von der Kulturalisierung der Klassen**

Der Verweis auf die als „neue Unterschicht" imaginierte Gruppe von Gesellschaftsmitgliedern, denen ein bestimmtes, und zwar a-soziales Verhalten unterstellt wird, dient nicht als systematische Analysekategorie, sondern als programmatischer Motor für die Etablierung einer spezifischen politischen Be-

---

7   Mann, Kirk: The Making of an English ‚Underclass'? The Social Divisions of Welfare and Labour. Milton Keynes 1992.
8   Wacquant, Loic: Die städtische underclass im sozialen und wissenschaftlichen Imaginären Amerikas. In: Lindner, Rolf/Musner, Lutz (Hrsg.): Unterschicht. Kulturwissenschaftliche Erkundungen der ‚Armen' in Geschichte und Gegenwart. Freiburg 1996/2008, S. 60.

hauptung: Dass die bisherigen wohlfahrtsstaatlichen Sicherungs- und Dienstleistungsstrukturen, was die faktische Armutsbekämpfung angehe, nicht nur ineffizient seien; zudem beschränkten sie systematisch die leistungsstarken Akteure und damit die erfolgreiche Sicherung des Wirtschaftsstandorts Deutschland.

In der Version von Thilo Sarrazin lautet die entsprechende Argumentation folgendermaßen: Die demografische Entwicklung führe im 21. Jahrhundert unweigerlich zu einer „kontinuierlichen Abnahme des quantitativen Potenzials an wissenschaftlich-technischer Intelligenz"[9]. Zugleich habe Deutschland in den für diesen Bereich relevanten, sogenannten MINT-Fächern „seinen Vorsprung beim Humankapital" verloren.[10] Dies liege nun gerade an der falschen wohlfahrtsstaatlichen Sozial- und Bildungspolitik: Die „vorrangig am persönlichen Einkommen orientierte Armutsbekämpfung" führe zu „Leistungsferne und einem mangelhaften Willen zur Selbsthilfe"[11]; die große Durchlässigkeit des Bildungssystems dazu, dass sich einerseits „das Potential an Höchst- und Hochbegabten aus den unteren Schichten erschöpft"[12] und andererseits „die Untüchtigen von oben verstärkt absteigen"[13]. Notwendig sei daher die Akzeptanz der „angeborenen Ungleichheit der Menschen", die auch durch Bildungsangebote nicht verringert werden könne.[14] Vielmehr belege die größere Nachfrage nach privaten Schulen in Deutschland, dass die „wachsenden Belastungen des öffentlichen Schulsystems durch eine immer heterogenere Schülerschaft" gerade die begabteren Schüler in die privaten Schulen treibe.[15]

Mit seiner Argumentation formuliert Sarrazin nicht weniger als ein Plädoyer dafür, dass die Tatsache sozialer Ausschließung zum *unweigerlichen Faktum* einer freiheitlichen Gesellschaft gehört und daher zu akzeptieren und auch nicht zu ändern ist. Paul Nolte sprach bereits von einer Klassengesellschaft in neuer Form, einer sogenannten „neu-alten Klassengesellschaft"[16]. Wie die alte, industriegesellschaftliche Klassengesellschaft, auf die der Wohlfahrtsstaat seit dem 19. Jahrhundert reagiert, sei diese zwar durchaus weiterhin von der Tren-

---

9 Sarrazin, S. 53.
10 Ebd., S. 68 (Als „MINT-Fächer" werden die folgenden Fächer zusammengefasst: Mathematik, Informatik, Naturwissenschaft und Technik).
11 Ebd., S. 134.
12 Ebd., S. 82.
13 Ebd., S. 84.
14 Ebd., S. 249.
15 Ebd., S. 248.
16 Nolte, S. 35.

nung entlang von Bildung und Besitz charakterisiert. Nur stelle diese Trennlinie nicht mehr *das* politisch relevante und zu bearbeitende Problem dar, wie es die alten Klassentheorien immer nahelegen wollten. Vielmehr sei die wachsende kulturelle Spaltung zwischen der Mehrheitsgesellschaft und der diagnostizierten „neuen Unterschicht" als eigentliches Problem in den Blick zu nehmen und politisch zu bearbeiten. In den Worten Sarrazins: „In Deutschland beobachten wir schon seit vielen Jahren die allmähliche Verfestigung und das beständige Wachstum einer weitgehend funktions- und arbeitslosen Unterklasse"; Grund dafür sei ein „relativ hohes garantiertes Grundeinkommen", das die „weniger Leistungsstarken in die Nichtbeschäftigung treibt und dort bindet"[17].

Solche Anti-Sozialstaat-Argumente („Stop Welfare") stehen allerdings im Kontrast zu den Erkenntnissen der vorliegenden empirischen Forschung: Keiner der historisch bekannten Verarmungsprozesse, in dessen Rahmen die untersten gesellschaftlichen Gruppen merklich angewachsen sind – die „Unterschichten" also größer geworden sind – wurde durch massiv gesteigerte Sozialleistungen ausgelöst oder verschärft. Weder die mit der Entwertung von Industriearbeit einhergehende „Neue Armut" in den 1980er Jahren, noch die Verelendung während der Wirtschaftskrise 1929 oder gar die Verarmungsprozesse seit den 1830er Jahren, in deren Rahmen die historisch erste moderne Unterschichtsdebatte (Pauperismus) geführt wurde, weisen einen solchen Zusammenhang auf. Und sollte, wie Sarrazin glauben machen will, tatsächlich vor allem ein sehr gut ausgestatteter Sozialstaat für die Entstehung einer „weitgehend funktions- und arbeitslosen" Klasse verantwortlich sein, müsste eine solche „neue Unterschicht" zuerst in den sozialdemokratischen Sozialstaatsmodellen wie in Norwegen und Schweden zu finden sein. Davon kann aber keine Rede sein.[18]

Die Vorstellung, dass „nicht die materielle, sondern die geistige und moralische Armut" das Problem sei,[19] widerspricht den grundlegenden Einsichten aus der Ungleichheitsforschung. Je größer die soziale Gleichheit innerhalb einer Gesellschaft ist, so deren Ergebnis, desto weniger Probleme treten auf: Die Menschen sind insgesamt gesünder, verfügen über eine höhere Lebenserwartung und leben in einem weniger von gewalttätigen Konflikten geprägten Kontext.[20]

---

17  Sarrazin, S. 174
18  Heite, Catrin u. a.: Das Elend der Sozialen Arbeit – Die „neue Unterschicht" und die Schwächung des Sozialen. In: Kessl, Fabian/Reutlinger, Christian/Ziegler, Holger: Erziehung zur Armut? Soziale Arbeit und die „neue Unterschicht. Wiesbaden 2007, S. 66.
19  Sarrazin, S. 123.
20  Wilkinson, Richard/Pickett, Kate: Gleichheit ist Glück. Warum gerechte Gesellschaften für alle besser sind. Berlin 2009.

Die Umverteilung materieller Ressourcen und die Ermöglichung eines Zugang zu einer öffentlichen Infrastruktur stellen geeignete Instrumente dar, um die Auswirkungen sozialer Ungleichheit zu reduzieren oder sogar zu substituieren – daran kann nach allen vorliegenden Erkenntnissen keinerlei Zweifel herrschen.

Doch Nolte, Sarrazin und andere ignorieren diese Einsichten nicht nur, sondern ziehen sie wider besseres Wissen konsequent in Zweifel. Die dahinter liegende politische Motivation scheint eine Re-Legitimation der wieder wachsenden Ungleichheitsverhältnisse zu sein, wie sie seit dem Ende des 20. Jahrhunderts zum Beispiel in den regierungsamtlichen Armuts- und Reichtumsberichten dokumentiert werden. Und nicht nur das: Sarrazin u. a. unternehmen damit einen publizistisch-populistischen Generalangriff auf die Mehrheitsmeinung in der bundesdeutschen Bevölkerung, denn schließlich wünscht sich diese noch immer zu mehr als 80 Prozent einen egalitaristischen Sozialstaat, der oberhalb von Mindeststandards in die Einkommensverteilung und die Arbeitsmärkte eingreift.[21]

## Diskurspolitisches und neo-eugenisches Interesse

Der Rede von der „neuen Unterschicht" unterliegt also kein systematischer Aufklärungsanspruch. Vielmehr geht es deren Protagonisten um eine *diskurspolitische* Intervention, um grundlegend gegen die Formen der kollektiven Lebensführungsregulierung und -gestaltung anzugehen, wie sie für die wohlfahrtsstaatlichen Arrangements seit dem 19. Jahrhundert charakteristisch sind. Kein Geringerer als Peter Sloterdijk, immerhin neben Habermas vermutlich aktuell der bekannteste lebende deutsche Philosoph, unterstützt derartige Argumentationen vehement, wenn er Ende 2009 gegen „die Überregulierung" argumentiert, „die dem unternehmerischen Elan zu enge Grenzen setzt" und „die Überbesteuerung, die den Erfolg bestraft".[22]

Mit der Rede von der „neuen Unterschicht" ist also das politische Interesse verbunden, die seit dem Ende der 1990er Jahre wieder deutlich sichtbar gewordene Tatsache, dass die bundesdeutsche Gesellschaft eine Klassengesellschaft ist, in eine quasi-natürliche Gegebenheit umzudefinieren. Die steigenden Zahlen

---

21 Nüchter, Oliver/Bieräugel, Roland/Glatzer, Wolfgang/Schmidt, Alfons: Der Sozialstaat im Urteil der Bevölkerung, Opladen/Farmington Hills 2010.
22 Sloterdijk, Peter: Die Revolution der gebenden Hand. In: *Frankfurter Allgemeine Zeitung*, 13.06.09.

von Menschen in Armut, in Überschuldungssituationen oder als *working poor* werden damit zu einem Sachverhalt, den es nicht nur zu akzeptieren gelte, sondern der für den Fortschritt der Menschheit sogar von entscheidendem Nutzen sei. Und damit erweisen sich die Protagonisten einer „neuen Unterschicht" als eindeutig neo-liberale Denker. Denn nichts anderes war das Plädoyer von deren Vordenker: Der Wohlfahrtsstaat habe zu viel für Gleichheit gesorgt und damit die gesellschaftliche Entwicklung stillgelegt, weil er die Freiheitsräume für die fortschrittlichen Denker einschränke, so Friedrich Hayek in seiner neo-liberalen Grundlegung bereits Ende der 1950er Jahre.

Während Nolte mit seinem Plädoyer vor allem den aktivierungspolitischen Eigenverantwortungsmythos der vergangenen Jahre legitimierte und weiter mit dynamisierte, treibt Sarrazin die Debatte noch eine Spirale weiter. Seine Streitschrift zielt auf die Etablierung des bis dahin in der deutschsprachigen Debatte weitgehend tabuisierten *neo-eugenischen* Arguments von Charles Murray. Dieser hatte zusammen mit Richard Herrnstein in der höchst umstrittenen Studie „The Bell Curve" behauptet, die Zugehörigkeit von Personen zu sozioökonomischen Klassen hänge in hohem Maße von deren Intelligenz ab. Dieses Argument übernimmt Sarrazin nun und folgert, dass es aufgrund der geringeren Geburtenquote unter den bildungsbürgerlichen Biodeutschen zu einer kontinuierlichen Verdünnung des „vererbten intellektuellen Potentials der Bevölkerung" komme[23]. Daher brauche es, so legt er nahe, nicht weniger als eine neuen Bevölkerungspolitik zugunsten der „bildungsnahen" und zu Ungunsten der „bildungsfernen" Schichten"[24]. Die Plumpheit, mit der hier systematisch an der Enttabuisierung eines biologistischen Deutungszusammenhangs gestrickt wird, hat auch unter konservativen Denkern wie Frank Schirrmacher zu Irritationen geführt.[25] Dass die Einschätzungen von Sarrazin oftmals tatsächlich auf nicht mehr als simplen Stereotypen basieren, belegen Aussagen wie jene, die er gegenüber der Filmemacherin Güner Balci bei einem gemeinsamen Besuch auf dem Kreuzberger Gemüsemarkt machte: „Das Beleidigtsein ist eine Kampfhaltung des Orientalen – ist eine Kampfhaltung, mit der er die unangenehme Diskussion wegwischt. Das ist meine ehrliche Meinung".[26]

---

23 Sarrazin, S. 92.
24 Sarrazin, S. 347.
25 Schirrmacher, Frank: Ein fataler Irrweg. In: *Frankfurter Allgemeine Zeitung*, 30. 8. 2010.
26 Balci, Güner: Mit Thilo Sarrazin in Kreuzberg, ZDF aspekte, 22. 7. 2011.

## Literatur

Heite, Catrin/Klein, Alexandra/Landhäußer, Sandra/Ziegler, Holger: Das Elend der Sozialen Arbeit – Die „neue Unterschicht" und die Schwächung des Sozialen. In: Kessl, Fabian/Reutlinger, Christian/Ziegler, Holger: Erziehung zur Armut? Soziale Arbeit und die „neue Unterschicht". Wiesbaden 2007, S. 55–79.

Herrnstein, Richard J./Murray, Charles: The Bell Curve. Intelligence and Class Structure in American Life. New York 1994.

Lister, Ruth: Charles Murray and the Underclass: The Developing Debate. The IEA Health and Welfare Unit: Choice in Welfare No.33. London 1996.

Mann, Kirk: The Making of an English ‚Underclass'? The Social Divisions of Welfare and Labour. Milton Keynes 1992.

Müller-Hilmer, Rita: Gesellschaft im Reformprozess. Bonn 2006. URL: www.fes.de/inhalt/Dokumente/061017_Gesellschaft_im_Reformprozess_komplett.pdf.

Murray, Charles: Losing Ground. American Social Policy, 1950–1980. New York 1984.

Neugebauer, Gero: Politische Milieus in Deutschland. Die Studie der Friedrich-Ebert-Stiftung. Bonn 2007

Nolte, Paul: Generation Reform. Jenseits der blockierten Republik. Bonn 2004.

Nüchter, Oliver/Bieräugel, Roland/Glatzer, Wolfgang/Schmidt, Alfons: Der Sozialstaat im Urteil der Bevölkerung, Opladen, Farmington Hills 2010.

Sarrazin, Thilo: Deutschland schafft sich ab. Wie wir unser Land aufs Spiel setzen. München 2010.

Schirrmacher, Frank: Ein fataler Irrweg. In: FAZ, 30. 8. 2010.

Sloterdijk, Peter: Die Revolution der gebenden Hand. In: Frankfurter Allgemeine Zeitung, 13. 06. 09.

Wacquant, Loic: Die städtische underclass im sozialen und wissenschaftlichen Imaginären Amerikas. In: Lindner, Rolf/Musner, Lutz (Hrsg.): Unterschicht. Kulturwissenschaftliche Erkundungen der ‚Armen' in Geschichte und Gegenwart. Freiburg 1996/2008 , S. 59–78.

Wilkinson, Richard/Pickett, Kate: Gleichheit ist Glück. Warum gerechte Gesellschaften für alle besser sind. Berlin 2009.

# Die meritokratische Illusion – oder warum Reformen beim Bildungssystem ansetzen müssen

*Rainer Geißler*

Ist die soziale Durchlässigkeit in Deutschland tatsächlich so groß, dass Statusunterschiede vor allem genetisch zu erklären sind? Sarrazin scheint das zu glauben. Doch die Bildungsforschung zeigt: Das deutsche Bildungssystem gleicht schlechte soziale Startvoraussetzungen von Schülern nicht aus, sondern verschärft die Benachteiligung. Dennoch hat sich das Qualifikationsniveau der Bevölkerung seit den 1950er Jahren deutlich erhöht. Es gibt keinen kognitiven Niedergang – wohl aber ein mangelhaftes Bildungssystem, das intellektuelle Ressourcen verschenkt.

Die PISA-Studien haben der deutschen Öffentlichkeit vor Augen geführt, dass es in Deutschland um die Gleichheit der Bildungschancen ausgesprochen schlecht bestellt ist. In allen Gesellschaften hängen Schulleistungen und Bildungschancen von der sozialen Herkunft der Schüler ab, aber Deutschland gehört zu denjenigen Ländern, wo die Unterschiede zwischen Schülern von oben und unten besonders weit auseinanderklaffen. Die Bildungsungleichheiten sind gravierend und im internationalen Vergleich skandalös. Diese Einsicht ist nicht neu, sie war lediglich für etwa zweieinhalb Jahrzehnte weitgehend verdrängt und vergessen worden. Bereits 1964 hatte der Theologe und Bildungsforscher Georg Picht aufsehenerregend auf „Die deutsche Bildungskatastrophe" – so der Titel seines Bestsellers – hingewiesen. Im Zentrum seiner Argumentation stehen ökonomische Überlegungen: „Der bisherige wirtschaftliche Aufschwung wird ein rasches Ende nehmen, wenn wirtschaftliche Nachwuchskräfte fehlen … Wenn das Bildungssystem versagt, ist die ganze Gesellschaft in ihrem Bestand bedroht".[1] Und die Bildungssoziologie – allen voran Ralf Dahrendorf mit seinen auch heute noch lesenswerten Analysen und Streitschriften „Arbeiterkinder an deutschen Universitäten" (1965) und „Bildung ist Bürgerrecht" (1966) – machte auf die gravierenden schichttypischen Bildungsungleichheiten aufmerksam.[2] Dahrendorf

---

1   Picht, Georg: Die deutsche Bildungskatastrophe. Olten, Freiburg 1964, S. 9 f.
2   Dahrendorf, Ralf: Arbeiterkinder an deutschen Universitäten. Tübingen 1965. Dahrendorf, Ralf: Bildung ist Bürgerrecht. Hamburg 1966.

versah die damalige Debatte auch mit einem wichtigen sozialpolitischen Akzent: Er wies mit Nachdruck darauf hin, dass gleiche Bildungschancen die Voraussetzung „für die Verwirklichung des Rechtes auf volle Teilhabe aller Bürger am Leben der Gesellschaft" sind. „Es darf keine systematische Bevorzugung und Benachteiligung bestimmter Gruppen aufgrund leistungsfremder Merkmale wie Herkunft und wirtschaftliche Lage geben".[3] Soziale Auslese im Bildungssystem nach leistungsfremden Kriterien bedeutet einen Verstoß gegen das soziale Grundrecht aller Bürger auf Bildung.

Pichts Bestseller löste in den 1960er Jahren eine Suche nach den damals so genannten „Begabungsreserven" in der deutschen Bevölkerung aus. Die Bildungsforschung machte sich an die Identifizierung derjenigen Teile der Bevölkerung, deren Leistungspotenzial im Bildungssystem nur sehr unzureichend erkannt und gefördert wurde. Dahrendorf selbst skizziert die gravierenden leistungsfremden Bildungsdefizite der Arbeiterkinder und deren Ursachen sehr anschaulich in seiner Schrift „Arbeiterkinder an deutschen Universitäten".

Der laute Ruf nach Chancengleichheit im Bildungssystem verstummte dann allerdings sehr schnell. In den 1970er Jahren breitete sich nach und nach die *Illusion der Chancengleichheit* aus. Sowohl in der Politik als auch in der Bildungsforschung machte sich die Vorstellung breit, dass im Zuge der Bildungsreformen seit Ende der 60er Jahre das Bürgerrecht auf Bildung umgesetzt worden sei[4].

In den USA tauchte in den 1970er Jahren eine biologistische Kritik an den Versuchen auf, über das Bildungssystem mehr soziale Chancengleichheit herzustellen. In seinem 1974 in deutscher Übersetzung erschienenen Buch „I. Q. in the Meritocracy" vertritt der Psychologe Richard J. Herrnstein die These, dass eine größere soziale Durchlässigkeit keineswegs zu einer Egalisierung der Ge-

---

3   Dahrendorf 1966, S. 24 f.
4   Einzelheiten dazu bei Geißler, Rainer: Die Illusion der Chancengleichheit – von PISA gestört. In: Zeitschrift für Soziologie der Erziehung und Sozialisation, 2004, S. 362–380. Nur wenige Bildungsforscher bewahrten sich den Blick für die fortbestehende gravierende Bildungsungleichheit. Zum Beispiel Geißler, Rainer: Soziale Schichtung und Bildungschancen. In: Ders. (Hrsg.): Soziale Schichtung und Lebenschancen in Deutschland. 2.Aufl. Stuttgart 1994, S. 111–159; Geißler, Rainer: Mehr Bildungschancen, aber wenig Bildungsgerechtigkeit – ein Paradox der Bildungsexpansion. In: Bethe, Stephan/Lehmann, Werner/Thiele, Burkart (Hrsg.): Emanzipative Bildungspolitik. Münster/London 1999, S. 83–93; Krais, Beate: Bildungsexpansion und soziale Ungleichheit in der Bundesrepublik Deutschland. In: Jahrbuch für Bildung und Arbeit '96, 1996, S. 118–146; Müller, Walter: Erwartete und unerwartete Folgen der Bildungsexpansion. In: Friedrichs, Jürgen/Lepsius, Mario Rainer/Mayer, Karl Ulrich (Hrsg.): Die Diagnosefähigkeit der Soziologie. Opladen 1998, S. 81–112; Rodax, Klaus/Meier, Artur: Unvergängliches Erbe – Bildungsungleichheit in beiden Teilen Deutschlands. In: Jahrbuch für Bildung und Arbeit '97, 1997, S. 39–61.

sellschaft führe. Das Gegenteil sei der Fall: Sie habe einer scharfe Staffelung zur Folge. Die „erbbedingte Trennung zwischen oben und unten" werde durch den Abbau sozialer Schranken weiter zunehmen.[5] Das Ergebnis sei eine „IQ-bestimmte Klassengesellschaft" (so der Untertitel der deutschen Ausgabe).

Dass sozialer Erfolg oder Misserfolg einer Person in zunehmendem Maße eine Frage der Gene sei, war 20 Jahre später auch eine der Grundthesen des umstrittenen US-Bestsellers „The Bell Curve" (ausführlich dargestellt im Beitrag von Claus-Peter Sesín). Die US-Gesellschaft wird darin als „Meritokratie" verstanden – als eine Gesellschaftsordnung, in der die sozio-ökonomische Klassenzugehörigkeit durch die überwiegend biologisch geerbte Intelligenz bestimmt wird.

Thilo Sarrazin hat diese Gedanken in seinem Buch „Deutschland schafft sich ab" aufgenommen und weitergesponnen. Er geht von den folgenden Grundvorstellungen aus[6]:

1. In Deutschland sei Gleichheit der Bildungschancen besonders weit entwickelt.
2. Dadurch habe das deutsche Bildungssystem die intellektuellen Potenziale der unteren Schichten und der muslimischen Migranten angemessen ausgeschöpft. Wenn diese nur niedrige Bildungsabschlüsse erreichen, dann habe das genetische Ursachen: Die einheimischen Unterschichten seien durch die Durchlässigkeit des deutschen Bildungssystems „intellektuell entleert" und die muslimischen Migranten bereits „intellektuell leer" zugewandert.
3. Folge dieser „Entleerung" sei „die allmähliche Verfestigung und das beständige Wachstum einer weitgehend funktions- und arbeitslosen Unterklasse".

Im Folgenden werde ich zeigen, dass die deutsche Forschung zur Bildungsungleichheit diese Grundvorstellungen eindeutig widerlegt. Die empirischen Befunde zeigen, dass die Auslese im deutschen Bildungssystem bis heute weiterhin massiv gegen das Prinzip der Leistungsgerechtigkeit verstößt. Dadurch werden vorhandene intellektuelle Ressourcen in den sozial schwachen Schichten und in vielen Migrantenfamilien nur unzureichend gefördert und ausgeschöpft.

---

5   Herrnstein, Richard J.: Chancengleichheit – eine Utopie? Die IQ-bestimmte Klassengesellschaft. Stuttgart 1974, S. 141.
6   Sarrazin, Thilo: Deutschland schafft sich ab. München 2010, S. 174, 227, 284.

## Verschenkte Ressourcen der sozial schwachen Schichten

Die internationalen Vergleichsstudien wie PISA, IGLU oder TIMSS belegen es übereinstimmend: Im Vergleich zu anderen Gesellschaften ist in Deutschland die Bildungsbenachteiligung der Kinder aus sozial schwachen Schichten weiterhin enorm.

Der lückenhafte Forschungsstand lässt folgende Trends erkennen: Von der Bildungsexpansion haben die Kinder aus allen Schichten profitiert, aber zu einem klaren Abbau der schichttypischen Bildungsunterschiede ist es nur auf der mittleren Ebene (Realschulebene) gekommen. Die Chancen auf eine höhere Ausbildung sowie die Risiken, in der „Endstation Hauptschule" zu landen, sind nach wie vor sehr ungleich zwischen oben und unten verteilt.[7] So sind die Chancen von Kindern aus der oberen Dienstklasse (höhere Angestellte und Beamte, Freiberufler, größere Selbstständige), ein Gymnasium zu besuchen, im Jahr 2000 um das mehr als Sechsfache größer als die Chancen von Facharbeiterkindern. Fast die Hälfte der Kinder von Un- und Angelernten muss sich mit dem Besuch von Hauptschulen (41 Prozent) und Förderschulen (7 Prozent) begnügen. Von den Kindern der oberen und unteren Dienstklassen gehen lediglich 13 beziehungsweise 14 Prozent auf eine Hauptschule, und nur ganz vereinzelt werden sie auf Förderschulen verwiesen.[8] Zwischen 2000 und 2009 gibt es einen kleinen Lichtblick: Die gymnasialen Chancen der Kinder aus den beiden Arbeiterschichten haben sich etwas verbessert.[9]

Dass die Bildungsungleichheit in Deutschland besonders extrem ausgeprägt ist, belegen die internationalen Vergleichsstudien zu den Schulleistungen. Deutschland gehört zur Spitzengruppe derjenigen Gesellschaften, in denen die Leistungen zwischen dem oberen und unteren Viertel der sozioökonomischen Statushierarchie am weitesten auseinanderklaffen. So war im Jahr 2000 dieser Abstand bei der Lesekompetenz der 15-jährigen in Deutschland mit 111 PISA-Punkten am größten von allen 31 untersuchten Ländern; das entspricht einem Lernzuwachs von mehr als zweieinhalb Jahren. In Kanada betrug die Differenz nur 68 Punkte und in Japan lediglich 28. Bei der Oben-unten-Kluft in den Ma-

---

7 Einzelheiten bei Geißler, Rainer: Bildungschancen und soziale Herkunft. In: Archiv für Wissenschaft und Praxis der sozialen Arbeit, 2006, S. 36 ff.
8 Baumert, Jürgen/Schümer, Gundel : Familiäre Lebensverhältnisse, Bildungsbeteiligung und Kompetenzerwerb im nationalen Vergleich. In: Deutsches Pisa-Konsortium (Hrsg.): PISA 2000 – Die Länder der Bundesrepublik Deutschland im Vergleich. Opladen 2002, S. 164, 166.
9 Ehmke, Timo/Jude, Nina: Soziale Herkunft und Kompetenzerwerb. In: Klieme, Eckhard u. a. (Hrsg.): PISA 2009. Bilanz nach einem Jahrzehnt. Münster, New York 2010, S. 248.

thematikleistungen lag Deutschland auf Rang 4 – 2003 auf Rang 2 – und in den Naturwissenschaften auf Rang 5. Auch bei PISA 2009 gehört Deutschland zu denjenigen Ländern, in denen Schulleistungen besonders stark von der sozialen Herkunft abhängen.[10]

### Ursachen der schichttypischen Bildungsungleichheit

Das Ursachengefüge der schichttypischen Bildungsungleichheit ist hoch komplex und bisher nur bruchstückhaft erforscht. Eine kohärente Theorie, die die beteiligten Faktoren in ihren Verflechtungen gewichten könnte, liegt nicht vor. Dieser theoretische Mangel haftet auch der folgenden Skizze wichtiger Ursachenkomplexe an.

*Ungleiche Lernmilieus in Familie und Schule.* Aus der früheren, zu Unrecht in Verruf gekommenen und seitdem stark vernachlässigten schichtspezifischen Sozialisationsforschung ist bekannt, dass der höhere materielle und kulturelle Anregungsgehalt in den statushöheren Familien die Entwicklung von Fähigkeiten und Motivationen fördert, die den Schulerfolg begünstigen.[11] Diese ungleichen familialen Entwicklungschancen werden in dem hierarchisch gegliederten, schichttypisch besuchten Schulsystem nicht kompensiert, sondern durch ungleiche schulische Lernmilieus weiter verstärkt. In den Gymnasien, die nur von vergleichsweise wenigen Kindern aus statusniedrigen Gruppen besucht werden, sind die Lernfortschritte bei gleichen intellektuellen und motivationalen Eingangsvoraussetzungen der Schüler größer als an den Realschulen, und an den Realschulen wird bei gleichen Eingangsvoraussetzungen wiederum mehr gelernt als an Hauptschulen, die häufig zu „Restschulen" verkümmert sind – zur „Endstation Hauptschule", in der Jugendliche aus sozial schwachen Familien und Zuwandererfamilien häufig ganz oder nahezu unter sich sind.[12] Anders ausge-

---

10  PISA-Ergebnisse bei Baumert, Jürgen/Schümer, Gundel 2001, S. 385; Ehmke, Timo u. a.: Familiäre Lebensverhältnisse, Bildungsbeteiligung und Kompetenzerwerb. In: Deutsches Pisa-Konsortium (Hrsg.): PISA 2003. Münster, New York 2004, S. 236; TIMSS-Ergebnisse bei Wößmann, Ludger: Letzte Chance für gute Schulen. Gütersloh 2007, S. 135.
11  Vgl. Geißler, Rainer: Soziale Schichtung und Bildungschancen. In: Geißler, Rainer (Hrsg): Soziale Schichtung und Lebenschancen in Deutschland. Stuttgart 1994, S. 111–159 und Rolff, Hans G.: Sozialisation und Auslese durch die Schule. Weinheim, München 1997.
12  Zu den differentiellen schulischen Lernmilieus vgl. Baumert, Jürgen u. a.: Schulumwelten - institutionelle Bedingungen des Lehrens und Lernens. In: Deutsches PISA-Konsortium (Hrsg.): PISA 2000 – Ein differenzierter Blick auf die Länder der Bundesrepublik Deutschland. Opladen 2003, S. 287; Baumert, Jürgen/Köller, Olaf.: Sozialer Hintergrund, Bildungsbeteiligung und

drückt: Leistungsstarke und Leistungsschwache aus allen Schichten lernen in den Gymnasien mehr als in den Realschulen und in den Realschulen mehr als in den Hauptschulen.

*Leistungsfremder sozialer Filter in Familie und Schule.* Schulleistungen spielen bei den Bildungschancen durchaus eine wichtige Rolle, aber sie offenbaren lediglich die halbe Wahrheit bei der Erklärung der schichttypischen Schulbesuchsquoten. So sind zum Beispiel die Chancen von 15-Jährigen aus der oberen Dienstklasse, ein Gymnasium zu besuchen, um das Sechsfache größer als bei Facharbeiterkindern. Aber auch bei gleichen kognitiven Grundfähigkeiten und Leseleistungen besuchen die statushöheren Jugendlichen immer noch dreimal häufiger ein Gymnasium.[13] Die Hälfte des schichttypischen Besuchs von Gymnasien hat also mit der Auslese nach Leistung nichts zu tun; im deutschen Bildungssystem existiert ein leistungsfremder sozialer Filter. Wer diesen Filter ignoriert, unterliegt einer *meritokratischen Illusion*. Der leistungsfremde Filter hat seine Wurzeln sowohl in den Familien als auch in den Schulen. Viele Studien belegen, dass ein Teil der Eltern aus sozial schwachen Familien ihre Kinder auch bei guten Schulleistungen und bei Gymnasialempfehlungen der Grundschule nicht auf ein Gymnasium schickt. Die statushöheren Eltern verhalten sich genau umgekehrt: Ihre Kinder besuchen häufig auch bei schwächeren Leistungen und gegen den Rat der Lehrer ein Gymnasium.[14] Dieser familial bedingte soziale Filter wird in den Schulen wiederum nicht kompensiert, sondern durch teilweise nicht leistungsgerechte Lehrerbeurteilungen weiter verstärkt. So erhalten zum Beispiel die Kinder der oberen Dienstklasse bei gleichen kognitiven Grundfähigkeiten und bei gleichen Leseleistungen 2,5-mal häufiger eine Grundschulempfehlung für das Gymnasium als Kinder aus Facharbeiterfamilien.[15]

---

Bildungsverläufe im differenzierten Sekundarschulsystem. In: Frederking, Volker u. a. (Hrsg.): Nach PISA. Wiesbaden 2005, S. 19.

13  Baumert/Schümer 2001, S. 167 und 169; vgl. auch Ehmke, Timo/Siegle, Thilo/Hohensee, Fanny: Soziale Herkunft im Ländervergleich. In: Deutsches Pisa-Konsortium (Hrsg.): PISA 2003. Münster, New York 2004. S. 262 sowie Ehmke/Baumert 2007; S. 330. Ehmke, Timo/Baumert, Jürgen (2007): Soziale Herkunft und Kompetenzerwerb. In: Deutsches Pisa-Konsortium (Hrsg.): PISA 2006. Münster, New York 2007, S. 330.

14  Belege bei Geißler, Rainer: Bildungschancen und soziale Herkunft. In: Archiv für Wissenschaft und Praxis der sozialen Arbeit, 2006, S. 42 f; vgl. auch Groh-Samberg, Olaf: Akzeptanz von Grundschulempfehlungen und Auswirkungen auf den weiteren Bildungsverlauf. In: Zeitschrift für Soziologie, 2010, S. 470–492.

15  Bos, Wilfried u. a. (Hrsg.): IGLU 2006. Lesekompetenz von Grundschulkindern in Deutschland im internationalen Vergleich. Münster u. a. 2007, S. 254. Weitere Belege zu leistungsfremden Einflüssen auf Notengebung und Lehrerempfehlungen bei Geißler 2006, S. 43 f.

*Stark unterentwickelte Kultur des Förderns.* Erstaunlicherweise ist ein erschreckendes PISA-Ergebnis in Deutschland bisher kaum beachtet worden. In keinem OECD-Land fühlen sich die Schüler im Jahr 2000 so wenig von ihren Lehrern unterstützt wie in Deutschland. Bei PISA 2003 lag Deutschland diesbezüglich unter den 29 OECD-Ländern auf Rang 26.[16] In Deutschland ist also die Kultur des Förderns erheblich unterentwickelt, Deutschland gehört zu den OECD-Meistern im Nichtunterstützen. Die PISA-Autoren gehen den vielschichtigen Ursachen des Förderdefizits nicht nach. Einseitige Schuldzuweisungen an die Lehrerschaft sind hier fehl am Platze. Viele Lehrerinnen und Lehrer bemühen sich motiviert und engagiert – bisweilen über ihre Kräfte hinausgehend – um Förderung und Unterstützung. Die Gründe liegen eher in den institutionellen Rahmenbedingungen des Lehrerdaseins. Neben dem Mangel an Förderpersonal (Lehrer, Schulpsychologen, Schulsozialarbeiter, Schulmediziner, Logopäden) besteht im deutschen Bildungssystem nur wenig institutioneller Druck, Schülern mit Lerndefiziten spezifische individuelle Hilfen anzubieten. Stattdessen existieren allgemein akzeptierte, *institutionalisierte „Abschiebemechanismen"* für leistungsschwache Schüler. Klassenwiederholungen und schulische Abstiege in einen Schultyp mit niedrigerem Niveau, die zu den Selbstverständlichkeiten des deutschen Schulalltags gehören, ermöglichen es den Lehrkräften und Schulen, sich ihrer Problemkinder „zu entledigen", statt sie zu fördern.

*Institutionelle Barrieren.* Empirisch belegt sind auch institutionelle Barrieren für die Chancengleichheit, die mit der spezifischen Gesamtstruktur der deutschen Bildungsinstitutionen, mit ihrer *hierarchischen gestuften Mehrgliedrigkeit,* zusammenhängen. So weist Hartmut Ditton[17] bei einem Vergleich der PISA-Untersuchungen zur Sekundarstufe I mit der IGLU-Studie zu den Viertklässlern darauf hin, dass die deutsche Bildungsungleichheitsmisere offensichtlich insbesondere ein Problem der hierarchisch gestuften Sekundarstufe ist. Denn im Gegensatz zu PISA, wo enorme schichttypische Kompetenzunterschiede der 15-Jährigen bei insgesamt mittelmäßigen Leistungen festgestellt werden, bescheinigt IGLU den deutschen Grundschulen, wo alle von den Leistungsschwachen bis zu den Hochbegabten 4 Jahre (in wenigen Bundesländern 6 Jahre)

---

16 Bundesministerium für Bildung und Forschung (Hrsg.): Vertiefender Vergleich der Schulsysteme ausgewählter PISA-Staaten. Bonn 2003, S. 91. Senkbeil, Martin u. a.: Merkmale und Wahrnehmungen von Schule und Unterricht. In: Deutsches Pisa-Konsortium (Hrsg.): Pisa 2003. Münster, New York 2004, S. 300.
17 Ditton, Hartmut: Der Beitrag von Schule und Lehrern zur Reproduktion von Bildungsungleichheit. In: Becker, Rolf/Lauterbach, Wolfgang (Hrsg.): Bildung als Privileg? Erklärungen und Befunde zu den Ursachen der Bildungsungleichheit. Wiesbaden 2004, S. 262.

gemeinsam lernen, gute Leistungen und „normale" Disparitäten zwischen den Schichten. Der Bildungsökonom Ludger Wößmann vom Münchner ifo Institut belegt mit den Daten der internationalen Vergleichsstudien, dass der Einfluss der schichttypischen Familienmilieus auf die Kompetenzentwicklung abnimmt, wenn länger gemeinsam gelernt wird. Wichtig ist dabei auch das empirisch gesicherte Faktum, dass die bessere Kompetenzentwicklung bei den Leistungsschwachen nicht zu Lasten der Leistungsstarken geht.[18] Im Gegenteil: In vielen Gesellschaften mit einem Sekundarbereich I ohne Niveaustufen, in dem Lernbehinderte und Hochbegabte 9 oder 10 Jahre lang gemeinsam in einer Klasse lernen, ist nicht nur die Bildungsungleichheit erheblich kleiner, sondern auch das durchschnittliche Leistungsniveau höher. So verfügt zum Beispiel Kanada über ein ausgesprochen inklusives und gleichzeitig leistungsstarkes Bildungssystem mit grundschulartigen Strukturen bis zur 9. oder 10. Klasse. Kanada schneidet bei den PISA-Studien hervorragend ab und gehört bei allen drei gemessenen Kompetenzen – Lesen, Mathematik und Naturwissenschaften – zur Spitzengruppe; dennoch sind die Leistungsunterschiede zwischen oben und unten nur gut halb so groß wie in Deutschland. Inklusivität und Leistungsstärke eines Bildungssystems schließen also einander nicht aus, wie es in Deutschland häufig behauptet wird, sondern sie sind miteinander vereinbar.[19]

Die frühe Verteilung der Schüler auf Schulen mit ungleichen Lernmilieus spreizt nicht nur die soziale Kluft in der Leistungsentwicklung, sondern sie begünstigt auch die bereits erwähnten schichttypischen Unterschiede in den Bildungsentscheidungen. Je früher die Weichen für unterschiedliche Bildungswege gestellt werden, umso weniger ist es vorhersehbar, ob die Kinder den späteren schulischen Anforderungen gewachsen sind und ob eventuelle Bildungsinvestitionen zum gewünschten Erfolg führen. Die bessere Ausstattung mit ökonomischen und kulturellen Ressourcen ermöglicht den Eltern aus höheren Schichten riskantere Bildungsentscheidungen; die finanziellen Kosten spielen bei ihren Entscheidungen – anders als in den mittleren und unteren Schichten – nach-

---

18 Schütz, Gabriele/Wößmann, Ludger: Wie lässt sich die Ungleichheit der Bildungschancen verringern? ifo Schnelldienst 21/2005; Wößmann, Ludger: Letzte Chance für gute Schulen. Die 12 größten Irrtümer und was wir wirklich ändern müssen. Gütersloh 2007, S. 141 ff. Weitere Studien, die diese Zusammenhänge belegen, bei Geißler, Rainer/Weber-Menges, Sonja: Überlegungen zu einer behutsamen Perestroika des deutschen Bildungssystems. In: Quenzel, Gudrun/Hurrelmann, Klaus (Hrsg.): Bildungsverlierer. Wiesbaden 2010, S. 557–584.
19 Einzelheiten bei Geißler/Weber-Menges 2010, S. 569 ff.; zu Kanada vgl. auch Link, Judith: Schichtspezifische Benachteiligung im allgemeinen Bildungswesen – ein Vergleich zwischen Kanada und Deutschland. Dissertation Universität Siegen 2010.

weisbar keine Rolle.[20] Da die Risiken der Bildungsentscheidungen bei 15- bis 16-Jährigen geringer sind als bei 10-Jährigen, ist davon auszugehen, dass die Unterschiede zwischen den Schichten durch längeres gemeinsames Lernen kleiner werden.

### Verschenkte Ressourcen von Teilen der Migranten

Von den Migrantenkindern war in der bildungspolitischen Debatte der 1960er Jahre noch keine Rede. Erst in den 1970er Jahren zeichnet sich allmählich ab, dass ein Teil der angeworbenen Gastarbeiter langfristig oder auch auf Dauer in Deutschland bleiben wird. Inzwischen hat sich Deutschland zu einem der wichtigsten Einwanderungsländer der OECD entwickelt. Derzeit stammt jedes dritte Kind unter fünf Jahren aus einer Familie mit Migrationshintergrund. Obwohl eine angemessene Bildung der Schlüssel für die Integration der Migrantenkinder in die deutsche Kerngesellschaft ist, steht es um deren Bildungschancen in Deutschland ausgesprochen schlecht. Das deutsche Bildungssystem liest nicht nur hochgradig nach sozialer Herkunft, sondern auch nach ethnischer Herkunft aus.

Die folgende Darstellung der ethnischen Selektivität ist mit begrifflichen Unschärfen verbunden. Einige Studien und Statistiken – so auch die derzeitigen Schul- und Hochschulstatistiken – benutzen immer noch den inzwischen überholten Ausländerbegriff. Dieser erfasst nur eine Minderheit der Migrantenkinder, weil er diejenigen aus eingebürgerten Familien, mit doppelter Staatsbürgerschaft sowie Aussiedlerkinder ausschließt. Echte Migrationsstudien arbeiten mit dem Konzept „junge Menschen mit Migrationshintergrund", das allerdings teils in einer engeren Version (beide Eltern zugewandert) und teils in einer weiten Version (mindestens ein Elternteil zugewandert) verwendet wird. Meine Ausführungen müssen mit diesen Unschärfen leben, und ich mache sie, wenn es sinnvoll und möglich ist, sprachlich deutlich.

Die gravierenden Probleme der Migrantenkinder bei der *Bildungsbeteiligung* sind auf allen Stufen ihrer Bildungslaufbahn sichtbar. Obwohl gerade die Kinder aus zugewanderten Familien von einem möglichst frühen Kindergartenbesuch

---

20 Müller, Walter/Pollak, Reinhard: Warum gibt es so wenige Arbeiterkinder an Deutschlands Universitäten? In: Becker, Rolf/Lauterbach, Wolfgang (Hrsg.): Bildung als Privileg. 3. Aufl. Wiesbaden 2008, S. 315; Becker, Rolf/Lauterbach, Wolfgang: Einleitung. In: Becker/Lauterbach 2008. S. 19 f.

profitieren, besuchen diese im Alter von drei bis fünf Jahren deutlich seltener Kindertageseinrichtungen als Einheimische. Bei der Einschulung werden sie doppelt so häufig zurückgestellt, in den ersten bis dritten Klassen bleiben sie viermal so häufig sitzen, und das Risiko, auf eine Sonderschule für Lernbehinderte überwiesen zu werden, ist doppelt so hoch. 2008 verließen 15 Prozent der ausländischen Schüler das Schulsystem ohne Hauptschulabschluss (deutsche: 6 Prozent) und 40 Prozent erwarben lediglich einen Hauptschulabschluss (deutsche 21 Prozent).[21] Besonders alarmierend stellt sich die Situation in der Berufsausbildung dar. Von den 25- bis 34-Jährigen mit Migrationshintergrund steht 2008 mehr als ein Drittel (38 Prozent) ohne abgeschlossene Berufsausbildung da, von den Ausländern dieser Altersgruppe ist es sogar fast die Hälfte – 47 Prozent – (ohne Migrationshintergrund: 11 Prozent).[22] Hier tickt eine soziale Zeitbombe.

Die statistischen Durchschnittswerte für Migrantenkinder verdecken erhebliche Chancenunterschiede zwischen den Gruppen mit unterschiedlicher Staatsangehörigkeit. So besuchen Vietnamesen und Ukrainer im Vergleich zu den Deutschen seltener eine Hauptschule und häufiger ein Gymnasium. Auch die Bildungschancen von Iranern (in der Regel Muslime) sowie Russen (nicht Aussiedler!) sind gut, sie ähneln denen der Deutschen. Die größten Schwierigkeiten haben Libanesen, Serben, Mazedonier, Italiener, Türken und Marokkaner (in dieser Reihenfolge). Sie besuchen 2,5 bis 3,5-mal häufiger die Hauptschule und erheblich seltener ein Gymnasium.[23]

Die internationalen Vergleichsstudien belegen, dass Deutschland wiederum zur Spitzengruppe derjenigen Länder gehört, in denen die *Leistungsunterschiede* zwischen Kindern mit und ohne Migrationshintergrund am größten auseinanderklaffen. So sind zum Beispiel die Kompetenzrückstände gegenüber den Einheimischen bei der sogenannten zweiten Generation (was in diesem Fall bedeutet: im Zuwanderungsland geboren und beide Eltern sind zugewandert) in Deutschland größer als in allen anderen wichtigen Einwanderungsländern der OECD. Dies gilt für alle drei untersuchten Leistungsbereiche – für Lesen, Mathe-

---

21 Statistisches Bundesamt: Fachserie 11. Reihe 1. Wiesbaden 2009. Weiteres bei Geißler, Rainer/Weber-Menges, Sonja: Migrantenkinder im Bildungssystem – doppelt benachteiligt. In: Aus Politik und Zeitgeschichte 49/2008, S. 15 ff.
22 Achter Bericht der Beauftragten der Bundesregierung für Migration, Flüchtlinge und Integration über die Lage der Ausländerinnen und Ausländer in Deutschland (Juni 2010), S. 125 f. URL: www.bundesregierung.de/Content//DE_Anlagen/2010/2010-07-07-langfassung-lagebricht.ib, property=publicationFilepdf. Stand: 1. 9. 2011.
23 Geißler/Weber-Menges 2008, S. 17.

matik und Naturwissenschaften.[24] Offensichtlich gelingt es in Deutschland nicht, das Leistungspotenzial von jungen Menschen mit Migrationshintergrund so zu fördern und zu entwickeln, wie es in anderen Einwanderungsländern der Fall ist.

**Migrantenkinder: doppelt benachteiligt**

Die Ursachen der ethnischen Bildungsungleichheit sind bisher nur bruchstückhaft erforscht. Sie lassen sich analytisch sinnvoll in zwei große Ursachenstränge gliedern: die schichtspezifischen und die migrationsspezifischen Ursachen. Der *schichtspezifische Strang* geht darauf zurück, dass die deutsche Gesellschaft tendenziell durch Migranten unterschichtet ist. Das heißt: Migrantenkinder stammen häufiger als Einheimische aus statusniedrigeren Familien. Der *migrationsspezifische Strang* weist dagegen auf Integrationsprobleme hin, die – unabhängig vom sozioökonomischen Status – bei der Wanderung in eine fremde Kultur mit einer anderen Verkehrs- und Unterrichtssprache, mit einem anderen Bildungssystem und mit teilweise anderen Werten und Normen entstehen. Das Gewicht der beiden Stränge variiert in etwa zwischen einem und zwei Drittel – je nachdem, welche Leistungen, Aspekte der Bildungsbenachteiligung und Migrantengruppen untersucht werden. Im folgenden Beispiel sind beide Stränge gleich stark beteiligt: 15-jährige Einheimische schneiden beim Lesen um 96 PISA-Punkte und in Mathematik um 93 Punkte besser ab als die in Deutschland geborene zweite Generation aus zugewanderten Familien. Diese Abstände sind erheblich; sie entsprechen dem Lernfortschritt von mehr als zwei Jahren. Vergleicht man dann Einheimische und Angehörige der zweiten Generation mit gleichem sozioökonomischem Status, dann halbiert sich die Kluft auf 48 beziehungsweise 45 Punkte, also auf gut ein Jahr Lernfortschritt.[25]

**Extreme Unterschichtung mit extremen Folgen**

Der schichtspezifische Strang verdeutlicht, dass die Bildungsprobleme der Migrantenkinder eng mit der bereits dargestellten sozialen Auslese im deutschen

---

24 OECD: Die OECD in Zahlen und Fakten 2007. o. O. 2007, S. 257. Walter, Oliver/Taskinen, Päivi.: Kompetenzen und bildungsrelevante Einstellungen von Jugendlichen mit Migrationshintergrund in Deutschland. In: PISA-Konsortium Deutschland (Hrsg.): PISA '06. Münster u. a. 2007, S. 359.
25 OECD 2007, S. 257.

Bildungssystem verknüpft sind. Deutschland ist durch Migranten stärker unterschichtet als die anderen OECD-Länder. In den Niederlanden, Belgien und der Schweiz sind die sozioökonomischen Statusunterschiede von 15-Jährigen mit und ohne Migrationshintergrund um etwa ein Drittel kleiner als in Deutschland, in Frankreich sind sie nur halb so groß und im Vereinigten Königreich und insbesondere in Kanada gibt es kaum Unterschiede dieser Art.[26] Diese extreme tendenzielle Unterschichtung ist die Hypothek, die uns die frühere Gastarbeiterpolitik, das lange Fehlen einer zukunftsorientierten Migrations- und Integrationspolitik sowie die damit zusammenhängenden Integrationsversäumnisse hinterlassen haben.

Trotz der starken Benachteiligung sind die Nachkommen der muslimischen Migranten deutlich besser qualifiziert als ihre Eltern.[27] Auch in diesem Fall also halten Sarrazins Thesen den wissenschaftlichen Erkenntnissen nicht stand.

Bisher hat die Forschung zu den Ursachen der schichttypischen Bildungsungleichheit nicht zwischen Migrantenkindern und Einheimischen getrennt. Dennoch kann man davon ausgehen, dass die vielen Migrantenkinder aus statusniedrigen Familien auf ähnliche Schwierigkeiten stoßen wie die statusniedrigen Einheimischen. Migrantenkinder haben es in Deutschland besonders schwer: Eine extreme Unterschichtung hat extreme Folgen, sie trifft mit der bereits skizzierten extremen schichtspezifischen Benachteiligung zusammen.

## Die Schlüsselrolle der Sprache

Auch bei den migrationsspezifischen Ursachen fällt Deutschland im internationalen Vergleich negativ auf: Bei statusgleichen Jugendlichen sind die Leistungsunterschiede beim Lesen zwischen Einheimischen und Migranten der zweiten Generation in Deutschland größer als in allen wichtigen OECD-Einwanderungsländern. Bei den Unterschieden von Statusgleichen in der Mathematikleistung liegt Deutschland nach Belgien auf Rang 2.[28]

Unter den migrationsspezifischen Ursachen spielt die Sprache eine Schlüsselrolle – oder genauer: Wichtig für den Bildungserfolg sind die Kenntnisse in der Unterrichts- und Verkehrssprache und – damit zusammenhängend – die

---

26 Geißler/Weber-Menges 2008, S. 19.
27 Foroutan, Naika (Hrsg.): Sarrazins Thesen auf dem Prüfstand. Ein empirischer Gegenentwurf zu Thilo Sarrazins Thesen zu Muslimen in Deutschland. Berlin 2011, S. 16 ff.
28 OECD 2007, S. 28.

Sprachgewohnheiten in den Zuwandererfamilien.²⁹ Mehr als ein Drittel der Leistungsunterschiede in Mathematik, Naturwissenschaften und Lesen zwischen statusgleichen Einheimischen und hier geborenen Migrantenjugendlichen sind darauf zurückzuführen, ob in Migrantenfamilien Deutsch gesprochen wird oder nicht.³⁰ Auch bei den Grundschulempfehlungen für die Realschulen und Gymnasien sowie bei Klassenwiederholungen sind fast die Hälfte der Nachteile von statusgleichen Migrantenkindern von deren unzureichenden Deutschkenntnissen verursacht.³¹ 15-Jährige mit Migrationshintergrund haben bei gleichem Sozialstatus und gleichen Deutschkenntnissen dagegen dieselben Chancen, eine Realschule oder ein Gymnasium zu besuchen wie die Einheimischen.³²

Neben der Familiensprache sind zwei weitere migrationsspezifische Faktoren belegt, die mit der Familie und ihrer Einwanderungsgeschichte zusammenhängen. Sogenannte „Seiteneinsteiger", die ihre Schulbildung bereits im Herkunftsland begonnen haben, gehören zu den altbekannten Problemgruppen. Hinderlich für den Bildungserfolg ist auch eine *starke Orientierung* der Zuwandererfamilien *an ihren Herkunftsländern*. Familienmilieus, die sich nicht nur sprachlich, sondern auch in anderen sozialen und kulturellen Bereichen – Freundeskreise, Mediennutzung, Musikpräferenzen, Essgewohnheiten – von der deutschen Gesellschaft und Kultur abgrenzen, wirken sich nachteilig auf die Bildungschancen der Kinder aus.³³

## Institutionelle Diskriminierung

Auch einige Mechanismen der sogenannten „institutionellen Diskriminierung" sind belegt. In einer aufschlussreichen qualitativen Studie konnten Frank-Olaf Radtke und Mechthild Gomolla zeigen, dass in die Entscheidungen von Lehrern und Schulleitern zu wichtigen Übergängen – Schulbeginn, Überweisungen auf Sonderschulen für Lernbehinderte und Schulempfehlungen am Ende

---

29 Dazu insbes. Esser, Hartmut: Sprache und Integration. Frankfurt, New York 2006.
30 Walter/Taskinen 2007, S. 349.
31 Bos, Wilfried u. a. (Hrsg.): IGLU. Einige Länder der Bundesrepublik Deutschland im nationalen und internationalen Vergleich. Münster u. a. 2004, S. 111; Krohne, Julia Ann/Meier, Ulrich/Tillmann, Klaus-Jürgen: Sitzenbleiben, Geschlecht und Migration. In: Zeitschrift für Pädagogik, 2004, S. 385.
32 Baumert/Schümer 2001, S. 374.
33 Nauck, Bernhard u. a.: Intergenerationale Transmission von kulturellem Kapital unter Migrationsbedingungen. In: Zeitschrift für Pädagogik, 5/1998, S. 714 f.

der Grundschulzeit – auch leistungsfremde Kriterien zu Lasten der Migrantenkinder einfließen. So spielen zum Beispiel spezifische Organisationsinteressen wie die Unter- oder Überlast einzelner Schulen oder ihr Wunsch auf Fortbestehen an einem Standort eine Rolle. Sprachdefizite werden fälschlicherweise als allgemeine Lernbehinderung gedeutet und anderes mehr.[34] Quantitative Analysen bestätigen die Diskriminierungen in der Grundschule. Einheimische Kinder erhalten bei gleichem sozioökonomischem Status und bei gleicher Leseleistung jeweils 1,7-mal häufiger eine Empfehlung für die Realschulen und für das Gymnasium als Migrantenkinder.[35] Unter denselben Voraussetzungen müssen Migrantenkinder stattdessen 1,6-mal häufiger eine Klasse wiederholen.[36] Für die Sekundarstufe liegen keine Belege für eine leistungsfremde ethnische Diskriminierung vor. Im Gegenteil: Die Benotung in der 9. Klasse erfolgt leistungsgerecht und fair.[37]

Als Resümee lässt sich festhalten: Migrantenkinder haben es im deutschen Bildungssystem besonders schwer; sie sind *doppelt benachteiligt*. In Folge der starken tendenziellen Unterschichtung der deutschen Gesellschaft durch Migranten stoßen viele von ihnen auf dieselben Probleme, mit denen einheimische Kinder aus statusniedrigen Familien zu kämpfen haben und die in Deutschland im Vergleich zu anderen Gesellschaften besonders stark ausgeprägt sind. Hinzu kommen die Schwierigkeiten der bi-kulturellen Migrationssituation, das Aufwachsen und Leben in einer „anderen", „fremden" kulturellen und sozialen Umgebung. Auch diese Schwierigkeiten sind in Deutschland stärker als in vielen vergleichbaren Einwanderungsgesellschaften.

**Fazit: Meritokratische Illusion und verschenkte Ressourcen**

Wer die Geschichte und die Gegenwart der Bildungsungleichheit in Deutschland etwas genauer betrachtet, der sieht, dass die Sarrazin-These von der hohen sozialen Durchlässigkeit des deutschen Bildungssystems fernab jeglicher historischen und gegenwärtigen Realität liegt. Sie ist eine meritokratische Illusion. Wenn junge Menschen aus unteren Schichten seit vielen Jahrzehnten gravierende Nachteile bei ihren Bildungskarrieren in Kauf nehmen müssen, dann lag

---

34 Radtke, Frank-Olaf/Gomolla, Mechthild: Institutionelle Diskriminierung. Opladen 2002.
35 Bos u. a. 2004, S. 111
36 Krohne/Meier/Tillmann 2004, S. 388.
37 Konsortium Bildungsberichterstattung (Hrsg.): Bildung in Deutschland. Bielefeld 2006, S. 135.

und liegt dies nicht an der „intellektuellen Entleerung" dieser Gruppen, sondern an der Undurchlässigkeit der deutschen Bildungseinrichtungen und an der unzulänglichen kompensatorischen Fähigkeit des deutschen Bildungssystems; tendenziell ungleiche Persönlichkeitsentwicklungen in den Familien aus verschiedenen Schichten werden nicht gemindert, sondern verstärkt.

Auch große Teile der Migrantenkinder sind den schichttypischen Schwierigkeiten ausgesetzt, weil Deutschland Gastarbeiter für niedrig qualifizierte Arbeiten ins Land geholt hat und daher Migrantennachkommen überproportional häufig in statusniedrigen Familien aufwachsen. Deren Bildungsprobleme werden zusätzlich noch dadurch verschärft, dass die politischen Eliten Deutschlands erst seit gut einem Jahrzehnt erkannt haben, was Heinz Kühn, der erste Integrationsbeauftragte der Bundesregierung, bereits zwei Jahrzehnte vorher in einem Memorandum im Jahr 1979 festgehalten hat: Ein Teil der Gastarbeiter ist zu bleibewilligen und ökonomisch gebrauchten Einwanderern geworden und benötigt Integrationshilfen – und dies auch im Bildungsbereich. Kühn fordert mehr Geld für die Bildung und Ausbildung der jungen Migranten. Wenn dies nicht geschehe, werden später „möglicherweise ... anstelle eines Lehrers zwei Ordnungskräfte" finanziert werden müssen.

Trotz der fortbestehenden enormen Bildungsungleichheit hat sich das Qualifikationsniveau der deutschen Bevölkerung seit den 1950er Jahren erheblich erhöht. Noch in den 1960er Jahren stellten Arbeitskräfte ohne abgeschlossene Berufsausbildung mehr als die Hälfte der Erwerbstätigen, heute ist diese niedrigqualifizierte Gruppe auf weniger als ein Fünftel zusammengeschrumpft.[38] Zwischen 1996 und 2009 haben sich die Anteile der Hochschulabsolventen unter der gleichaltrigen Bevölkerung von 14 auf 28 Prozent verdoppelt.[39] Und in bescheidenem Maße haben von dieser Bildungsexpansion auch die sozial schwachen Schichten und die Migranten profitiert. Diese Entwicklungen widerlegen Sarrazins Vorstellung von einer anschwellenden Ausbreitung „intellektuell entleerter" Schichten.

Die Analogien zwischen den Bildungsproblemen in der heutigen „PISA-Ära" und den 1960er Jahren sind frappierend: Auch heute zeichnet sich ein Mangel an qualifizierten Arbeitskräften ab und nach wie vor werden die Leistungspotenziale der Bevölkerung durch das Bildungssystem nur unzureichend ausgeschöpft. Dass eine bessere Förderung benachteiligter Gruppen Geld kos-

---

38 Geißler, Rainer: Die Sozialstruktur Deutschlands. Zur gesellschaftlichen Entwicklung mit einer Bilanz zur Vereinigung. 6. Aufl. Wiesbaden 2011, S. 274 ff.
39 OECD: Bildung auf einen Blick – OECD-Indikatoren, 2011. S. 83 (Tabelle A3.2)

tet, hatte bereits – wie erwähnt – Heinz Kühn vor mehr als 30 Jahren erkannt. Dennoch investierte Deutschland 2008 nur 4,8 Prozent seines Bruttoinlandsprodukts (BIP) in die Bildung, 1995 waren es noch 5,1 Prozent. Damit gehört Deutschland zu den Schlusslichtern unter den OECD-Ländern: Nur Tschechien und die Slowakei geben einen geringeren Anteil ihres BIP für Bildung aus.[40] Und diese Situation ist nicht nur ein ökonomisches Problem, sondern – so wie Dahrendorf es seinerzeit zu Recht hervorhob – ein Problem der Umsetzung eines Bürgerrechts oder – in der Begrifflichkeit der Vereinten Nationen – ein Problem der Umsetzung des Menschenrechts auf Bildung. Die zentrale Ursache der deutschen Bildungsmisere ist nicht das Anschwellen „intellektuell entleerter" Schichten, sondern es sind die verschenkten intellektuellen Ressourcen in einem weiterhin mangelhaften Bildungssystem.

**Literatur**

Achter Bericht der Beauftragten der Bundesregierung für Migration, Flüchtlinge und Integration über die Lage der Ausländerinnen und Ausländer in Deutschland (Juni 2010).
Baumert, Jürgen/Schümer, Gundel: Familiäre Lebensverhältnisse, Bildungsbeteiligung und Kompetenzerwerb im nationalen Vergleich. In: Deutsches Pisa-Konsortium (Hrsg.): PISA 2000 – Die Länder der Bundesrepublik Deutschland im Vergleich. Opladen 2002, S. 323–497.
Baumert, Jürgen u. a.: Schulumwelten – institutionelle Bedingungen des Lehrens und Lernens. In: Deutsches PISA-Konsortium (Hrsg.): PISA 2000 – Ein differenzierter Blick auf die Länder der Bundesrepublik Deutschland. Opladen 2003, S. 261–331.
Baumert, Jürgen/Köller, Olaf: Sozialer Hintergrund, Bildungsbeteiligung und Bildungsverläufe im differenzierten Sekundarschulsystem. In: Frederking, Volker u. a. (Hrsg.): Nach PISA. Wiesbaden 2005, S. 9–22.
Bos, Wilfried u. a. (Hrsg.): IGLU. Einige Länder der Bundesrepublik Deutschland im nationalen und internationalen Vergleich. Münster u. a. 2004.
Bos, Wilfried u. a. (Hrsg.): IGLU 2006. Lesekompetenz von Grundschulkindern in Deutschland im internationalen Vergleich. Münster u. a. 2007.
Bundesministerium für Bildung und Forschung (Hrsg.): Vertiefender Vergleich der Schulsysteme ausgewählter PISA-Staaten. Bonn 2003.
Dahrendorf, Ralf: Arbeiterkinder an deutschen Universitäten. Tübingen 1965.
Dahrendorf, Ralf: Bildung ist Bürgerrecht. Hamburg 1966.
Ditton, Hartmut: Der Beitrag von Schule und Lehrern zur Reproduktion von Bildungsungleichheit. In: Becker, Rolf/Lauterbach, Wolfgang (Hrsg.): Bildung als Privileg?

---

40  OECD: Höchste Zeit für Hochqualifizierte. Pressemitteilung vom 13. 9. 2001.

Erklärungen und Befunde zu den Ursachen der Bildungsungleichheit. Wiesbaden 2004, S. 243–271.

Ehmke, Timo/Siegle, Thilo/Hohensee, Fanny: Soziale Herkunft im Ländervergleich. In: Deutsches Pisa-Konsortium Deutsches (Hrsg.): PISA 2003. Münster, New York 2004, S. 235–268.

Ehmke, Timo u. a.: Familiäre Lebensverhältnisse, Bildungsbeteiligung und Kompetenzerwerb. In: Deutsches Pisa-Konsortium (Hrsg.): PISA 2003. Münster, New York 2004, 225–254.

Ehmke, Timo/Baumert, Jürgen (2007): Soziale Herkunft und Kompetenzerwerb. In: Deutsches Pisa-Konsortium (Hrsg.): PISA 2006. Münster/New York 2007, S. 309–336.

Ehmke, Timo/Jude, Nina: Soziale Herkunft und Kompetenzerwerb. In: Klieme, Eckhard u. a. (Hrsg.): PISA 2009. Bilanz nach einem Jahrzehnt. Münster, New York 2010. S. 231–254.

Esser, Hartmut: Sprache und Integration. Frankfurt, New York 2006.

Foroutan, Naika (Hrsg.): Sarrazins Thesen auf dem Prüfstand. Ein empirischer Gegenentwurf zu Thilo Sarrazins Thesen zu Muslimen in Deutschland. Berlin 2011.

Geißler, Rainer (Hrsg.): Soziale Schichtung und Lebenschancen in Deutschland. 2.Aufl. Stuttgart 1994.

Geißler, Rainer: Mehr Bildungschancen, aber wenig Bildungsgerechtigkeit – ein Paradox der Bildungsexpansion. In: Bethe, Stephan/Lehmann, Werner/Thiele, Burkart (Hrsg.): Emanzipative Bildungspolitik. Münster, London 1999, S. 83–93.

Geißler, Rainer: Die Illusion der Chancengleichheit – von PISA gestört. In: Zeitschrift für Soziologie der Erziehung und Sozialisation, 2004, S. 362–380.

Geißler, Rainer: Bildungschancen und soziale Herkunft. In: Archiv für Wissenschaft und Praxis der sozialen Arbeit, 2006, S. 34–49.

Geißler, Rainer/Weber-Menges, Sonja: Migrantenkinder im Bildungssystem – doppelt benachteiligt. In: Aus Politik und Zeitgeschichte 49/2008, S. 14–22

Geißler, Rainer/Weber-Menges, Sonja: Überlegungen zu einer behutsamen Perestroika des deutschen Bildungssystems. In: Quenzel, Gudrun/Hurrelmann, Klaus (Hrsg.): Bildungsverlierer. Wiesbaden 2010, S. 557–584.

Geißler, Rainer: Die Sozialstruktur Deutschlands. Zur gesellschaftlichen Entwicklung mit einer Bilanz zur Vereinigung. 6. Aufl. Wiesbaden 2011.

Groh-Samberg, Olaf: Akzeptanz von Grundschulempfehlungen und Auswirkungen auf den weiteren Bildungsverlauf. In: Zeitschrift für Soziologie, 2010, S. 470–492.

Herrnstein, Richard J.: Chancengleichheit – eine Utopie? Die IQ-bestimmte Klassengesellschaft. Stuttgart 1974.

Herrnstein, Richard J./Murray, Charles: The Bell Curve. Intelligence and Class Structure in American Life. New York 1994.

Krais, Beate: Bildungsexpansion und soziale Ungleichheit in der Bundesrepublik Deutschland. In: Jahrbuch für Bildung und Arbeit '96, 1996, S. 118–146.

Konsortium Bildungsberichterstattung (Hrsg.): Bildung in Deutschland. Bielefeld 2006.

Krohne, Julia Ann/Meier, Ulrich/Tillmann, Klaus-Jürgen: Sitzenbleiben, Geschlecht und Migration. In: Zeitschrift für Pädagogik, 2004.

Link, Judith: Schichtspezifische Benachteiligung im allgemeinen Bildungswesen – ein Vergleich zwischen Kanada und Deutschland. Dissertation Universität Siegen 2010.
Müller, Walter: Erwartete und unerwartete Folgen der Bildungsexpansion. In: Friedrichs, Jürgen/Lepsius, Mario Rainer/Mayer, Karl Ulrich (Hrsg.): Die Diagnosefähigkeit der Soziologie. Opladen 1998, S. 81–112.
Müller, Walter/Pollak, Reinhard: Warum gibt es so wenige Arbeiterkinder an Deutschlands Universitäten? In: Becker, Rolf/Lauterbach, Wolfgang (Hrsg.): Bildung als Privileg. 3. Aufl. Wiesbaden 2008, S. 311–352.
Nauck, Bernhard u. a.: Intergenerationale Transmission von kulturellem Kapital unter Migrationsbedingungen. In: Zeitschrift für Pädagogik, 5/1998, 701–722.
OECD: Die OECD in Zahlen und Fakten 2007. o. O. 2007.
OECD: Bildung auf einen Blick – OECD-Indikatoren, 2011.
OECD: Höchste Zeit für Hochqualifizierte. Pressemitteilung vom 13. 9. 2011. http://www.oecd.org/document/40/0,3746,de_34968570_35008930_48646888_1_1_1_1,00.html
Picht, Georg: Die deutsche Bildungskatastrophe. Olten, Freiburg 1964.
Radtke, Frank-Olaf/Gomolla, Mechthild: Institutionelle Diskriminierung. Opladen 2002.
Rolff, Hans-G.: Sozialisation und Auslese durch die Schule. Weinheim, München 1997.
Rodax, Klaus/Meier, Artur: Unvergängliches Erbe – Bildungsungleichheit in beiden Teilen Deutschlands. In: Jahrbuch für Bildung und Arbeit '97, 1997, S. 39–61.
Sarrazin, Thilo: Deutschland schafft sich ab. München 2010.
Senkbeil, Martin u. a.: Merkmale und Wahrnehmungen von Schule und Unterricht. In: Deutsches Pisa-Konsortium (Hrsg.): Pisa 2003. Münster, New York 2004, S. 296–313.
Schütz, Gabriele/Wößmann, Ludger: Wie lässt sich die Ungleichheit der Bildungschancen verringern? ifo Schnelldienst 21/2005, S. 15–25.
Walter, Oliver/Taskinen, Päivi.: Kompetenzen und bildungsrelevante Einstellungen von Jugendlichen mit Migrationshintergrund in Deutschland. In: PISA-Konsortium Deutschland (Hrsg.): PISA 2006. Münster u. a. 2007, S. 337–366.
Wößmann, Ludger: Letzte Chance für gute Schulen. Gütersloh 2007.

# Autorenverzeichnis

**Coskun Canan,** Soziologe und Bildungswissenschaftler, ist Doktorand im Forschungsprojekt „Europäisch-muslimische Identitätsmodelle" an der Humboldt-Universität zu Berlin.

**Prof. Dr. Thomas Etzemüller** lehrt am Institut für Geschichte der Universität Oldenburg und ist Autor einer Studie zum apokalyptischen Bevölkerungsdiskurs im 20. Jahrhundert (Etzemüller, Thomas: Ein ewigwährender Untergang. Bielefeld 2007).

**Prof. Dr. Rainer Geißler** lehrt am Fachbereich Soziologie der Universität Siegen und ist Autor des Standardwerks zur Sozialstruktur im vereinigten Deutschland (Geißler, Rainer: Die Sozialstruktur Deutschlands. Wiesbaden 2008).

**Prof. Dr. Sander L. Gilman** ist Germanist und Historiker und lehrt an der Emory University Atlanta (USA). In Deutschland wurde er als Experte für Judaistik und Antisemitismusforschung bekannt – unter anderem durch sein Buch „Die schlauen Juden – über ein dummes Vorurteil" (Hildesheim 1998).

**Prof. em. Dr. Michael Haller** (Universität Leipzig) ist wissenschaftlicher Direktor des Instituts für praktische Journalismus- und Kommunikationsforschung in Leipzig und Herausgeber der internationalen Fachzeitschrift für Journalismus „Message".

**Andreas Kemper** ist Lehrbeauftragter am Institut für Soziologie der Westfälischen Wilhelms-Universität zu Münster und Autor diskriminierungstheoretischer Bücher (Kemper, Andreas: [R]echte Kerle, Münster 2011; Kemper, Andreas/ Weinbach, Heike: Klassismus. Eine Einführung, Münster 2009).

**Prof. Dr. Fabian Kessl** ist Hochschullehrer an der Fakultät für Bildungswissenschaften der Universität Duisburg-Essen, Institut für Soziale Arbeit und Sozialpolitik, und unter anderem Mitherausgeber des Bandes „Erziehung zur Armut:

Soziale Arbeit und die neue Unterschicht" (gemeinsam mit Christian Reutlinger und Holger Ziegler, Wiesbaden 2007).

**Leonie Knebel** ist Absolventin des Diplomstudienganges Psychologie der Philipps-Universität Marburg, war Mitglied der studentischen Arbeitsgruppe „Kritische Psychologie Marburg" und hat in diesem Rahmen ein Forschungsprojekt zur Kritik der psychologischen Intelligenzforschung organisiert.

**Pit Marquardt** ist Absolvent des Diplomstudienganges Psychologie an der Philipps-Universität Marburg, war Mitglied der studentischen Arbeitsgruppe „Kritische Psychologie Marburg" und hat sich intensiv mit Fragen der psychologischen Methodenlehre auseinandergesetzt.

**Martin Niggeschmidt** ist Redakteur in Hamburg. Nach dem Studium der Germanistik und der Geschichte arbeitete er mehrere Jahre als Redakteur der internationalen Fachzeitschrift für Journalismus „Message". Er hat den vorliegenden Sammelband initiiert.

**Claus-Peter Sesín** ist Wissenschafts- und Wirtschaftsjournalist in Hamburg. Mitte der 1990er Jahre reiste er im Auftrag der Zeitschrift GEO vier Wochen lang durch die Vereinigten Staaten und interviewte Protagonisten des „scientific racism" aus dem Umfeld des Pioneer Funds sowie deren Kritiker.

**Prof. Dr. Diethard Tautz** ist Direktor des Max-Planck-Instituts für Evolutionsbiologie und Präsident des Verbandes Biologie, Biowissenschaften und Biomedizin in Deutschland (VBIO e. V.).

**Prof. em. Dr. Peter Weingart** (Universität Bielefeld) ist Soziologe und Autor des Standardwerks zur Geschichte der Rassenhygiene und Eugenik in Deutschland (Weingart, Peter/Kroll, Jürgen/Bayertz, Kurt: Rasse, Blut und Gene. Frankfurt 1988).

Kontakt zu den Herausgebern:
buchredaktion@t-online.de

# Neu im Programm Politikwissenschaft

Blanke, Bernhard / Nullmeier, Frank / Reichard, Christoph / Wewer, Göttrik (Hrsg.)
**Handbuch zur Verwaltungsreform**
4., akt. u. erg. Aufl. 2011. XXI, 616 S. Br.
EUR 49,95
ISBN 978-3-531-17546-1

Das Handbuch liefert einen Beitrag zur Einordnung unterschiedlicher Konzepte und Orientierung für die Umsetzung der Verwaltungsreform. In 66 Beiträgen werden vielfältige Ansätze der Verwaltungsreform vorgestellt, ihr Entstehungszusammenhang erläutert, praktische Anwendungsfelder beschrieben und Entwicklungsperspektiven untersucht. Die Beiträge stammen von renommierten WissenschaftlerInnen und erfahrenen PraktikerInnen. Themenblöcke: Staat und Verwaltung, Reform- und Managementkonzepte, Steuerung und Organisation, Personal, Finanzen, Ergebnisse und Wirkungen, Erfahrungen und Perspektiven.

Boeckh, Jürgen / Huster, Ernst-Ulrich / Benz, Benjamin
**Sozialpolitik in Deutschland**
Eine systematische Einführung
3., grundl. überarb. u. erw. Aufl. 2011.
491 S. Br. EUR 22,95
ISBN 978-3-531-16669-8

Der Band führt systematisch in das breite Spektrum von Geschichte, Strukturen, Problemlagen, Lösungswegen und die europäischen Zusammenhänge von Sozialpolitik in Deutschland sowie in die Theorie des Sozialstaates ein. Der besseren Verständlichkeit dienen ausführliche geschichtliche Dokumente und aktuelle Daten zur sozialen Entwicklung bzw. zur Sozialpolitik. Gibt es Grenzen des Sozialstaates? Diesen sucht sich der Band im geschichtlichen Rückgriff auf die Weimarer Republik systematisch und sozialräumlich zu nähern.

Dingwerth, Klaus / Blauberger, Michael / Schneider, Christian
**Postnationale Demokratie**
Eine Einführung am Beispiel von EU, WTO und UNO
2011. 236 S. (Grundwissen Politik) Br.
EUR 24,95
ISBN 978-3-531-17490-7

Internationale Organisationen stehen im Zentrum der Diskussion über das „Demokratiedefizit" internationaler Politik. Während politische Entscheidungen zunehmend auf internationaler Ebene getroffen werden, zweifeln Kritiker immer wieder an der Legitimation dieser Entscheidungen. Das Buch führt ein in die Diskussion über demokratisches Regieren „jenseits des Staates", es stellt die Funktionsweise von EU, WTO und UNO vor und diskutiert, inwieweit das Regieren in diesen Organisationen demokratischen Grundsätzen genügt bzw. wie sich Demokratiedefizite beheben lassen.

Erhältlich im Buchhandel oder beim Verlag.
Änderungen vorbehalten. Stand: Juli 2011.

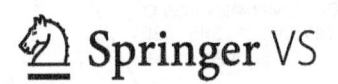

Einfach bestellen:
SpringerDE-service@springer.com
tel +49 (0)6221 / 345–4301
springer-vs.de

**Springer VS**

# Elemente der Politik

Hrsg. von Bernhard Frevel / Klaus Schubert / Suzanne S. Schüttemeyer / Hans-Georg Ehrhart

Blum, Sonja / Schubert, Klaus
**Politikfeldanalyse**
2., akt. Aufl. 2011. 198 S. Br. EUR 16,95
ISBN 978-3-531-17276-7

Dehling, Jochen / Schubert, Klaus
**Ökonomische Theorien der Politik**
2011. 178 S. Br. EUR 16,95
ISBN 978-3-531-17113-5

Dobner, Petra
**Neue Soziale Frage und Sozialpolitik**
2007. 158 S. Br. EUR 12,90
ISBN 978-3-531-15241-7

Frantz, Christiane / Martens, Kerstin
**Nichtregierungsorganisationen (NGOs)**
2006. 159 S. Br. EUR 14,90
ISBN 978-3-531-15191-5

Frevel, Bernhard
**Demokratie**
Entwicklung – Gestaltung – Problematisierung
2., überarb. Aufl. 2009. 177 S. Br. EUR 12,90
ISBN 978-3-531-16402-1

Fuchs, Max
**Kulturpolitik**
2007. 133 S. Br. EUR 14,90
ISBN 978-3-531-15448-0

Jahn, Detlef
**Vergleichende Politikwissenschaft**
2011. 124 S. Br. EUR 12,95
ISBN 978-3-531-15209-7

Jaschke, Hans-Gerd
**Politischer Extremismus**
2006. 147 S. Br. EUR 14,95
ISBN 978-3-531-14747-5

Johannsen, Margret
**Der Nahost-Konflikt**
2., akt. Aufl. 2009. 167 S. Br. EUR 16,95
ISBN 978-3-531-16690-2

Kevenhörster, Paul / Boom, Dirk van den
**Entwicklungspolitik**
2009. 112 S. Br. EUR 12,90
ISBN 978-3-531-15239-4

Kost, Andreas
**Direkte Demokratie**
2008. 116 S. Br. EUR 12,90
ISBN 978-3-531-15190-8

Meyer, Thomas
**Sozialismus**
2008. 153 S. Br. EUR 12,90
ISBN 978-3-531-15445-9

Schmitz, Sven-Uwe
**Konservativismus**
2009. 170 S. Br. EUR 16,90
ISBN 978-3-531-15303-2

Erhältlich im Buchhandel oder beim Verlag.
Änderungen vorbehalten. Stand: Juli 2011.

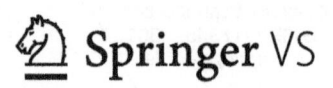

Einfach bestellen:
SpringerDE-service@springer.com
tel +49 (0)6221 / 345 – 4301
springer-vs.de

Springer VS